MERIAN
Reiseführer

Paris

Die Autorin *Margret Schilling zog vor 20 Jahren nach dem Studium der Philosophie, Germanistik und Romanistik für ein Jahr nach Paris – und blieb. Seither schreibt sie aus der französischen Hauptstadt für deutsche Zeitschriften und erkundet die Stadt – am liebsten zu Fuß.*

TRAVEL HOUSE MEDIA

6 **MERIAN TOP TEN**
Höhepunkte der Stadt, die Sie gesehen haben sollten

8 **Übersichtskarte**
Paris und Umgebung

10 **WILLKOMMEN**
Paris bietet für jeden etwas: für Kulturhungrige und Müßiggänger, für Nachtschwärmer und Shoppingbegeisterte, für Gourmets und Romantiker.

20 **Bilderbogen**
Die spektakulärsten Ausblicke, ungewöhnliche Ansichten

30 **LITERARISCHE STIMMEN**
Pariser Salons und Cafés waren die Wohnzimmer berühmter Literaten und Intellektueller. Mit Anna Gavalda begeben wir uns auf einen Streifzug durchs moderne Paris.

38 **DER GUTE TIPP VON MERIAN**
Autorenempfehlungen, mit denen Sie vor Ort mehr erleben

40 **Hotels**
45 **Essen und Trinken**
48 **Einkaufen**
51 **Märkte**

Notre-Dame **WAHRZEICHEN VON PARIS**

Festliche **STIMMUNG** am Nationalfeiertag

Sport 55
Besondere Feste 56
Sehenswertes 59
In-Treffs 61
Am Abend 65

ZU GAST 68

Die besten Adressen für einen gelungenen Aufenthalt, besondere Gaumenfreuden, berauschende Einkaufserlebnisse oder bleibenden Kunst- und Kulturgenuss

Hotels 70
SPEZIAL Gut, besser, Palacehotels 72
Essen und Trinken 80
SPEZIAL Spitzengastronomie 84
Einkaufen 96
Wellness und Beauty 104
Am Abend 110
Feste und Events 122

BLICKPUNKTE 130

Neben dem größten Museum der Welt bietet Paris ein großes Angebot an Kunst- und Kulturprogramm. Nehmen Sie sich viel Zeit dafür.

Sehenswürdigkeiten 132
SPEZIAL Lebensfreude im Marais 142
SPEZIAL Über dem Hügel von Paris 148
SPEZIAL Nostalgischer Charme 154
SPEZIAL Die Lebensader von Paris 161
Museen 174
SPEZIAL Die Künstlermetropole 186
SPEZIAL Kulturstadt im Grünen 198

FOKUS 206

Hintergrundgeschichten, Porträts, Anekdoten: Hier finden Sie Amüsantes und Überraschendes rund um Paris und seine Bewohner.

209 Bouquinisten
209 Cité Universitaire
210 La Défense
212 SPEZIAL Die Docklands von Paris
214 Moderne Architektur
216 SPEZIAL Kinostadt Paris
219 Pariser Design
220 Auktionshaus Drouot

222 GESTERN UND HEUTE

Die Entwicklung von der römischen Siedlung Lutetia zur modernen Millionenmetropole.

226 Geschichtstabelle

238 REISE-SERVICE

240 Wissenwertes von A–Z
252 Glossar
256 Sprachführer
257 Essdolmetscher

258 Orts- und Sachregister
262 Bildnachweis
264 Impressum

Titelbild: Eiffelturm
Foto: LOOK/Rainer Martini

SKULPTUREN im Musée Rodin

Fantastische **AUSSICHT** vom Centre Pompidou

STRASSENMUSIK im Quartier Latin

ROUTEN UND TOUREN

Herausnehmbarer Stadtplan
im Maßstab 1: 18.000 (hintere Tasche)

Karten und Pläne

Übersichtskarte Paris und Umgebung	8/9
Notre-Dame	146
Montmartre	150
Arrondissements	164
Sainte-Chapelle	171
Louvre	182
Montparnasse	186
Musée d'Orsay	197
Metroplan	250

Herausnehmbare Tourenkarten
(vordere Tasche)

Charmanter Dorfspaziergang	Tour 1
Luxus-Shoppingtour	Tour 2
Kulturhistorische Zeitreise	Tour 3
Pittoreske Kanaltour	Tour 4
Rund um die Butte Montmartre	Tour 5
Der Vergangenheit auf der Spur	Tour 6

HINWEISE

Erläuterung der Symbole

- Für Familien und Kinder besonders geeignet
- Behindertengerechte Einrichtung
- Hunde erlaubt
- CREDIT Alle Kreditkarten akzeptiert
- Keine Kreditkarten akzeptiert

Preise für eine Ü im DZ ohne F

- •••• über 300 Euro
- ••• 200–300 Euro
- •• 130–200 Euro
- • unter 130 Euro

Preise für Hauptgericht/Menü ohne Getränke

- •••• über 75 Euro
- ••• 50–75 Euro
- •• bis 50 Euro
- • Imbiss

Querverweise

in das Planquadrat der Übersichtskarte auf Seite 8/9, z. B. ➤ **Colette, [c 3]**, oder in eine Detailkarte, z. B. ➤ **1. Arr., S. 66, [c 3]** sowie zusätzlich (mit Großbuchstabe) in das entsprechende Planquadrat des herausnehmbaren Stadtplans ➤ **[B 2]**

1 EIFFELTURM

Ohne Eiffelturm wäre Paris nicht Paris. Der Aufstieg auf das einstige Wunderwerk der Technik wird mit einem fantastischen Panoramablick belohnt (S. 138).

2 MARAIS

Judenviertel, Schwulenviertel und Lieblingseinkaufsviertel der Trendbewussten. Inmitten von prachtvollen Adelssitzen und der wunderschönen »Place des Vosges« (S. 142) gelegen.

3 JARDIN DU LUXEMBOURG

Hier suchen Pariser den »Kontakt mit der Natur«. Der schönste, lebendigste, abwechslungsreichste Park von Paris (S.141).

4 BUTTE MONTMARTRE/ SACRÉ-CŒUR

Rund hundert Meter über dem Stadtniveau erhebt sich der Butte Montmartre, das ehemalige Künstlerviertel. Wer die Treppen hinauf zu Sacré Cœur geschafft hat, genießt ein einzigartiges Panorama (S.148).

5 QUARTIER LATIN

Das traditionelle Studentenviertel gehört zu den ältesten Quartiers von Paris. Kneipen und Cafés, Jazzclubs, Bars und Kleinkunstbühnen findet man überall in den verwinkelten Gassen (S. 154).

6 PLACE VENDÔME

Elegant und glamourös zeigt sich Paris an der Place Vendôme: Teure Juweliere und das legendäre Hotel Ritz repräsentieren die mondäne Seite der Stadt (S. 159).

7 SAINTE-CHAPELLE

Meisterhaftes Juwel aus der Zeit der Hochgotik. Die farbenprächtigen Glasfenster bedecken eine Fläche von 600 Quadratmetern und sind die ältesten von Paris (S. 171).

8 GRAND PALAIS/PETIT PALAIS

1900 zur Weltausstellung erbaut und 2007 aufwendig restauriert. Einen Blick in die Glaskuppeln darf man sich nicht entgehen lassen (S. 179/S. 204).

9 LOUVRE

35 000 Ausstellungsstücke erwarten den Besucher im größten Museum der Welt. Der Richelieu-Flügel beherbergt die umfassendste Sammlung französischer Malerei (S. 180).

10 MUSÉE DU QUAI BRANLY

2006 eröffnetes Museum mit völlig neuem Konzept und 300 000 Objekten aus Ozeanien, Afrika, Asien und Amerika. Stararchitekt Jean Nouvel errichtete den Bau (S. 200).

MERIAN TOP TEN
Höhepunkte der Stadt, die Sie gesehen haben sollten, siehe Seite 6/7
CLICHY
COURBEVOIE
LEVALLOIS-PERRET
NEUILLY-SUR-SEINE
Grande Arche de la Défense
XVII
XVIII
Montmartre
Sacré-Cœur
Pl. du Tertre
Moulin Rouge
Gare du Nord
SNCF
Parc Monceau
Gare St-Lazare
R. la Fayette
IX
Arc de Triomphe
VIII
Av. des Champs Élysées
Pl. Vendôme
II
Grand et Petit Palais
Palais de Chaillot
Seine
Jardin des Tuileries
I
Louvre
Hôtel de Ville
Centre
Bois de Boulogne
XVI
Musée du Quai de Branly
VII
Eiffelturm (Tour Eiffel)
Parc du Champ de Mars (Marsfeld)
Île de la Cité
Sainte-Chape
Notre-Dam
Maison de Radio France
Bd. St-Germain
Saint Germain
Hippodrome d'Auteuil
Jardin du Luxembourg
Bd. St-Michel
Panthéon
XV
VI
V Quartier Latin
Parc des Princes
Parc André Citroën
Gare Montparnasse
Cimetière du Montparnasse
Parc Georges Brassens
Montparnasse
XIV
Butte aux Cailles
ISSY-LES-MOULINEAUX
VANVES
Parc Montsouris
MALAKOFF
MONTROUGE
Orly
a
b
c
1
2
3
4
5

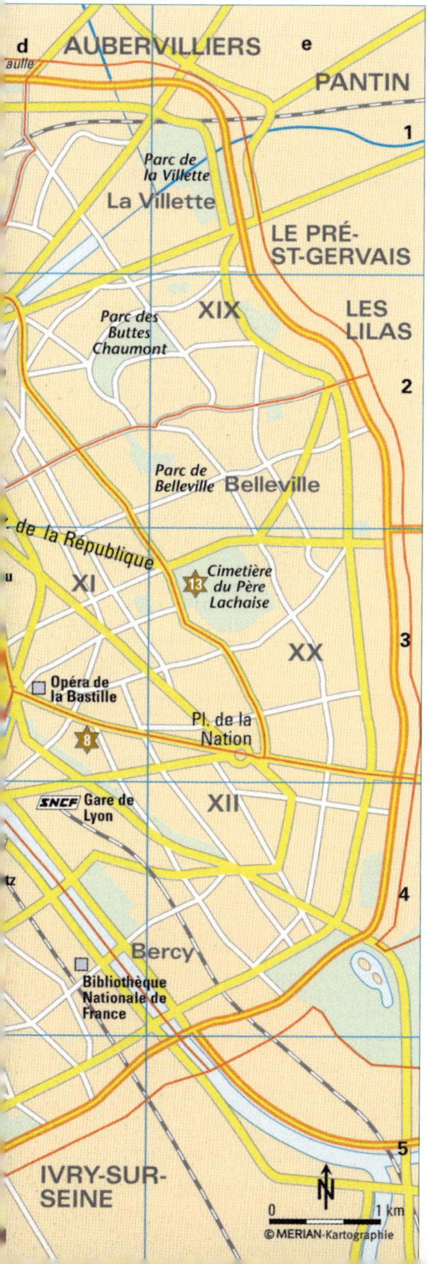

DER GUTE TIPP VON MERIAN ★

Spezielle Autorenempfehlungen, mit denen Sie vor Ort mehr erleben, ab Seite 38

HOTELS

1 Le Meurice, S. 41 ➤ [c 3] ➤ [F 4]
2 Hôtel Amour, S. 43 ➤ [c 2] ➤ [G 3]
3 Kube Rooms and Bars, S. 44 ➤ [d 1] ➤ [H 2]

ESSEN UND TRINKEN

4 Le Relais Plaza, S. 45 ➤ [b 3] ➤ [D 4]
5 Le Comptoir, S. 46 ➤ [c 3] ➤ [G 5]

EINKAUFEN

6 Colette, S. 48 ➤ [c 3] ➤ [F 4]
7 La Maison des Trois Thés, S. 50 ➤ [c 4] ➤ [H 6]

MÄRKTE/FLOHMÄRKTE

8 Marché Aligre, S. 51 ➤ [d 3] ➤ [K 6]
9 Marché Bio Raspail, S. 52 ➤ [c 3] ➤ [F 6]
10 Marché Porte de Vanves (Flohmarkt), S. 53 ➤ [b 5] ➤ [E 8]

SPORT

11 Roland-Garros-Tennisstadion, S. 55 ➤ [a 4] ➤ [westl. A 6]

BESONDERE FESTE

12 Feuerwerk am 14. Juli, S. 56 ➤ [b 3] ➤ [C 4]

SEHENSWERTES

13 Cimetière du Père-Lachaise, S. 59 ➤ [e 3] ➤ [L 4]

IN-TREFFS

14 Café de Fleur/Café Les Deux Magots, S. 61 ➤ [c 3] ➤ [F 5]
15 Hôtel Costes, S. 63 ➤ [c 2] ➤ [F 4]
16 Café de La Perle, S. 64 ➤ [d 3] ➤ [H 5]
17 Mathis Bar, S. 64 ➤ [b 2] ➤ [E 4]

AM ABEND

18 Panoramabar Concorde La Fayette, S. 65 ➤ [a 2] ➤ [C 3]
19 Bar Hemingway im Hotel Ritz, S. 66 ➤ [c 2] ➤ [F 4]

WILLKOMMEN IN PARIS

Paris! Die Stadt der Liebe und der Lichter, der großen Herrlichkeit und des kleinen Glücks. Die Metropole an der Seine ist ein Paradies für Kulturhungrige, Nachtschwärmer, Modebegeisterte, Gourmets und Romantiker. Wer nicht schon verliebt nach Paris kommt, der entdeckt hier sicher eine neue Leidenschaft – für diese Stadt.

In aller Welt bekannt: Das Wahrzeichen von Paris erstrahlt im nächtlichen Lichterglanz

Schimären, die der Mittelalterfantasie entsprungenen Mischwesen aus Mensch und Tier, wachen von der oberen Balustrade der Kathedrale Notre-Dame über die Stadt (S. 145).

Madame duftete nach Maiglöckchen, ich war sofort von ihr angetan. Monsieur trug Schlips und Kragen und sah ein wenig aus wie Yves Montand.

Meine Austauschpartnerin Caroline erwartete mich mit ihren Eltern an der Gare de l'Est, dem Ostbahnhof. Mit viel Gehupe und Geschick lenkte Monsieur den Wagen durchs Verkehrsgewühl. Madame überprüfte währenddessen seelenruhig ihr Make-up im Rückspiegel und Caroline musterte mich mit einem scheuen Lächeln.

Für meine Gastfamilie war Großstadtverkehr lästige Routine, für mich war es Abenteuer total. Als dann Monsieur auch noch nach Gehör einparkte, konnte ich es kaum fassen, nicht ein einziger Passant mischte sich ein! Ich war begeistert, ich war zum ersten Mal aus meiner deutschen Provinzstadt zum Sprachaustausch in Paris, sprach kaum Französisch, hatte aber längst bemerkt, dass die Seine-Metropole die einzige Stadt war, die alle zum Schwärmen brachte, sogar meinen langhaarigen Cousin mit Bourgeoisie-Allergie. Noch hatte ich nur wenig von der Stadt gesehen, aber sie gefiel mir sofort. Man fühlte sich dort einfach anders.

Nach dem lautstarken Einparken stiegen wir aus dem Auto. Ich schaute um mich – und staunte nicht schlecht! Wir befanden uns direkt unter dem Eiffelturm, der viel größer und beeindruckender war, als ich es mir nach den Fotos im Paris-Reiseführer jemals hätte vorstellen können. »Fahren wir mal hoch?« fragte ich meine Gastfamilie. Das war ziemlich naiv. Hochfahren? Alle schienen völlig überrascht über diese skurrile Idee. Da fahren doch nur Touristen hoch! Ich aber sei keine Touristin, sondern ihr Gast.

Bei meinem ersten Aufenthalt entdeckten Caroline und ich gleichzeitig Paris. Beide waren wir noch zu jung, um blasiert zu sein und scheuchten die für uns engagierte Aufpasserin, eine tödlich gelangweilte Studentin, herum. Sie saß und gähnte, murmelte »quelle horreur«, welch ein Albtraum, während wir in Ekstase über die Place de Tertre auf dem Montmartre gingen und die Künstler bewunderten.

Caroline und ich waren gut beschäftigt und sahen doch längst nicht alles.

Von der Provinz nach Paris – es war Liebe auf den ersten Blick …

Dabei gab es damals weder das Centre Pompidou noch das Musée d'Orsay, weder das Institut du Monde Arabe noch das Musée du Quai Branly. Picasso lebte noch. Das Museum für Jüdische Kultur war noch nicht gegründet, ebenso wenig wie das Musée Maillol. Die legendären Markthallen von Baltard wurden gerade abgerissen und der berühmte »Bauch von Paris«, dem Émile Zola einen Roman gewidmet hat, lag da wie eine aufgerissene Wunde. Es war Steinzeit aus unserer heutigen Sicht.

Auf der Insel La Cité belagerten Cäsars Legionäre 52 v. Chr. die Inselstadt auf ihrem Weg nach England und nannten sie Lutèce, was jeder »Asterix«-Leser weiß. 1245 ließ der fromme Kapetinger, Ludwig der Heilige, für die in Konstantinopel erworbenen Christus-Reliquien eine großartige Schlosskapelle errichten: La Sainte-Chapelle. Noch immer liegt sie geschützt und abseits des Trubels in einem Innenhof des Justizpalastes.

Der Louvre, heute das weltgrößte Museum, war jahrhundertelang eine königliche Großbaustelle. Aus der mittelalterlichen Schutzburg des Königs Philippe Auguste entstand unter zahlreichen Herrschern nach und nach ein immer bombastischeres, sich nach Westen ausdehnendes Schloss. Kaum je ein König hat den Louvre richtig genutzt, schon gar nicht Ludwig XIV. der Große, der zwar kühne Pläne hegte, doch dann mit seinem Hof nach Versailles übersiedelte und die Baustelle Louvre, Kunst und Künstlern überließ. Diese wurden später von Napoleon vertrieben, denn er wollte den Louvre ausbauen und mit dem Tuilerienschloss verbinden, was aber dann erst viel später Napoleon III. unternahm.

Prunkvolle **Bauten**, hektische **Boulevards** und Inseln der **Stille** …

Sobald sich die Sonne zeigt, herrscht auf dem Fußgängersteg Pont des Arts reges Treiben. Die 1805 gebaute Eisenbrücke verbindet den Louvre mit dem Institut de France, dem herrlichen Kuppelbau aus dem »grand siècle«, dem 17. Jahrhundert. Der Pont des Arts ist längst nicht die schönste der 37 Pariser Brücken, aber er bietet einen wunderbaren Panoramablick flussabwärts bis zum Eiffelturm und dem Grand Palais und flussaufwärts über den Pont Neuf bis zur Île Saint Louis. Das einzigartige Flair von Paris erschließt sich auf wunderbare Weise, wenn man sich eine Weile auf den Pont des Arts setzt. Morgens den Blick nach Osten und abends gen Westen gerichtet.

Pont Neuf, die »neue Brücke«, ist die längste und auch älteste Brücke von Paris, was ihr Name nicht erahnen lässt. Erst seitdem sie 1985 von Christo verpackt wurde, was ihre Schönheit vollends enthüllte, interessieren sich die

Schattenspendende Ruheoasen und Cafés wie hier im Jardins du Palais Royal gehören zum Stadtbild.

Pariser wieder für sie. Jetzt erstrahlt sie in ganz neuem, rundum renoviertem Glanz. In ihrer Mitte, unterhalb des Reiterstandbilds von Heinrich IV., dem »Vert Galant«, dem legendären Schürzenjäger, liegt die gleichnamige Grünfläche am schiffsbugähnlichen westlichen Ende der Île de la Cité. Lange war dies ein Geheimtipp der Pariser Jugend für ein Picknick am Wasser. Es hat sich herumgesprochen: Jetzt sitzen dort schon frühabends Massen junger Menschen und erfreuen sich bestgelaunt und eng an eng am Sonnenuntergang.

Die schönste der Pariser Avenuen ist die Seine, dieser schleifenreiche, seit jeher besungene, bedichtete, befahrene und gemalte Fluss. Natürlich beeindrucken die grandiosen Champs-Élysées als Prachtstraße der Superlative mit Luxusboutiquen, Palacehotel, mit Kinos, dem Lido und den Flagship- und Megastores, doch richtig berühren will einen das alles nicht. Zu glatt, zu sauber, zu sehr auf Kommerz fixiert. Da bleibt kein Platz fürs Gemüt. Die Seine hingegen fasziniert, fesselt, sie trennt die Stadt nicht, sie verbindet sie zu einem Ganzen, sie bildet den roten Faden, an dem sich die Geschichte der französischen Nation und der Hauptstadt aufrollt. Ganz besonders faszinierend ist eine Bootsfahrt zwischen Dämmerung und Sonnenuntergang, wenn die Ufersilhouetten mehrfach die Farbe wechseln, der Himmel dramatisch glüht und man auch als Paris-Bewohner seufzend feststellt, dass diese Stadt einfach verdammt schön ist, auch wenn man manchmal davonlaufen möchte, weil alles so eng, so laut, teuer und anstrengend

> **Die Seine** ist der rote Faden, an dem sich die **Geschichte von Paris** aufrollt

ist. In Paris wird viel vom massiven Wegzug der Bewohner geredet, doch in Wirklichkeit ziehen wieder mehr Menschen zu als weg. Allerdings können Durchschnittsverdiener bei den astronomischen Immobilienpreisen nicht mithalten.

Die Pariser lieben ihre Stadt und schimpfen mit Leidenschaft auf sie, wie es sich für chronische »râleurs«, Meckerer, gehört, aber letztendlich sind sie

Veränderungen gegenüber nur im Vorfeld feindlich gesinnt. »Kläranlage« oder »Großfabrik« wetterten Nostalgiker angesichts des offensiv modernen Centre Pompidou. Mit dem durchschlagenden Publikumserfolg kehrte sofort Ruhe ein, heute möchte niemand mehr »Beaubourg« missen, und sei es nur wegen der wunderbaren Aussicht vom obersten Stock. Auch das Pei-Projekt für die Glaspyramide im Louvre löste geradezu eine Massenhysterie aus, manche orakelten

Kritik gegenüber Veränderungen gehört zum **guten Ton**

bereits vom Untergang der Nation. Man stellte daraufhin eine Attrappe mit den Originalmaßen des Projekts im Innenhof des Louvre auf und siehe da, der Sturm legte sich spontan.

»Paris bouge«, Paris verändert sich. Das Stück, das man in dieser Traumkulisse spielt, wird täglich neu geschrieben. Moden kommen und gehen, Altes wird vergessen, Neues als genial gefeiert. Die »menschliche Komödie« hat seit Honoré de Balzac nichts von ihrem Rollenreichtum eingebüßt. Nur geht heute alles schneller. Das Schlagwort »l'air du temps« wird immer wichtiger, es besagt nichts, drückt aber vage so viel wie Zeitgeist aus und wird in Paris immer dann gebraucht, wenn einem konkrete Begrifflichkeiten fehlen. Gestern noch war »Le Fouquet's« mega-out? Heute ist es »dans l'air du temps«, angesagt, nachdem Nicolas Sarkozy sich dort nach seinem Wahlsieg zum Staatspräsidenten mit seinen Freunden aus Industrie und Showbiz traf. Mitterrand schritt nach seiner Wahl 1981 feierlich mit einer roten Rose in der Hand zum Pantheon hinauf, zu diesem grandiosen Symbol der Republik und ihrer großen Männer. Das hatte Würde, passte zur Grandeur der Nation, mussten da auch seine politischen Gegner eingestehen. Symbole der Nation sind unantastbar. Dachte man immer. 30 Jahre später feiert Mitterrands übernächster Amtsnachfolger Sarkozy auf den Champs-Élysées, dort, wo sich traditionell die Preisträger

Musée d'Orsay: einst pompöser Bahnhofsbau, heute Pilgerstätte für Kunstinteressierte (S. 195)

nach den César-Verleihungen, der Vergabe des französischen Filmpreises, treffen. Im »Fouquet's«, wo niemand hingeht, der auf sich hält. Eigentlich. Bis gestern. Doch die Zeiten ändern sich.

Wer lange nicht mehr in Paris war, wird erstaunt wahrnehmen, wie viele Museen komplett renoviert, restauriert und entstaubt wurden, wie viele Bistros es gibt, wo man gut und verhältnismäßig günstig essen kann. Wie viele Häuser blitzblank sandgestrahlt leuchten, wie viel rascher die Busse fahren, seitdem es die Busspuren gibt, gegen die beim Bau alle gewettert haben. Punk und Prunk, Geschichte und Zukunft, Armut und Reichtum leben in Paris immer eng beieinander ohne sich unbedingt je zu berühren. Die Pariser sind tolerant. »On fait avec«, man passt sich an, so eine der Hauptstadtdevisen. Alltag ist hart genug, da wird man sich doch nicht noch mit Lappalien die gute Laune verderben.

»Ich wollte Menschen sehen und wusste im Voraus ungefähr, was ich finden

Den Charme von Paris **entdeckt man** am besten auf Streifzügen **zu Fuß**

würde. Aber ich gestehe Dir, dass ich nun erst die ganze Wichtigkeit dieser ungeheuren Stadt begreife«, schrieb der Philosoph Arnold Ruge 1846 in einem Brief. Vielleicht ist es genau das, was an Paris so fesselt. Diese Stadt ist nie so, wie man sie erwartet. Sie entspricht immer dem, was man selbst in ihr sehen will.

Paris besitzt ein äußerst handliches Format, nur 105 Quadratkilometer Fläche (zum Vergleich: Berlin 891, London 1500 Quadratkilometer), alles liegt eng beieinander, das Meiste lässt sich spielend zu Fuß erkunden, und es ist kaum möglich, sich je im Großstadtdschungel zu verlaufen. Dafür kann man Details betrachten. Hier eine schöne Eingangstür mit perfekt poliertem Messingknauf. Die scheinen wichtig für das Prestige eines jeden Wohnhauses, denn frühmorgens sieht man Frauen oder Männer, die unter Einsatz ihrer ganzen Körperkraft den Messingknauf polieren. Beim eher planlosen Bummel kommt man immer an einem Café, einer Bushaltestelle oder Metrostation vorbei. Man kann sich in Paris

ständig verlieren, aber kaum je verirren. Ohne die Seine aus dem Blick zu verlieren, kann man in Paris fast alle wesentlichen Sehenswürdigkeiten und Museen besuchen. Der Louvre erstreckt sich entlang des rechten Ufers, Musée d'Orsay und Musée du Quai Branly sowie der Eiffelturm liegen an der Rive Gauche. Auch das Institut du Monde Arabe, Petit

Tief in sich trägt jeder Pariser die **Sehnsucht nach dem Vertrauten,** dem Dörflichen

und Grand Palais oder Palais Tokyo befinden sich in direkter Ufernähe, ganz zu schweigen von den unvergänglichen Inselschönheiten auf La Cité, Notre-Dame und Sainte-Chapelle.

Hier und da sind Paris-Besucher über die recht unerwartet herbe Art der Paris-Bewohner frustriert. Tatsächlich hat in Paris niemand etwas gegen Touristen, man nimmt sie einfach in der Regel nicht richtig wahr, so wie man auch die eigenen Nachbarn ignoriert. Was als Arroganz interpretiert werden könnte, ist nichts als Selbstschutz. Denn die große Errungenschaft der Pariser, nur die wenigsten stammen übrigens tatsächlich aus Paris, ist ihr Recht auf Anonymität in der Nachbarschaft. Wer sich nicht kennt, mischt sich nicht in die Angelegenheiten anderer ein. Nachbarn grüßt man distanziert und meidet sie, dafür aber pflegt man gute Beziehungen zu seinem Bäcker, Fleischer oder Käsehändler und liebt es, auf dem Markt mit dem Vornamen angesprochen oder im Stammbistro vom Chef mit Handschlag begrüßt zu werden, was einen sofort als »habitué«, als Stammgast, auszeichnet. In Paris drängelt jeder und ärgert sich selbstverständlich über die Drängelei der anderen, denn Warten gilt grundsätzlich als inakzeptable Verschwendung von Lebenszeit, nur beim Lieblingsbäcker oder auf dem Markt stehen alle brav wie Musterschüler an. Das hat mit dem »esprit village« zu tun, mit dieser Sehnsucht nach Vertrautem, Dörflichem, nach Leben und Lebenlassen, Diskretion und Respekt. Es passt immer noch, was Dumas der Ältere schrieb »Wenn man in einer großen Stadt wie Paris geboren ist, hat man kein Vaterland, man hat eine Straße.«

In Paris ist jedes Stadtviertel schön. Jedes besitzt seinen eigenen Charme, seine Eigenheiten. Man muss dem Blick nur alle Freiheiten lassen, anstatt die Nase in den Stadtplan zu stecken. Man muss nicht jedes Monument, jede Sehenswürdigkeit besichtigt und besucht haben, schon gar nicht, um Paris zu begreifen. »Ich glaube nicht, dass irgendeine andere Stadt so wie diese zusammengesetzt ist – nicht nur aus Quartiers, sondern aus kleinen Inseln, die manchmal nur aus zwei, drei Straßen, einem Gartenrest, einem Hof bestehen, aus kleinen Inseln, von denen jede ihre besondere Gemeinsamkeit, ihr besonderes Zusammengehörigkeitsgefühl, ihr besonderes Selbstbewusstsein, ihre besonderen Katzen hat«, schrieb Colette zu Beginn der 50er-Jahre.

Schummerlicht und Kopfsteinpflaster: Das einstige Künstlerviertel Montmartre (S. 148) hat sich seinen Charme erhalten.

LE CONSULAT
RESTAURANT
LE CONSULAT
RESTAURANT LE CONSULAT
INTERDIT
SAUF AUX RIVERAINS

VERLIEBT IN PARIS

Vom Eiffelturm aus kann man der Liebsten »tout Paris« zu Füßen legen.

LUST AN DER PRACHT

Nach Eintritt der Dämmerung treten die architektonischen Schönheiten der Stadt noch glanzvoller hervor.

MODE AM LAUFENDEN METER

Wenn die Couturiers und exzentrischen Designer ihre neue Kollektion präsentieren, sind die Augen der Modewelt auf Paris gerichtet.

LICHT UND GRANDEUR

Anfangs verschmäht, heute nicht mehr wegzudenken: Mit der Glaspyramide im Louvre setzte sich François Mitterrand im größten Museum der Welt selbst ein Denkmal.

LAISSER-FAIRE

Jenseits der Hektik der großen Boulevards trifft man sich auch untertags gern zum »pique-nique« vor dem Palais du Luxembourg.

ACCES
INTERDIT

LITERARISCHE STIMMEN

Honoré de Balzac, Victor Hugo, Oscar Wilde, Jean-Paul Sartre, Simone de Beauvoir und Ernest Hemingway sind nur einige der zahlreichen Literaten und Schriftsteller, die sich im Lauf der Jahrhunderte von Paris angezogen und inspiriert fühlten. Die Pariser Salons und Cafés haben die europäische Literaturgeschichte entscheidend beeinflusst.

Quellennachweis: Anna Gavalda, Kleine Praktiken aus St. Germain, aus dem Erzählband: Ich wünsche mir, dass irgendwo jemand auf mich wartet, limit. Sonderausg. S. Fischer Verlag 2006 und Djuna Barnes, Klagelied auf das Linke Ufer aus: Paris, Joyce, Paris, Wagenbach, 1988, S. 63ff.

Poesie des Alltags: Die Straßen von Paris beflügeln Künstler und Literaten.

Anna Gavalda: Mit ihren spritzig-spitzen Beschreibungen von Paris und seinen skurrilen Bewohnern eroberte die Schriftstellerin und Journalistin auch das Kino.

Die Schriftstellerin Françoise Sagan rauchte wie ein Schlot, genoss das

Leben in vollen Zügen und schrieb scheinbar ganz nebenbei Romane. Die Sagan ist und bleibt eine der großen Legenden von Saint-Germain, die im Alter von 18 Jahren »Bonjour Tristesse!« aufs Papier warf und über Nacht weltberühmt wurde.

Die erfolgreiche junge Autorin Anna Gavalda beobachtet scharf und beschreibt mit spritzig-spitzer Feder, ein bisschen à la Sagan. In ihrer ersten Kurzgeschichte »Kleine Praktiken in Saint-Germain« bemerkt sie ironisch:

> »Saint-Germain!? **Ich weiß, was Sie sagen werden:** Mein Gott, wie banal, meine Liebe, Sagan hat das lange vor dir gemacht und sooviel besser! Ich weiß. Aber was soll ich machen – ich bin nicht sicher, ob mir das Ganze auf dem Boulevard Clichy passiert wäre, so ist das. **C'est la vie.**«

Die Geschichte spielt auf dem Boulevard Saint-Germain, der pulsierenden Hauptschlagader des gleichnamigen legendären Stadtviertels. Der Boulevard ist die Ost-West-Achse auf Rive Gauche, dem linken Seine-Ufer, und verbindet, grob gesagt, im Osten das Institut du Monde Arabe mit der Assemblée Nationale im Westen. Der Boulevard durchquert drei Arrondissements: das fünfte mit Quartier Latin, das sechste mit Saint-Germain und das siebte mit dem Faubourg St. Germain und seinen vielen Regierungs- und Verwaltungssitzen.

Anna Gavalda interessiert sich – wie alle – für das Mittelstück des Boulevards Saint-Germain, dort wo sich die bekannten Cafés »de Flore«, »Les Deux Magots« und »Lipp« befinden, dort wo sich seit jeher die große Literaten und ambitionierte Schriftsteller treffen. Hier liegt das Zentrum dieses polyglotten und nach wie vor typisch pariserischen Viertels. Die Trottoirs wirken hier wie Rampen zum Schaulaufen. Die einen provozieren Blicke als Spiegel ihres Ichs oder suchen vielleicht heimlich die Liebe fürs Leben, andere suchen die Tasche, die noch keine andere besitzt oder die Hose, in der sie ihre dank Diätcoach erfolgreich und teuer erhungerte »Zero Size« perfekt zur Geltung bringen können. Solcherlei und andere, doch fast immer voll auf Trend gestylte Frauen flanieren auf dem Boulevard als handle es sich um eine Theaterbühne. Und wenn sie sich in ein Café setzen, dann mit einem Buch vor sich. Einem anspruchsvollen Buch natürlich: »Sie lieben doch Herzschmerz-Geschichten. Wenn man Ihnen ans Herz rührt mit viel versprechenden Festen und Männern, die den Eindruck machen, sie seien Junggesellen und ein bisschen unglücklich. Ich weiß, dass Sie das lieben. Das ist normal, aber Sie können nun einmal keinen Groschenroman lesen, wenn Sie bei »Lipp« oder im »Deux Magots« sitzen. Natürlich nicht, das geht nicht.«

In Paris ist Bildung immens wichtig. Man liebt Konversationen mit Esprit. Gern streut man auch hier und da literarische oder philosophische Zitate ein, überrascht mit Bonmots, weiß immer, was man gerade gelesen haben muss, auch wenn klar ist, dass man das alles gar nicht gelesen haben kann. Wichtig ist, dass man beim Stichwort »Proust« spontan weiß, um was es geht und, dass einem zu Charles Baudelaire sofort sein Band »Die Blumen des Bösen« einfällt. Wer übrigens ein paar Verse von Baudelaire im Repertoire hat, schindet auch heute noch Eindruck, wie Gavalda richtig erkennt:

»Während ich meinen Weg fortsetze, **lächle ich vor mich hin** und denke an das Gedicht, das Baudelaire »Einer Vorübergehenden« gewidmet hat (schon bei Sagan vorhin werden Sie gemerkt haben, **dass ich aus einem literarischen Fundus schöpfen kann,** wie es so schön heißt!!!!!) Ich laufe weniger schnell, denn ich versuche mich zu erinnern.«

Gavalda amüsiert sich über dieses so fein inszenierte Auftreten, das so überaus lässig und spontan wirken soll. Pariserinnen sind energisch und organisiert, anders würden sie Karriere, Kinder und Privatleben gar nicht in den Griff bekommen. Für sie existieren keine Normen oder Regeln. Schon gar nicht im Straßenverkehr. Wie potenzielle Selbstmörderinnen erscheinen dabei den Paris-Besuchern die Frauen, die bei Rot waghalsig die Straße überqueren. Gavalda warnt: »Hinweis: eine Pariserin, die etwas auf sich hält, überquert den Boulevard Saint-Germain niemals zwischen den weißen Linien einer Ampel. Eine Pariserin, die etwas auf sich hält, beobachtet den Verkehr und wirft sich zwischen die Autos, wohl wissend, dass sie ihr Leben riskiert. Sterben für die Schaufensterauslage von Paule Ka. Herrlich.«

In Paris hat man es eilig, und man ist misstrauisch. »Der Feind ist der andere« nannte dies Jean-Paul Sartre einst. Man vertraut in Paris auch beim Überqueren der Straße nur dem eigenen Instinkt, fixiert den Verkehr, als wolle man ihn in Trance versetzen und dadurch zum Halten bewegen und wirft sich ins Gewühl. Warum an einer Ampel warten, wenn man wertvolle Sekunden gewinnen kann, um danach umso länger in einem Café zu verweilen? Und warum etwa einem Auto vertrauen, das am Zebrastreifen hält? Am Fußgängerüberweg ohne Ampel halten sowieso nur Provinzbewohner oder Ausländer. Man riskiert sein Leben für kostbare Sekunden, die man dann umso besser mit Freunden im Café verbringen kann, beispielsweise bei engagierten Diskussionen über die katastrophale Verkehrslage in Paris. Bei Gavalda geht die Heldin um die Ecke des Boulevard St. Germain in die Rue St. Benoît, wo in der Nachkriegszeit die berühmtesten Jazzkeller der Existenzialisten angesiedelt waren.

»Zur Stärkung werde ich mir einen kleinen Drink genehmigen (...). Nicht im Deux Magots, **dort ist das Publikum am Abend ein bisschen provinziell,** dort sitzen nur dicke Amerikanerinnen, die dem Geist von Simone de Beauvoir nachjagen. Ich gehe in die Rue Saint-Benoît. **Das Chiquito ist genau der richtige Ort.**«

Es ist in Paris tatsächlich so, dass man immer dann, wenn einem nach Fremdheit in freundlicher Atmosphäre der Sinn steht, Bar-Tabacs ansteuert. Dort treffen sich alle Schichten, alle Altersgruppen. In diesen populären Bars wird die Welt ständig neu diskutiert, werden alle getröstet, die nach Liebeskummer aussehen. Doch man wird auch in Ruhe gelassen, wenn man nicht auf die Sprüche reagiert. Wer wirklich Pariser Luft schnuppern möchte, sollte in ein Bar-Tabac gehen. Steht der Zusatz PMU dabei, werden dort auch Pferdewetten abgeschlossen und auf dem Bildschirm die Rennen verfolgt. In so eine Bar geht auch die Heldin in Anna Gavaldas Kurzgeschichte: »Ich stoße die Tür auf, und sofort ist er da: der Geruch nach Bier, vermischt mit dem kalten Zigarettenrauch, das Dingdingding des Flippers, die thronende Wirtin mit den gefärbten Haaren und einer Nylonbluse, die den Blick auf einen BH mit dicken Bügeln freigibt,

das abendliche Pferderennen von Vincennes im Hintergrund, ein paar Maurer in ihren fleckigen Arbeitshosen, die die **Stunde der Einsamkeit** oder die Zeit mit der Alten noch ein bisschen hinauszögern wollen, und ein paar alte Stammgäste mit gelben Fingern (...). **Das Glück.**«

Bereits am frühen Morgen treffen sich im Bar-Tabac die ersten Stammgäste zum Espresso oder auch einem »Calva«, einem Calvados. Tagsüber wechselt ständig der Menschenschlag. Mittags riecht es streng nach Fritten und Fett, nachmittags treffen sich dort alte Damen, ehe sie zu einer Museumstour oder einem Krankenbesuch aufbrechen. In so ein Café setzen sich auch die aus ihrer Provinz entwurzelten Franzosen, die in Paris keinen Anschluss finden, dieser anonymen Großstadt, für die nicht jeder Mensch geschaffen ist. Hier geht es nicht ums Gesehenwerden oder ums Dabeisein.

Diese einfachen, stinknormalen Eckcafés, wo noch kein angesagter Designer Hand angelegt hat, sind die letzten Lebensinseln, wo man keine sozialen Schranken kennt.

Bereits die amerikanische Schriftstellerin Djuna Barnes hat sich oft mit dem Pariser Café-Phänomen auseinander gesetzt, das sie in dieser Art aus den USA nicht kannte. Pariser gehen gern raus und gern aus. Die Straßencafés sind dafür der ideale Ort. Man fühlt sich dort frei. Man kommt und geht, wie einem der Sinn danach steht. Djuna Barnes nennt dies »die offene Gastlichkeit der Straße«. Man schaut vorbei. Niemand stellt Fragen. Denn Pariser sind diskret und quetschen einen nie über Privates aus. Wer erzählen will, findet jedoch immer irgendwo am Tresen ein offenes Ohr. Doch niemand nimmt es einem übel, wenn man kommentarlos aufsteht und geht.

Kaum etwas hat sich geändert, seit Djuna Barnes in den 1920er-Jahren diese Zeilen in ihrem »Klagelied auf das Linke Ufer« schrieb:

»Wenn man Freunde trifft und sich nicht einig ist, bezahlt man seine Rechnung und geht; wenn man miteinander zurechtkommt, kann daraus jede erdenkliche **Harmonie erwachsen.** In einem Café kann man den aufgeribbelten Ärmel der Zeit wieder neu stricken und so verbittert sein, wie man will, und das nur **sich selbst zu verdanken haben.** Kein Haus kann so viel für sich beanspruchen.«

Bei Anna Gavalda, die mitten im modernen Leben des 21. Jahrhunderts steht, bietet das Pariser Café einen Fluchtpunkt, eine Rückzugsmöglichkeit. Statt zu einem Rendezvous zu gehen, das man nicht einschätzen kann, könnte man einfach sitzenbleiben und es sich unter all den Fremden heimelig gestalten.

Wer bei Tisch den Blick in ein Buch vertieft, der signalisiert mit Nachdruck »ich suche kein Gespräch«. Es ist faszinierend, abends in den Pariser Brasserien und Bistros die alleine Essenden zu beobachten. Fast alle haben ein offenes Buch neben sich. Manche lesen auch wirklich darin.

Auch in Anna Gavaldas Geschichte träumt die Heldin von der Geborgenheit im Café, wo man der ungewissen Realität, in ihrem Fall dem Rendezvous mit einem Unbekannten, entkommen kann: »Mir fällt ein, dass ich ‚Kennedy et moi' in der Tasche habe, und ich frage mich, ob ich nicht besser daran täte hierzubleiben. (...) Wie ginge es mir gut.«

Die Brasserie »Lipp« (S. 154) war immer schon Treffpunkt von Literaten, Lebenskünstlern und solchen, die davon träumten entdeckt zu werden.

LE FIGARO

DER GUTE TIPP VON MERIAN

Im diskreten Luxushotel nächtigen, sich in einer Szene-Bar einen persönlichen Cocktail mixen lassen, Haute Cuisine genießen, die neuesten Modetrends aufspüren oder auf dem Flohmarkt alte Schätze entdecken: folgen Sie den Empfehlungen der Autorin. Sie führt Sie zu Altem und Unbekanntem oder einfach zu Ihrem Lieblingslokal.

Hotels 40

Essen und Trinken 45

Einkaufen 48

Märkte 51

Sport 55

Besondere Feste 56

Sehenswertes 59

In-Treffs 61

Am Abend 65

Im Hotel »Le Meurice« (S. 41) ist alles vom Feinsten: Ausstattung, Ambiente und Service.

Un rêve – ein Traum: Im üppig begrünten Innenhof des »Plaza Athénée« (S. 45) verbindet sich diskreter Luxus mit entspannter Atmosphäre.

HOTELS

Understatement à la France

»Le Meurice« ist eine Adresse, die Pariser mit einer Schwäche für schöne Hotels auch gern privat ansteuern. Fragt man einen Einheimischen, in welchem Hotel er in Paris übernachten würde, erfolgt prompt die Antwort: Im **Le Meurice.** Klein und überschaubar, »un rêve«, ein Traum.

Langsam versinkt die glutrote Sonne hinter dem Eiffelturm, die Wipfel des Tuileriengartens verschwinden allmählich in der Dunkelheit. In der Ferne strahlt das gewölbte Glasdach des Grand Palais. »Wie herrlich romantisch«, denkt man und nippt am Kaffee – sechs Etagen tiefer. Den Panoramablick gibt es als Bonus mit dazu, in der Suite »Belle Étoile«, wo man von einer 250 Quadratmeter großen Terrasse aus ein 360°-Panorama geboten bekommt, das selbst verwöhnte Menschen ins Schwärmen versetzt.

Alles vom Feinsten, von der Lage über den Blick bis zur Ausstattung – selbstverständlich nur echte Antiquitäten – nichts fehlt, alles ist möglich. Aber nie auch nur eine Spur von Zuviel. Schließlich befindet man sich im kleinsten, ältesten und diskretesten Luxushotel von Paris, wo aufgesetzter Reichtum nicht zum Stil des Hauses gehört, das für Raffinement und Understatement weltberühmt ist und zur Dorchester-Gruppe gehört.

Hier haben Gäste sehr viel Geld, aber man zeigt es nicht. Insider stellen trocken fest, dass die bestangezogenen Menschen im Hotel zum Personal gehören. Die Klientel legt keinen Wert auf Repräsentation, wozu auch? Das überlässt man anderen. Im »Le Meurice« taucht man in die Pariser Eleganz der Belle Époque ein, aber in der verhaltenen Version: nie zu viel Gold, nie zu viele schwere Teppiche, nie zu viel Prunk, vor allem kein Protz. Das verleiht diesem Traditionshaus seine ganz besondere Persönlichkeit. Menschliche Dimensionen hat das Haus und eine Bar, die viele zu ihrem abendlichen Hauptquartier gewählt haben.

WEGWEISER 1

Le Meurice

➤ 1. Arr., S. 8/9 [c 3] ➤ [F 4] 228, Rue de Rivoli; Tel. 44 58 10 10, Fax 44 58 10 15; Metro: Tuileries; www.meuricehotel.com; 160 Zimmer; •••• CREDIT

Ein gewisser Charles-Augustin Meurice war der Urvater des Hotels. Er besaß im späten 18. Jahrhundert in Calais »Le Chariot Royal«, ein angenehmes Kutschengasthaus, das bei der britischen Kundschaft sehr beliebt war. Irgendwann hatte Meurice die glänzende Idee, auch an der Endstation in Paris, in der Rue Saint-Honoré, zum Wohl der nach langer Fahrt durchgeschüttelten Fahrgäste eine »Auberge« einzurichten. Komfort sollte dort geboten werden, wie er Anfang des 19. Jahrhunderts selbst für die eher verwöhnte Gentry noch nicht alltäglich war: Wäscheservice, Wechselstube, auch Service für alle Zoll- und Ausweisformalitäten sowie Salons, in denen man sich zur Konversation aufhalten konnte.

Sohn Louis-Augustin Meurice eröffnete 1818 das Pariser Haus, das schnell exzellenten Ruf genoss. Königin Victoria wohnte im »Meurice«, auch der spanische König oder Mitglieder der Zarenfamilie schätzten im 19. Jahrhundert dieses elegante Hotel, das Anfang des 20. Jahrhunderts an die jetzige Adresse übersiedelte. Dort feierte Picasso 1919 seine Hochzeit mit Olga Khoklova, im Kreise seiner engen Freunde Jean Cocteau, Max Jacob oder Guillaume Apollinaire. Im »Meurice« verbrachte Alfons XIII. von Spanien seine langen Jahre im Exil, und die eigenwillige Milliardärin Barbara Gould organisierte in ihrer Suite einen literarischen Salon.

Die deutsche Besatzung und der Zweite Weltkrieg unterbrachen das unbeschwert mondäne Leben im Luxushotel, das zum Sitz für die Kommandantur für Groß-Paris bestimmt wurde. General Dietrich von Choltitz sollte 1944 auf Befehl Hitlers Paris in Schutt und Asche legen. Er führte diesen Befehl nie aus und unterschrieb am 25. August seine Kapitulation.

In den drei Jahrzehnten nach dem Krieg war Salvador Dalí schrillster Stammgast der Nobelherberge. Dalí buchte ausschließlich die Präsidentensuite im ersten Stock. Er führte statt Schoßhund auch mal gern einen dressierten Ozelot an der Leine herum, überraschte Personal und Gäste mit stets neuen exzentrischen Einfällen und Wünschen und lebte munter und zügellos seine kreativen Schübe aus. Nach jedem seiner Aufenthalte muss-te die Präsidentensuite komplett renoviert werden.

Heute prägt eine äußerst stilvolle Klientel ohne sichtbare Exzentrik die Atmosphäre in diesem wunderschönen, zentralen Hotel in unmittelbarer Nähe zum Louvre, den Tuilerien, zur Place Vendôme und der Rue Saint-Honoré. Im Gegensatz zu Häusern der vergleichbaren Kategorie strahlt »Le Meurice« so etwas wie selbstverständliche Perfektion aus, in der man sich nicht deplatziert fühlt, auch wenn man nur einen Kaffee im Wintergarten bestellt. Der amerikanische Erfolgsschriftsteller John Irving ist Stammgast, ebenso der Dirigent Lorin Maazel oder Pink-Floyd-Boss David Gilmour. Das Belle-Époque-Juwel bietet in 160 Zimmern (davon mehrere Suiten, u. a. die »Belle Étoile« für circa 10 000 Euro pro Nacht) opulenten doch nie ostentativen Luxus. 400 Mitarbeiter sorgen sich ums Wohl der Gäste; der junge Drei-Sterne-Koch Yannick Alléno beweist sein Können im Restaurant im Erdgeschoss. Wer »Meurice«-Luft schnuppern möchte, sollte auf einen Drink in die Hotel-(Jazz)-Bar »Le Fontainebleau« gehen (geöffnet tgl. 12–2 Uhr, Jazzmusik 19–0 Uhr). Ob dort oder im Wintergarten des Hotels, jeder Gast wird aufmerksam bedient und behandelt, »la grande classe«.

Modernstes Design und Kultobjekte: Im »Hôtel Amour« ist jedes Zimmer eine Überraschung.

Individualisten willkommen

Tischfußball im Keller, bemalte oder schwarz lackierte Wände, Kunstlederbänke, Vintagemöbel, Künstlerfotos, witzige Sextoys auf dem Zimmer ... Jedes der zwanzig Zimmer im **Hôtel Amour** ist anders eingerichtet, jedes von einem anderen Künstler ausgestattet: z.B. Jean Prouvé, Marc Newson oder Sophie Calle. Einige finden, dass die Stimmung mittags provinziell ländlich ist, was aus der Perspektive von Nachtschwärmern stimmen mag, die ins Bett gehen, wenn andere zu Mittag essen. Ländlich ist im »Hôtel Amour« gar nichts, außer vielleicht die Grünpflanzen im Innengarten. Das Hotel ist in der Szene rund um die Uhr als Bar, Kneipe, Hotel und Brasserie beliebt. Im kleinen idyllischen Garten plätschert ein Brunnen, die Rezeption hat Bonsai-Format und befindet sich rechts neben dem Eingang in der Brasserie, die gleichzeitig Bar und Frühstücksraum ist. Absoluter Szene-Spot, wo man auch einfach so stundenweise ein Zimmer mieten kann. Die Küche genießt einen recht guten Ruf und ist durchgehend von 12–23.30 Uhr geöffnet.

WEGWEISER 2

Hôtel Amour

➤ 9. Arr., S.8/9 [c 2] ➤ [G 3] **8, Rue de Navarin; Tel. 48 78 31 80, (kein Fax); tgl. 8–6 Uhr; Metro: St. Georges; www.hotelamour.fr; 20 Zimmer; ●● CREDIT**

Stylisches Ambiente und Hightech-Ausstattung:
Die geräumigen Zimmer im »Kube Rooms and Bars«

Eiskalter Tipp für heiße Nächte

Hinter der herrschaftlichen, weißen, denkmalgeschützten Fassade eines Stadtpalais aus dem 18. Jahrhundert in einem eher heruntergekommenen Viertel versteckt sich ein betont modernes Hotel: **Kube Rooms and Bars.** Bei den Nachtschwärmern ist es besonders auch für seine Ice-Bar bekannt, die mit fünf Grad Celsius im wahrsten Sinne des Wortes so »cool« ist, dass man sich nicht länger als 30 Minuten dort aufhalten möchte. Trotzdem sollte man sich einen Wodka à Gogo im »Ice Kube« nicht entgehen lassen. Auch die Loungebar mit DJ, wo Fingerfood, sogenannte »Shackubes« von Fooddesigner Pierre Auge angeboten werden, ist absolut hipp. 17 geräumige, schöne, mit technischen Raffinessen gespickte Zimmer. Wegen der Lage in einer Sackgasse in einem ziemlich heruntergewirtschafteten Stadtteil besonders bei der kaufkräftigeren jüngeren Generation der »urban tourists« als Geheimtipp gehandelt.

WEGWEISER 3

Kube Rooms and Bars

➤ 18. Arr., S. 8/9 [d 1] ➤ [H 2] **1–5 Passage Ruelle; Tel. 42 05 20 00, Fax 42 05 21 01; Metro: La Chapelle; www.kubehotel.com; 17 Zimmer; •••• CREDIT**

ESSEN UND TRINKEN

Pariser Chic und bayerischer Charme

Wenn in Paris jemand vom »Relais« spricht, meint er **Le Relais Plaza**, die Brasserie des Luxushotels »Plaza Athénée«. Hier mischt sich jeden Tag ein Aufgebot an Prominenz, wie man es in keinem Peoplemagazin serviert bekommt, mit Touristen, Vertretern des Pariser Establishments und Hotelgästen. Jeder fühlt sich in dieser Brasserie mit elegantem Pariser Flair und Chic wohl. Orte für Gipfeltreffen der VIPs bietet Paris massenhaft, doch im »Relais« stimmt die Atmosphäre. Hier diskutiert man, hier wird gelacht, hier hat man einfach Lust darauf, mit Freunden zu essen oder auch schlicht Kontakte zu pflegen. Man geht abends nach Theater- und Kinopremieren oder einfach so dorthin und sucht dort kein Rampenlicht, sondern Show off! Fotografieren ist übrigens strengstens untersagt.

WEGWEISER 4

Le Relais Plaza

➤ 8. Arr., S. 8/9 [b 3] ➤ [D 4] 21, Avenue Montaigne; Tel. 53 67 64 00; tgl. 12–14.45 und 19–23.30 Uhr; CREDIT (gehört zum Hôtel Plaza Athénée Paris; 25, Avenue Montaigne; Tel. 53 67 66 65, Fax 53 67 66 66; ••••

Der aus Bayern stammende »Relais«-Chef Werner Küchler ist die Seele dieser Institution. »Wärnär« begrüßt alle Gäste gleich herzlich, er besitzt das intuitive Gespür dafür, wie man Tische gut belegt und einen Saal mit angenehmer Atmosphäre komponiert.

Die Innenausstattung der Brasserie stammt aus den 30er-Jahren und orientiert sich ganz bewusst am damaligen Luxusdampfer »Le Normandie«; die etwas höher liegende Saalebene wird »Pont Supérieur«, Oberdeck, genannt. In der Küche ist der Ducasse-Mitarbeiter Philippe Marc für solide Brasserie-Küche mit selbst gemachten Frittes, Tatar, Scholle oder »Bœuf Rossini« zuständig. Perfekter Service, sehr angenehmes Publikum und natürlich der »l'incomparable«, der unvergleichliche Werner Küchler, der in Paris Kultstatus genießt.

Chill-out mit coolen Cocktails: die Bar im »Relais Plaza«

Vorfreude auf Hochgenuss: Im »Le Comptoir« präsentiert der Chef seine Schätze persönlich.

Geduld, die belohnt wird

Im Februar ruft aufgebracht Terry aus New York an. Er hatte seinen Besuch mit Gemahlin Aimelyne für Juli in Paris angekündigt, doch alles kommt nun anders: »Wir müssen die Reise verschieben«, sagt er ganz aufgeregt, »wir haben erst für Oktober einen Platz im **Le Comptoir** bekommen!« Und wir dachten, das stehe nur in der Zeitung, dass manche ihre Reise der Disponibilität bei Camdeborde anpassen. Mit seinen halblangen dunklen Locken, seinem offenen Blick und seinem Humor gehört Yves Camdeborde zu den Menschen, die spontane Sympathie verbreiten. Dieser Mann liebt Rugby, das sieht man ihm an, stammt aus Pau, das hört man ihm an.

WEGWEISER 5

Le Comptoir

➤ 6. Arr., S. 8/9 [c 3] ➤ [G 5] 9, Carrefour de l'Odéon, Tel. 44 27 07 97; Metro: Odéon, RER B und C: St. Michel; CREDIT (gehört zum Hôtel Relais St. Germain; gleiche Adresse; Tel. 43 29 12 05, Fax 46 33 45 30; www.hotel-paris-relais-saint-germain.com)

Ehe Sie weiterlesen, sollten Sie eigentlich bereits reserviert haben, um dann mit viel Glück einen Tisch in sieben bis acht Monaten bei Camdeborde zu ergattern. »Le Comptoir« ist ständig ausgebucht. Es gibt 22 Tische – und keinen mehr. Mit seinem Ruf könnte Camdeborde jeden Abend eine Halle füllen, aber das interessiert ihn nicht. Camdeborde hat im »Ritz« (→ Spezial, S. 73) und im »Crillon« (→ Spezial, S. 72) gelernt. Das sind

Referenzen in Sachen Haute Cuisine. Eigentlich war auch er darauf gepolt, nach den harten Lehrjahren irgendwann ein Restaurant zu eröffnen, um nach und nach Sterne zu ernten, wie sich das in der Spitzengastronomie gehört. Tatsächlich übernahm Camdeborde, er war noch keine 30 Jahre alt, ein kleines Lokal: »La Régalade«. Er wollte es tipptopp ausstatten lassen und durchstarten. Doch dann kam der Erste Golfkrieg dazwischen. Sparen war nun die Devise.

Damals hatte Camdeborde die geniale Idee: Er investierte nicht ins Design, ließ das Lokal mit seiner rustikalen Ausstattung so, wie es war, vergaß hochkomplizierte Gerichte auf aufwendigen, sehr reichhaltigen Speisekarten und erinnerte sich an gute, frische Produkte – kein Chichi, nichts Gekünsteltes. Fleisch mit Geschmack, Gemüse schlicht und einfach, Foie gras, Pasteten, kurzum, Gutes wie von Muttern, nur noch besser. Gastronomiekritiker rangen nach Worten und schließlich hieß es, dass Camdeborde das Neo-Bistro-Konzept erfunden habe. Was eigentlich nichts anderes bedeutet, als dass der Tellerinhalt wichtiger ist als alles andere. Das sprach sich wie ein Lauffeuer herum, und dieses kleine Bistro im hintersten Winkel des 14. Arrondissements, wo es kaum jemanden rein zufällig hinverschlägt, wurde zum Knaller, wo alle gewesen sein mussten. Die Karten in der Pariser Gastronomielandschaft sind seither neu gemischt.

2005 hat sich Yves Camdeborde, er hatte die 40 Lebensjahre gerade vollendet, ins schicke Saint-Germain verzogen. Ortswechsel total. Seither ist »Le Comptoir« »the place to be«. Amerikaner wie Terry, selbst ein leidenschaftlicher Hobbykoch, planen ihren Urlaub dann, wenn sie einen Tisch bei Camdeborde kriegen. Feingeistige Japaner kennen die Karte auswendig. Pariser staunen, alle sitzen wirklich eng beieinander, doch es klappt, als hätten sie vorher geübt. Konversationen von Tisch zu Tisch sind unvermeidlich, was ansonsten in Paris eher verpönt ist, doch gutes Essen stimmt gut gelaunt und macht gesprächig. Die ständig wechselnden Menüs sind alle ausgezeichnet und für rund 40 Euro unglaublich günstig. Tagsüber Brasserie und Cafébetrieb – ohne Reservierung.

AUTORENTIPP Die unscheinbare Crêperie links neben dem »Le Comptoir« gehört auch Camdeborde. Dort gibt es im Straßenverkauf richtig leckere Crêpes aus besten Zutaten.

Zeitgeist pur: Lunchen im Restaurant des Concept-Stores Colette.

EINKAUFEN

Pilgerstätte für Trendsucher

Bis 1997 war die Rue Saint-Honoré eine öde Durchgangsstraße zwischen Hallenviertel und Madeleine, mit vielen angestaubten Geschäften, wo reizende, dezent gepuderte alte Damen einkauften. Dann kam **Colette**, der allererste Concept-Store schlechthin, Untertitel »StyleDesignArtFood«, und alles wurde anders. Leben erschütterte die Rue Saint-Honoré, diese seit jeher existierende Ost-West-Achse in Paris. Zukunft ließ grüßen. Colette war ein UFO in diesem Viertel, damals 1997. Hier gab es Dinge, die es sonst nirgends gab. Zumindest sicher nicht in Frankreich. Weshalb im Zickzack durch die Welt rasen, um Ausgefallenes zu erstehen, wenn man alles auf einem Fleck anbieten könnte? Genau das ist die Idee, das Colette, so heißt die Firmengründerin, die stets geheimnisvoll im Hintergrund bleibt, in ihrem dreistöckigen Laden nun seit mehr als zehn Jahren umsetzt.

Wer auch nur annähernd beruflich mit Trends in seiner Heimat zu tun hat, pilgert bei jedem Paris-Besuch zu Colette, so wie Kunstinteressierte in den Louvre gehen. Und als positiver Nebeneffekt hat sich die Rue Saint-

Honoré quasi im Fahrwasser des kultigen Miniwarenhauses zu einer Hype-Meile gemausert.

An Colette könnte man achtlos vorbeigehen, wenn man auf Schilder fixiert ist. Es gibt kein Ladenschild, nirgends steht »Colette« geschrieben, weder als Neonbeleuchtung noch als Schriftzug. Nur die beiden Schaufenster künden davon, dass man hier keine Massenware verkauft, auch wenn der Laden Massen von Menschen anzieht. Wenn einem sonst gar nichts einfällt, kann man durchaus auch den Tag im Geschäft verbringen und herumschnuppern, was so angesagt ist, was man hört und liest, was an Fotografen in ist, was als Kosmetikprodukt noch als ultimativer Geheimtipp gehandelt wird oder welcher Rockschnitt demnächst ganz groß rauskommen wird. Man kann Musik hören, in ausgewählten Büchern und Zeitschriften lesen, die Ausstellung eines viel versprechenden Senkrechtstarters der Fotografie betrachten. Man kann das ultimative Hightech-Sportschuhmodell erstehen, in limitierter Auflage produziert, versteht sich. Bei Colette gibt es auf jeden Fall nur Dinge, die es bisher anderswo (in Frankreich, oft auch europaweit) nicht gibt. Was in den Laden kommt, wird Trend. Doch bis es so weit ist, hat man es bei Colette längst aus dem Angebot genommen.

Wie es sich für so eine Adresse gehört, trägt das Personal Schwarz und blickt etwas gelangweilt. Das gehört dazu. Man ist in Paris. Nach wie vor auch eine Stadt der Mode. Längst nicht alle kaufen bei Colette. Der Laden ist eine Vitrine, wo alle gern auch das beäugen, was sie nie selbst besitzen möchten. Über Geschmack lässt sich schließlich streiten. Zwischen CDs, Hype-Label-Klamotten, elektronischen Geräten im jüngsten Design, Deko-Objekten, Kosmetika, Sneakers oder Gadgets in der Preisspanne zwischen 10 bis 8000 Euro findet jeder etwas. Stilverunsicherte setzen hier auf jeden Fall auf Nummer sicher, wenn sie die Lieben zu Hause mit Mitbringseln beglücken möchten.

Im Untergeschoss wählt der erschöpfte Gast dann in der ultimativ hippen »Waterbar« zwischen rund 100 verschiedenen Mineral-, Quell- und Heilwassern aus der ganzen Welt. Dazu kann man bei »Colette« auch »lunchen«. Man sitzt an extrem schlichten Designtischen, isst extrem Lecker-Leichtes von extrem unauffälligem Designgeschirr, das alles neben sehr schmalen, sehr gestylten und oftmals sonnenbebrillten Wesen. Und irgendwie ist es wie bei »Der Teufel trägt Prada«. Extrem, irgendwie. Ein Must!

WEGWEISER 6

Colette

➤ 1. Arr., S. 8/9, [c 3] ➤ [F 4]

23, Rue Saint-Honoré; www.colette.fr; Metro: Tuilerien; Mo-Sa 11–19 Uhr

Tee – Zeremonie und Genuss

»Cave à thé«, Teekeller, nennt sich dieser einzigartige Laden im **Maison des Trois Thés**, wo in wunderschönen Metalldosen 700 Teesorten angeboten werden und im Keller massenhaft Raritäten lagern. Bereits an der Schwelle des sehr ästhetisch aus Holz, Ziegeln und Eisen gestylten Ladens fällt der Stress ab. Man atmet teegewürzte warme Luft, hört leise chinesische Musik und beobachtet wie hypnotisiert Maître Tseng, die feingliedrige Chinesin aus Taiwan. Zeit spielt hier keine Rolle. Es geht um Tee. Hochwertige Tees, solche, die man am besten aus hauchzarten winzigen Teeschalen trinkt. Und bitte, so Maître Tseng, die Teeblätter nur mit gefiltertem Wasser bei idealer Temperatur aufgießen. Nein, nie mit Mineralwasser! Maître Tseng erklärt, dass es nicht darum geht, jemanden zum exklusiven Genuss vorzüglicher oder rarer Tees zu bekehren, sondern darum, dass guter Tee sein volles Aroma (»liqueur«) erst entwickeln kann, wenn er richtig zubereitet wird. Nicht Snobismus, Tee ist angesagt. Man glaubt es sofort. Yu Hui Tseng glaubt man alles, weil man ihr abnimmt, dass sie Tee-Expertin aus Passion ist. Kein Wunder, sie stammt aus einer chinesischen Familie, die sich vor zweihundert Jahren in Taiwan niedergelassen und sich in der Teeproduktion guten Ruf erworben hat. Maître Tseng ist im erlauchten Kreis der chinesischen Experten die einzige Frau. Sie hat in Frankreich die Gong-Fu-Cha-Methode bekannt gemacht. Eine chinesische Teezeremonie, die sie genau erläutert und vorführt. Gelbe, grüne oder weiße Tees hingegen werden besser mit der Zhong-Methode aufgegossen, lernt man. Während sie geduldig erklärt und Fragen beantwortet, bereitet sie nebenher Tee zu, reicht Schalen zum Verkosten und blickt einen erwartungsvoll an, ob man auch etwas Aprikose, einen Hauch Nuss mit Waldbeeren und einer Prise Pilz geschmeckt hat. Man hockt auf chinesischen Stühlen mit beschränktem Sitzkomfort neben dem Tisch, an dem Maître Tseng zelebriert, oder man sitzt in Strümpfen im Schneidersitz an einem der niedrigen Tische. Viele echte Teeliebhaber scheuen weder Anfahrtswege noch Kosten, um eine seltene Sorte zu ergattern. Von einigen der angebotenen Tees werden pro Jahr nur zwischen 200 bis 800 Kilogramm gewonnen. Von manchen Sorten existieren nur noch zwei oder drei Bäume. Raritäten also. Das hat seinen Preis. Tees gibt es ab circa 13,50 Euro für 50 Gramm. Nach oben sind kaum Grenzen gesetzt.

WEGWEISER 7

La Maison des Trois Thés

➤ 5. Arr., S. 8/9 [c 4] ➤ [H 6] **1, Rue Saint Médard, Ecke Rue Gracieuse (bei der Place Monge); Tel. 43 36 93 84; Metro: Place Monge; www.troisthes.com; Di–So 13–20 Uhr**

Feilschen ist das halbe Geschäft: Am Marché Aligre geht es zu wie im Orient.

MÄRKTE

Multikulti, Wein und Austern

Am Wochenende sollte man zum **Marché Aligre**, denn dann besticht der Markt mit seinem Flair »Orient trifft Paris«. Ein Kulturgut! Dafür durchquert man die Stadt. Und seit der Platz neu gepflastert wurde, sieht alles richtig proper aus. Vom modernen Familienvater in lässiger Markenjeans mit seinem Baby im Hightech-Kinderwagen bis hin zu Post-Hippie-Frauen mit hennaroten Haaren oder mageren Modeltypen und afrikanischen Frauen mit Schleier – hier herrscht eine bunte Menschenmischung.

WEGWEISER 8

Marché Aligre

➤ 12. Arr. S. 8/9 [d 3] ➤ [K 6] **Place d'Aligre; Metro: Ledru-Rollin; Di–So 8–13 Uhr**

An den Ständen – je weiter vom Marktzentrum weg, desto billiger – gibt es alles von Gemüse über Gewürze, Käse, Fisch oder Fleisch, in jeder Preislage und Qualität, auch Trödel und Klamotten. Manche Gemüsehändler bieten ihre Ware zu unschlagbar günstigen Preisen und dementsprechend zwielichtiger Qualität an, das gehört dazu. Sie finden Abnehmer. Recht chic sind die Läden in der Markthalle »Marché Beauvau«, dem überdachten Teil des Marktes.

Bereits im 18. Jahrhundert kauften hier die Arbeiter aus diesem populären Viertel zwischen dem Faubourg St. Antoine und der Rue de Charenton für ihren täglichen Bedarf ein. 1779 wurde der überdachte Markt errichtet, der nach der letzten Äbtissin des nahe gelegenen Klosters Saint-Antoine (heute Uni-Klinik Saint-Antoine), Gabrielle-Charlotte de Beauvau-Craon benannt ist, die einst ein Stück Land aus dem Klostergut für einen Heu- und Strohmarkt zur Verfügung stellte. Übrigens: Kaum einer verlässt diesen bunten Markt mit leeren Händen, denn irgendwas kann man immer brauchen, und sei es ein uraltes Spitzenteil vom Trödler.

AUTORENTIPP Nach dem Gang über den Marché Aligre sollte man in die Weinbar »Le Baron Rouge« gehen, je nach Saison auf ein paar Austern, Käse oder einen Charcuterie-Teller und ein Glas Wein.
➤ 1, Rue Théophile Roussel; beim überdachten Markt, Di–So 10–14,17–22 Uhr

Mit den Promis auf Biokurs

Im Quartier um Sèvres-Babylone ist sonntags normalerweise Sendepause. Die schicken Läden sind geschlossen, die Anwohner großenteils im Landhaus. Will man sich einen Eindruck verschaffen, wer im »Dorf« geblieben ist, reicht ein Bummel über den Biomarkt auf dem Boulevard Raspail zwischen Sèvres-Babylone und Rue de Rennes. Was in Paris Rang und Namen hat, auch über die Grenzen dieses Stadtviertels hinweg, und am Wochenende in der Stadt geblieben ist, lässt sich am Sonntagvormittag auf dem **Marché Bio Raspail** blicken.

Je verhutzelter der Apfel, je krummer die Gurke, je erdverkrusteter die Kartoffel, desto größer der Verkaufserfolg. Die anspruchsvolle Klientel liebt es authentisch, und wie das französische Sprichwort sagt: »Wer liebt, zählt nicht«, das heißt, man zeigt sich spendabel. Hier läuft man schon mal Salma Hayek, Carla Bruni, Vincent Lindon oder Juliette Binoche über den Weg, denn der Markt bietet die höchste Promikonzentration und die höchsten Preise in Paris. Doch man tut so, als sähe man nichts, um nicht als Tourist aufzufallen.

WEGWEISER 9

Marché Bio Raspail
➤ 7. Arr., S. 8/9 [c 3] ➤ [F 6] **Boulevard Raspail zwischen Rue de Rennes und Rue du Cherche-Midi; Metro: Sèvres-Babylone, So 9–13.30 Uhr**

Schnäppchen für Frühaufsteher

»Wenn du um sieben kommst, ist das Beste schon weg«, sagt Bernard und wirkt zufrieden. Er hat eine Figur aus Muscheln mit dem Schriftzug »Souvenir de Deauville« erhandelt. Scheußlicher Kitsch einerseits, aber wertvoller Zuwachs für seine Sammlung, die im Badezimmer untergebracht ist, denn der Rest ist bereits mit Sammelobjekten voll gestellt. Wie Bernard strömen massenhaft »chineurs« frühmorgens zur Porte de Vanves, um sich die Rosinen rauszupicken, ehe Touristen und Morgenmuffel anrücken.

Nie würde man sonst zur **Porte de Vanves** gehen, denn dieses Stadtrandgebiet im Süden von Paris ist völlig ohne Charme. Aber am Samstag und Sonntag verwandelt sich die Ödnis zwischen Autobahnring und Bahngleis in ein Paradies für Flohmarktfans. Kenner wie Bernard setzen nie einen Fuß auf den »Grand Marché aux Puces«, den großen Flohmarkt im Norden der Stadt. Zu groß, zu teuer, sagt die »Vanves-Fraktion«.

Noch vor dem allgemeinen »déballement«, dem Auspacken, schnüffeln die echten Profis in den Kisten der Händler. Wer zuerst kommt, schöpft die Fettaugen von der Suppe. Das ist anderswo nicht anders. Jeden Samstag Punkt sechs steht Bernard auf der Matte. Der kinderreiche Großbürger mit Stressberuf entspannt sich beim Stöbern. Jeden Samstag setzt er sich ein Budget. Nie weniger als 30 Euro, nie mehr als 100 Euro. Trödel und Antiquitäten kann man überall kaufen, hier geht es darum, Dinge zu entdecken, in die man sich verliebt. Monatelang liebäugelte Marie Anne mit einem amerikanischen Schreibtischstuhl. Er war ihr zu schwer, zu teuer, aber irgendwann stand er immer noch da, war immer noch schwer, aber weniger teuer und sie nahm ihn mit. »Er hat auf mich gewartet«, erklärt sie, doch an diesem Samstag zieht sie ohne Beute nach Hause. »Die Familie wird es mir danken«, sagt sie fröhlich.

Verkaufspause: So ruhig geht es auf dem Flohmarkt an der Porte de Vanves nur selten zu.

Beim »marché aux puces« an der Porte de Vanves handelt es sich übrigens um den einzigen Flohmarkt innerhalb der Pariser Stadtgrenze. Gegen 1890, ließen sich dort die Lumpensammler, »chiftirs«, aus den umliegenden Arrondissements des Montparnasse-Bahnhofs an der Porte de Vanves entlang der Bahngleise nieder, um dort ihre Waren auszubreiten. Bis zum Ersten Weltkrieg wuchs der fliegende Markt beständig. »Brocanteurs«, Trödler, die meistens Ramsch anboten, gesellten sich zu den Lumpensammlern. Es bestand Bedarf an billiger Ware.

André Breton, Man Ray oder Giacometti, die stets für skurrile Objekte empfänglich waren, schlenderten regelmäßig über diesen Flohmarkt. Eine Fundgrube war er auch für Georges Brassens, der in der Nähe lebte und anscheinend dort einen Gedichtband von Antoine Pol gekauft hat. Diesen unbekannten nordfranzösischen Dichter kennt man erst, seitdem Brassens 1972 eines seiner Gedichte vertont hat, »Les Passantes«, eines der berühmtesten Chansons des Liedermachers. Dem berühmten Couturier Christian Lacroix, der trödelbegeisterten Catherine Deneuve oder anderer Pariser Prominenz läuft man durchaus mal über den Weg.

WEGWEISER 10

Marché Porte de Vanves (Flohmarkt)

➤ 14 Arr.; S. 8/9 [b 5] ➤ [E 8] **Metro: Porte de Vanves, Porte d'Orléans, Tram T3: Porte de Vanves; Sa, So 7–13 Uhr auf den Avenuen Marc Sangnier und Maurice d'Ocagne, ganztags am Wochenende auf der Avenue Georges Lafenestre.**

Jedes Wochenende stellen bis zu 400 Händler ihre Ware aus. Echte Antiquitäten, Nippes, Kinderspielzeug, Schmuck, Gartenmöbeln und Teppiche – kurz, es gibt es nichts, was es dort nicht gibt. Seit der Einführung des Euro ist die Preistendenz in Vanves steigend.

Zu den »French Open« strömen Tausende Tennisbegeisterter ins Stadion am Bois de Bologne.

SPORT

Tennis der Weltklasse

Steffi Graf fühlte sich bei den »Open de France«, offiziell »Internationaux de France, Tournoi de Roland-Garros« besonders wohl, denn bei diesem einzigen Grand-Slam-Turnier auf Sandplatz, gewann die Weltklassespielerin sechsmal und wurde dreimal Zweite. 1988 stellte sie bei ihrem zweiten Sieg im **Roland-Garros-Stadion** einen bis heute ungebrochenen Geschwindigkeitsrekord für ein Finalspiel auf: in 34 Minuten fegte sie ihre Gegnerin Nathalia Zwereva vom Platz. Da ihr Schließfach in der Umkleide bei ihrem ersten Sieg 1987 die Nummer 19 trug, sie jedes weitere Mal in Roland-Garros diese Nummer bekam, die 19 ihr viel Glück brachte, wurde ihr diese magische Tür zum Abschluss ihrer Karriere in Roland-Garros geschenkt und durch eine »18 bis« ersetzt. Die grafsche Glücksnummer gibt es für keine andere mehr.

Jedes Jahr Mitte Mai finden seit 1891 die »Open de France« statt. Vierzehn Tage lang schwillt die Zahl der Angestellten der Pariser Tennisanlage von 250 auf Zigtausende an, um die insgesamt mindestens 400 000 Zuschauer zu betreuen – und natürlich auch die Profis, die besonders gehätschelt werden. Zu den Open gehört auch traditionell das »Village«, ein VIP-Zeltdorf, wohin Weltfirmen ihre Geschäftsfreunde einladen und wo immer Promis beim Schaulaufen zu sehen sind.

Wer sich für Tennissport interessiert, sollte unbedingt an einer Führung durch die Kulissen von Roland-Garros teilnehmen.

WEGWEISER 11

Roland-Garros-Tennisstadion

➤ 16. Arr., S. 8/9 [a 4] ➤ [westl. A 6]

2, Avenue Gordon-Bennett; Tel. 47 43 48 48; Metro: Porte d'Auteil; Bus 22 bis Endstation; www.rolandgarros.com; Führungen nur mit Voranmeldung; 20. Feb.–4. Nov., Di–So 11 Uhr (engl.), 14.30, 16.30 Uhr (franz.); Eintritt: 10 €. Tenniseum, Eingang Porte des Mousquetaires; Tel. 47 43 48 48; E-Mail: tenniseumvisites@fft.fr; Mitte Mai – Mitte Juni keine Führungen

Für alle Super-Tennis-Fans empfiehlt sich das Kombiticket für die Führung und den geführten Besuch im »Tenniseum«, dem Museum von Roland-Garros (15 €).

BESONDERE FESTE

Ein Fest für die ganze Nation

In den 14. Juli, den Nationalfeiertag, wird hineingetanzt. In Paris hauptsächlich auf den »Bals de Pompiers«, den traditionell von der Feuerwehr in den Kasernenhöfen organisierten Bällen, wo man zu Akkordeonmusik das Tanzbein schwingt und sich dabei wie zu Edith Piafs Zeiten fühlt.

Der Sturm auf die Bastille am 14. Juli 1789 war der Beginn der Französischen Revolution, und das ist der Grande Nation jedes Jahr eine Militärparade und ein Riesenfeuerwerk wert.

Echte Republikaner gehen auf die Champs-Élysées, wo seit 1919 die Militärparade organisiert wird, die man mindestens einmal im Leben live erlebt haben sollte. Hier paradieren am 14. Juli Panzer und Tausende Uniformträger; schweres Geschütz wird aufgefahren, Jagdflieger malen die

Jahrestag der Revolution: Militärparade vor dem Triumphbogen am 14. Juli

Farben der Trikolore an den Himmel, und alle sind irgendwie stolz, auch wenn sie eigentlich für die Wiedereinführung der Monarchie oder die Abschaffung der Armee sind. Im Land der Trennung zwischen Staat und Kirche wird die Militärparade wie eine große republikanische Messe zelebriert.

Auf der Place de la Concorde nimmt auf der Ehrentribüne der Staatspräsident die Parade ab. Neben und hinter ihm Regierungschef und Minister sowie die oberste Liga der Staatsdiener. Alle verfolgen die Parade mit würdevollem Gesicht. Das Fernsehen überträgt live, wobei die Kommentatoren jedes kleinste Detail mit einer Stimmlage beschreiben, die sonst für königliche Hochzeiten und Staatsbegräbnisse reserviert ist.

Vom Triumphbogen aus marschieren Polizisten, Feuerwehr, Ehrenlegion und Studenten der Elitehochschule École Polytechnique oder der Elitemilitärakademie von St. Cyr zwischen diversen Militäreinheiten. Die Feuerwehr wird immer beklatscht. Die Fremdenlegion marschiert in ihrem eigenen Schritt zu ihrer eigenen Musik. 1994 kam es zu einem historischen Moment, als erstmals deutsche Soldaten aus dem Eurocorps auf den Champs-Élysées als Zeichen der Versöhnung defilieren durften.

WEGWEISER 12

Feuerwerk am 14. Juli

➤ 16. Arr., S. 8/9 [b 3] ➤ [C 4] gezündet um 22.30 Uhr am Trocadéro. Beste Sicht von der Place de léna oder dem Marsfeld aus; Metro: École-Militaire oder Bir-Hakeim

Ein Gesetz vom 6. Juli 1880 legte den 14. Juli als Nationalfeiertag fest. Als Schwerpunkt stellte man von Anfang an Patriotismus und militärische Macht in den Vordergrund. Die Niederlage 1870 beim Deutsch-Französischen Krieg steckte den Franzosen damals noch in den Knochen und alle Gemeinden wurden angehalten, sich an den Feierlichkeiten zu beteiligen.

Seither wird in der ersten Julihälfte in Kasernen heftig geübt. In der Woche vor der Parade wird nachts auf den Champs-Élysées geprobt. Es geht ums Ansehen der Nation, alles muss perfekt sitzen, auch heute noch. Im Jahr 2006 nahmen 3372 Militärangehörige, 60 Flugzeuge, 241 Reiter, 361 Fahrzeuge, auch wieder Panzer, daran teil. Kurzfristig war es zu einem kleinen »Panzer-Drama« gekommen, als die Grünen im Pariser Rathaus eine Panzersperre verhängten, weil der Straßenbelag beschädigt wurde und für teures Geld aus dem Stadtsäckel repariert werden musste. Ohne Panzer ging es dann aber doch nicht, das habe keinen Stil, wurde befunden. Jetzt übernimmt der Staat die Kosten für die Schäden der Raupenfahrzeuge.

Solange alle gebannt vor Ort auf den Champs-Élysées oder zu Hause auf den Bildschirm blicken, rasen Insider zur Oper, um sich dort in die Schlange für Freitickets einzureihen. Jedes Jahr am 14. Juli um 14 Uhr gibt

So feiert die Nation: Wer zum Feuerwerk am Trocadéro einen guten Platz ergattern will, muss früh da sein.

es an der Pariser Oper (entweder in Garnier oder an der Bastille) eine kostenlose Ballettvorstellung. Ideal ist es, bereits vor zehn Uhr anzustehen. Machen Sie es wie die Pariser: Buch mitbringen, Wasserflasche und eine kleine Vesper. Nach der Oper geht es auf den Champs de Mars! Je früher, desto besser, wenn man einen Logenplatz fürs Feuerwerk ergattern möchte, das nach 22.30 Uhr am Trocadéro gezündet wird. Das Mega-Feuerwerk ist jedes Jahr einem anderen Thema gewidmet. Die Stimmung auf dem Rasen ist immer sehr international und ausgelassen.

Anschließend kann man dann noch ein bisschen nachfeiern, überall dort, wo gerade etwas los ist. Auf der Place de la Bastille, wo jedes Jahr ein Mega-Konzert stattfindet, sollte man Vorsicht walten lassen, da es hier regelmäßig zu Ausschreitungen kommt. Aber vielleicht gehören Sie ja zu den »happy few«, die nach der Militärparade zur traditionellen Gartenparty beim französischen Staatspräsidenten geladen sind? Die »garden party« hat Tradition. Bei dieser Gelegenheit gab der Präsident bisher ein Interview, das hinterher tagelang auf alle Interpretationsmöglichkeiten hin nach der »petite phrase«, nach der politischen Botschaft, abgeklopft wurde.

Mit dem 14. Juli endet in Paris Jahr für Jahr auch die gesellschaftliche und politische Saison.

SEHENSWERTES

Der berühmteste Friedhof der Welt

Einer der sieben Hügel um Paris, einst Colline Champ-l'Evêque genannt, liegt am nordöstlichen Stadtrand in der Nähe der ehemaligen Gemeinden Charonne und Belleville. Hier hatte sich im späten Mittelalter ein reicher Händler einen Landsitz errichten lassen: La Folie-Regnault. Später wurde das Gelände für die Jesuiten erworben, damit Ordensmitglieder auf dem Land entspannen und meditieren konnten, so auch der Beichtvater von Ludwig XIV., Pater de la Chaise. Der Besitz war üppig bepflanzt und bewirtschaftet. 1762 mussten die Jesuiten das Anwesen verkaufen. Es wechselte mehrfach den Besitzer, bis es die Stadt erwarb, um dort einen Friedhof für die Bewohner der rechten Uferseite anzulegen. Alexandre Brongniart, als Architekt der Pariser Börse bekannt, entwickelte ein neues Friedhofskonzept, denn er wollte einen Ort der Erinnerung, der Besinnung in einem englischen Garten. Er ließ die bereits vorhandenen Linden- und Kastanienalleen stehen und veränderte nichts am Geländerelief.

Doch als 1804 der **Cimetière du Père-Lachaise** eröffnet wurde, wollte keiner hin! Die reiche Bourgeoisie dachte gar nicht daran, fernab der Innenstadt im armen Osten eine Konzession für eine Familiengruft zu erwerben. 1805 waren nur 44 Gräber angelegt, 1812 waren es 833. Die Friedhöfe der Innenstadt waren überfüllt, man musste dringend eine Lösung finden. So wurde eine raffinierte Strategie entwickelt, mit der die oberen Zehntausend angelockt werden sollten: 1817 wurden die Gebeine der tragisch liebenden Gestalten aus dem frühen Mittelalter, Héloise und Abelard, aus ihren jeweiligen Grüften in eine gemeinsame, aufwendig neogotisch gestaltete Grabstätte auf dem Ostfriedhof verlegt. Endlich war dieses legendäre Liebespaar vereint. Auch die vermeintlichen Überreste von Molière und La Fontaine wurden nach »Père-Lachaise« – so hieß der Ort im Volksmund von Anfang an – umgebettet. Das kam an! Es wurde chic, auf dem neuen Friedhof eine Grabstätte zu erwerben. 1830 waren bereits 33 000 Konzessionen vergeben, bis 1850 musste der Friedhof mehrfach vergrößert werden. Heute umfasst er 44 Hektar, was der Größe des Vatikanstaats entspricht. Viele Grabstätten stehen unter Denkmalschutz, darunter das Grab des deutschen Begründers der Homöopathie, Samuel Hahnemann, sowie das Grab von Ludwig Börne.

WEGWEISER 13

Cimetière du Père-Lachaise
➤ 20. Arr., S. 8/9 [e 3] ➤ [L 4] **Metro: Philippe-Auguste und Père Lachaise; tgl. 8–18 Uhr (6. Nov. – 15 März bis 17.30 Uhr), Sa ab 8.30, So ab 9 Uhr; www.pere-lachaise.com**

Für die Pariser Bevölkerung ist der »Père-Lachaise« ein beliebtes Ausflugsziel, eine Art Volkspark mit lauschigen Alleen, romantischen Gräbern und illustren »Bewohnern«. Man vergisst dabei fast, dass er nach wie vor als Friedhof genutzt wird.

Ein Spaziergang über den »Père-Lachaise«, der pro Jahr rund zwei Millionen Besucher anzieht, erinnert an berühmte Denker, Schriftsteller, Musiker oder Schauspieler, an Menschen, die die Geschichte Frankreichs, aber oft auch die europäische Kulturgeschichte geprägt und manchmal sogar bestimmt haben. Kultstatus hat das Grab des Doors-Sängers Jim Morrison (6. Div.). Ständig mit Blumen wird der Sektengründer Allan Kardec (44. Div.) von seinen meist südamerikanischen Anhängern bedacht. Das bronzene Grabmal von Victor Noir (92. Div.), ein 1870 im Alter von 22 Jahren von Pierre Bonaparte erschossener Journalist, gilt als fruchtbarkeitsfördernd und wird deshalb besonders an Nase, Kinn und Schritt berührt, wovon die glänzend geriebenen Stellen zeugen. Oscar Wilde (89. Div.) lockt Romantiker an. Colette (4. Div.), Marcel Proust (85. Div.), Edith Piaf (97. Div) oder Chopin (11. Div.) sind hier bestattet, ebenso wie Simone Signoret und Yves Montand (44. Div.) oder Max Ernst, der ein Urnengrab im Colombarium hat. Der Friedhofspark mit den 5300 Bäumen beherbergt auch Mahnmale zum Gedenken der Opfer in den verschiedenen Konzentrationslagern oder erinnert, wie an der »Mur des Fédérés« (Nordost, 77. Div.), an die an dieser Mauer 1871 erschossenen Kommunarden. Der älteste, seit den 60er-Jahren denkmalgeschützte Teil liegt beim Haupteingang am Boulevard de Menilmontant. Kostenlose Infoblätter mit den Lageplänen der wichtigsten Gräber sind an den fünf Eingängen erhältlich. Außerdem kann man auf der Internetseite des Friedhofs vorab einen virtuellen Rundgang machen.

Stadt der toten Dichter:
Grabsteine großer Persönlichkeiten
auf dem »Père Lachaise«.

IN-TREFFS

Café-Mythen mit Intellektuellenaura

Man muss schon Anwalt, erfolgreiche Schauspielerin, Banker sein oder richtig satt geerbt haben oder am besten beides zugleich, um sich heutzutage in Saint-Germain noch Wohnraum leisten zu können, in dem Pariser Stadtteil mit dem klassischen Kultstatus, der nie in Mode war und deshalb nie aus der Mode kommen kann.

Dabei ist Saint-Germain-des-Prés erst nach der Revolution richtig gewachsen, als das gleichnamige, riesengroße und weltberühmte Benediktinerkloster, von dem nur noch die Kirche erhalten ist, zerstört, geplündert und abgebrannt wurde.

WEGWEISER 14

Café de Flore

➤ 6. Arr., [c 3] ➤ [F 5] **172, Boulevard Saint-Germain; Tel. 45 48 55 26; Métro: St. Germain; tgl. 7.30–1.30 Uhr**

Café Les Deux Magots

➤ 6. Arr., [c 3] ➤ [F 5] **6, Place Saint Germain des Prés; Métro: St. Germain; Tel. 45 48 55 25; tgl. 7.30–1 Uhr**

Auch die Cafés »de Flore« und »Les Deux Magots« stehen auf dem einstigen Klostergelände. Das **Café de Flore** wurde 1890, das **Café Les Deux Magots** 1891 gegründet, am neu angelegten Boulevard, wo sich auch Buchverlage und Buchhandlungen niederließen, was Intellektuelle und Schriftsteller anlockte.

Niemals würde ein »Flore«-Adept ins »Deux Magots« gehen oder umgekehrt, das war schon immer so. Keine ärmlichen Intellektuellen sitzen mehr diskutierend an den Tischen und verfassen handschriftlich bedeutende Werke. Auch Existenzialisten gibt es längst nicht mehr. All das war einmal, ist aus und vorbei, ist Geschichte. Im »Café de Flore« und im »Les Deux Magots« trafen sich einst alle, von Apollinaire bis Oscar Wilde, von Mallarmé bis Hemingway, von Saint-Éxupéry bis Albert Camus oder Simone de Beauvoir und Sartre. Essen gab's günstig gegenüber bei »Lipp«.

Mythos hat seinen Preis. In den Cafés mit der historischen Intellektuellenaura, trifft man heute auf Ikonen der Gegenwart, auf Verleger, Designer, Fotografen und Bestsellerautoren über die in Hochglanzmagazinen berichtet wird oder die im

Das »Café de Flore«: Nicht nur Jean-Paul Sartre und Simone de Beauvoir liebten diesen Literatentreffpunkt.

Fernsehen eigene Kultursendungen moderieren. Ganz besonders das »Café de Flore« ist nach wie vor eine wichtige Drehscheibe für Persönlichkeiten aus aller Welt. Sharon Stone, Bernard-Henri Lévy, Sonia Rykiel, Karl Lagerfeld oder Marc Jacobs, um nur ein paar der Stammgäste zu nennen, tauchen immer im »Flore« auf (kein Mensch sagt je »Café Flore«). Die einen gehen zügig mit eingezogenem Kopf ins Café-Innere, andere schlendern, werfen Blicke um sich, als wollten sie ihren Popularitätsgrad testen. Dabei gilt es Regeln zu beachten: Kein Promi setzt sich je auf die Terrasse, das überlässt man Touristen oder einsamen Herzen. Auf der Terrasse jedoch sieht man am besten, wer kommt und geht. Die VIPs sitzen immer drin. Manche ausschließlich mit dem Rücken zum Saal. Wer es unter den Stammgästen zum Denken, Reden oder Träumen ganz verschwiegen und intim wünscht, geht in die erste Etage, wo Bestsellerautoren auch gern ihre Interviews geben oder am nächsten Werk arbeiten.

Das »Café de Flore« ist ein mythischer Ort, wo der eine sehen kann und davon träumen darf, wen er gesehen hat, und der andere davon träumen kann, dass er gesehen wird.

Wo die Stars sich zu Hause fühlen

Das 1995 eröffnete Hôtel Costes ist der In-Place für erfolgsverwöhnte Menschen aus Film und Fernsehen, aus der Kunstszene oder dem Verlagswesen. Sharon Stone »adores«, dort zu lunchen, wenn sie in Paris weilt. Monica Bellucci und Vincent Cassel gehören ebenso zu den Gästen wie Kate Moss. Für Modemenschen sind Kurzvisiten in der Bar oder im Restaurant besonders während der Modewochen regelrecht Pflicht!

WEGWEISER 15

Hôtel Costes
➤ 1. Arr., S. 8/9 [c 2] ➤ [F 4] 239, Rue Saint-Honoré, Tel. 42 44 50 25, Fax 42 44 50 01; Metro: Concorde, Tuileries; www.hotelcostes.com; 79 Zimmer, 3 Suiten; •••• CREDIT ♿

Die schlichte Fassade des kleinen Designhotels verrät nicht, was sich an Komfort und Luxus dahinter verbirgt. Die Ausstattung ist im Stil Napoleon III., zwischen Barock und Boudoir. Viel Marmor, viel Rot, Gold und Mahagoni. Die »Costes«-Lounge-Musik genießt internationalen Ruf, und der Hotelpool – nur für Gäste und Clubmitglieder – ist ein maurischer Traum. Beliebte Bar, beliebtes Restaurant, das moderne »tout Paris« trifft hier seinesgleichen aus aller Welt.

Trendtreff der Promis und Modemenschen

Um zum Hotspot aufzusteigen, benötigt man kein Design, keinen Pressedienst. Was benötigt man dann? Gute Lage, gute Leute. Auch Zufall und ein bisschen Glück. Das **Café de La Perle**, die Eckkneipe, wo man Romain Duris, Isabelle Carré oder andere Berühmtheiten treffen kann, die hier als Nachbarn vorbeischauen, ist der In-Treff des Haut Marais. Hier drängeln sich Moderedakteurinnen, Stylisten, Models, Fotografen, Galeristen. Einerseits ist »La Perle« Szenetreff, andererseits eine ganz normale Kneipe mit Nullachtfünfzehn-Ausstattung, wo man bei recht gutem Essen an Resopaltischen sitzt. Hier ist es immer knallvoll. Besonders am frühen Abend, zum »aperó«, zum Aperitiv, trifft man sich hier auf einen ungezwungenen Plausch. Je später der Tag, desto cooler das Auftreten der Gäste, die hier ihrer Lieblingsbeschäftigung, dem Sehen und Gesehenwerden nachgehen. Ideal auch für einen entspannten Sonntagvormittag. Wer essen möchte, sollte allerdings reservieren.

WEGWEISER 16

Café de La Perle

➤ 3. Arr., S. 8/9 [d 3] ➤ [H 5] **Ecke Rue Vieille-du-Temple u. Rue de la Perle; Tel. 42 72 69 93; Metro: Saint-Paul, tgl. 6–2 Uhr, Sa, So ab 8 Uhr**

Im Wohnzimmer der Berühmtheiten

Diskret und verschwiegen und deshalb vielleicht der sympathischste In-Treff der Stadt, das ist **Mathis Bar**. Denn in diesem winzigen Raum, etwas größer als ein Wohnzimmer, fühlen sich alle sofort wie zu Hause. Ob man reingelassen wird? Die Chancen stehen minimal und entscheiden sich an der Tür. Besonders beliebt sind die gut organisierten Cocktailpartys. Schriftsteller und Medienleute treffen sich hier, um sich bei dezenter Musik von dem herrlichen geräucherten Lachs servieren zu lassen und zu diskutieren. Wer hier reservieren möchte, sollte einen berühmten Namen haben oder ein persönlicher Freund des Besitzers Gerald Nanty sein. »Mathis Bar« ist einer der beliebtesten Treffs der französischen VIP-Kreise. Wenn man zu den »happy few« gehört, die dabei sein können, darf man sich auf einen gemütlichen Abend in stressfreier Umgebung freuen.

WEGWEISER 17

Mathis Bar

➤ 8. Arr., S. 8/9 [b 2] ➤ [E 4]

3, Rue de Ponthieu; Tel. 53 76 01 62; Metro: Franklin D. Roosevelt, Restaurant: Mo–Sa 20–23 Uhr, Club/Bar: Mo–Sa 22.30–5.30 Uhr

Mit einem Sundowner ins Nachtleben starten: Die Bar im »Concorde La Fayette« bietet die richtige Kulisse.

AM ABEND

Pianomusik über dem Lichtermeer

Paris by night!? Richtige Clubber starten nie vor Mitternacht. Aber wohin? Man kann gar nicht so schnell schreiben, wie sich die angesagten Nightlife-Spots verändern. Zumal in Paris in der echten Clubber-Szene nicht mehr nur der Ort ausschlaggebend ist, sondern auch die Crew, die irgendwo, und sei es in einem Parkhaus, eine »soirée«, ein Event, organisiert.

WEGWEISER 18

Panoramabar Concorde La Fayette
➤ 17. Arr., S. 8/9 [a 2] ➤ [C 3] **Place du Général-Koenig; Metro: Porte Maillot; tgl. ab 15 (Sa, So ab 16) bis 2.30 Uhr**

Paris ist eine Lichterstadt. Um den Blick, diesen Sehnsuchtsauslöserblick, auszukosten, kann man eine der Höhenbars ansteuern. In der Panoramabar des Hotels **Concorde La Fayette** auf der 33. Etage hat man einen Flugzeugblick auf die Stadt. Man darf sich von der ziemlich nüchternen Fassade des Hotelturms nicht abschrecken lassen, denn wenn man es sich erst einmal mit einem Cocktail in der Hand auf einer der gemütlichen Ledergarnituren bequem gemacht hat, den Blick auf Paris und die »Lost in Translation«-Atmosphäre goutiert, spielt architektonische Ästhetik keine Rolle mehr. Man nippt an einem »Tom Collins«, träumt von irgendetwas in der Ferne, blickt dabei auf den funkelnden Eiffelturm, die Lichter der Champs-Élysées und das hell leuchtende Zuckerbäckerstück Sacré-Cœur auf Montmartre. Der Pianoplayer streicht sanft über die Tasten und träumt seinerseits davon, endlich vom Plattenproduzent entdeckt zu werden. Dieser Ort aus der Retorte gestylt, in einem Businesshotel, wie es überall stehen könnte, bietet ein Patchwork an Gästen aus aller Welt und ein unvergleichliches Paris by night von oben.

Spleen-Stimmung und Sehnsuchtsgefühle

In der Bar des Hotel Ritz (→ Spezial, S. 73) war Ernest Hemingway einst Stammgast – wie auch in so vielen anderen Pariser Bars. Heute trägt diese gemütliche Pianobar den Namen des großen amerikanischen Literaten. Die Zeit scheint stehen geblieben zu sein seit damals, als Hemingway so manche Stunde hier verbrachte.

Schöne Frauen sitzen und warten auf ihren schwerreichen Gatten oder auf irgendeinen sehr wohlhabenden Mann. Sie nippen an ihrem Cocktail und lauschen der dezenten Klaviermusik. Das war schon immer so. Eine gewisse »Spleen«-Stimmung, wie sie auch Baudelaire gefallen hätte, liegt in der Luft. Das hat was, dieses Paris-Gefühl am Place Vendôme.

WEGWEISER 19

Bar Hemingway im Hotel Ritz
➤ 1. Arr., S. 8/9 [c 2] ➤ [F 4] **15, Pl. Vendôme, Tel. 43 16 30 30; Metro: Madeleine; Di–Sa 18.30–2 Uhr**

Hier kann man in die weichen Ledersessel sinken und mit einem leichten »Cider Ritz«, einer prickelnden Mischung aus Apfelsaft und Champagner, in den Abend starten. Oder man lässt mit einem »Lemon Charlie«, einer Mixtur aus Limoncello und Wodka, das Menü ausklingen. Bar-Maître Colin P. Field, einer der weltbesten seines Fachs, präsentiert Cocktailliebhabern interessante Eigenkreationen. Für 23 Euro pro Glas kann man sich in der »Bar Hemingway« ganz außergewöhnliche Drinks kreieren lassen, gemäß Fields Überzeugung, dass es für jede Stimmung einen passenden Cocktail gibt.

Luxus seit 1898: Das »Ritz« an der eleganten Place Vendôme ist das berühmteste Hotel der Stadt.

Ritz
15
Ritz

LANCÔME

ZU GAST IN PARIS

Ob Sternerestaurants und Szene-Treffs, gemütliche Brasserien und coole Lounge-Bars, luxuriöse Shoppingmeilen und trendige Boutiquen, Klassikkonzerte oder Techno-Partys, Paris ist »ein Fest fürs Leben«, wie Ernest Hemingway einst formulierte – ein Fest, zu dem Sie hier die besten Tipps und Empfehlungen für einen erfolgreichen Aufenthalt finden.

Hotels 70
SPEZIAL Gut, besser, Palacehotels 72
Essen und Trinken 80
SPEZIAL Spitzengastronomie 84
Einkaufen 96
Wellness und Beauty 104
Am Abend 110
Feste und Events 122

Tempel des Konsums: Stilvoll einkaufen unter der Glaskuppel der Galeries Lafayette (S. 99)

Wo der Gast noch König ist: Die vornehme Zurückhaltung und
das gediegene Ambiente des »Park Hyatt« schätzen nicht nur die Superstars.

WER NACHTS GUT SCHLÄFT ...

... hat tagsüber viel Energie, Paris zu erkunden. Ob Sie exquisit nächtigen wollen, ein Zimmer mit nostalgischem Charme oder nur eine Unterkunft suchen, wir empfehlen hier etwas für jede Vorliebe und jedes Budget.

Man sollte sich genau überlegen, ob man am Hotelzimmer sparen möchte. Wer viel in der Stadt herumflaniert, Museen besucht und auf Shoppingtouren geht, hat vielleicht zwischendurch das Bedürfnis nach einer kleinen Ruhepause im Hotel. Das spricht für eine zentrale Unterkunft. Bisher werden Hotelkategorien in Frankreich nach eher technischen und nicht immer logisch erscheinenden Kriterien in null bis vier Sterne eingeteilt. Raum ist in Paris Mangelware und dementsprechend teuer. Hotelzimmer, auch in sehr guten Häusern, können manchmal relativ klein sein. Frühstück ist so gut wie nie inbegriffen. Übrigens besagen die offiziellen Hotelpreise wenig, wie ein Blick ins Internet beweist, wo man völlig unterschiedliche Angebote für dasselbe Hotel finden kann. Traditionelle Hochsaison in den Hotels sind die Monate September, Oktober, Januar, Mai und Juni, doch der November zieht nach. Man sollte so früh wie möglich das Hotel seiner Wünsche buchen.

Die Hotels in diesem Führer stellen wir Ihnen auf zweierlei Weise vor: nach ihrem jeweiligen Charakter und nach Preiskategorien sortiert. Bei den Preiskategorien gehen wir mit unserer Auswahl bis in den Niedrigpreisbereich hinein. Die Rubriken ermöglichen eine leichtere Einschätzung von Ambiente und Ausstattung: **Grandhotels** liegen meist in repräsentativer Lage und sind entsprechend gediegen; **Designhotels** sind modern, oft mit Kunst bestückt, manchmal sachlich kühl; bei **Boutiquehotels** handelt es sich meist um kleinere Häuser mit persönlicher Note und kurzem Draht zum Gast; unter **Gut & günstig** fassen wir alles zusammen, was preisgünstig und dennoch empfehlenswert ist, das kann auch mal ein Hostel in einem Schloss sein. In welche Preiskategorie ein Hotel gehört, können Sie im Infoteil des jeweiligen Hauses an den Punkten ablesen. Die Erklärung der Punkte finden Sie auf S. 5.

ZUR ORIENTIERUNG Paris offeriert insgesamt rund 75 000 Hotelzimmer, davon 1171 in der Luxuskategorie •••• und fünf in der •••• L-Kategorie, nicht zu verwechseln mit den Palacehotels, die keine juristisch anerkannte Kategorie sind.

GRANDHOTEL

Park Hyatt Paris Vendôme

Justin Timberlake oder Mick Jagger schätzen die mit einem Super-Sound-System ausgestattete Präsidentensuite. Im Sommer 2007 stiegen in diesem Luxushotel alle Hochzeitsgäste von Desperate-Housewive-Star Eva Longoria und Basketball-Shootingstar Tony Parker ab.

Weiter auf Seite 74

GUT, BESSER, PALACEHOTELS

Renommee und Geschichte der Pariser Palacehotels sind legendär. Wer das Exklusive, das Besondere sucht, sollte es hier versuchen.

In Paris gibt es eine spezifische, wenngleich inoffizielle Hotelkategorie: Palacehotels. Sie versprechen Luxus der Sonderklasse.

Der Page im »Crillon« heißt jeden Gast mit gleicher Zuvorkommenheit willkommen.

LE CRILLON

Hollywoodgrößen, Fußballstars, Rapper und ausländische Politiker lieben das »Crillon«. Es liegt direkt an der Place de la Concorde und neben der hoch abgesicherten amerikanischen Botschaft. Das beeindruckende Gebäude wurde 1758 von Ludwig XV. in Auftrag gegeben und 1909, zum Hotel umgebaut, eröffnet. In der Hochsaison kann man dort in der Bernsteinsuite für circa 15 000 Euro pro Nacht absteigen, dafür gibt es den schönen Blick umsonst dazu.

➤ 8. Arr. ➤ [E 4] **10, Place de la Concorde; Tel. 44 71 15 00, Fax 44 71 15 02; www.crillon.com; Metro: Concorde**

LE GEORGE V

Im Four Seasons Hotel »George V« versinkt der Gast in prächtigen Teppichen, schreitet auf Marmor, alles ist höchst edel und wurde vor nicht langer Zeit komplett renoviert. Absolut professioneller Service, angenehme Pianobar und schöner Patio.

➤ 8. Arr. ➤ [D 4] **31, Avenue George V; Tel. 49 52 70 00, Fax 49 52 70 10; www.fourseasons.com; Metro: George V**

LE BRISTOL

Frisch renoviert ist das »Bristol« nun noch schöner und exklusiver. Es liegt um die Ecke des Präsidentensitzes, des Élysée-Palastes. Alles ist sehr edel, sehr verhalten, der perfekte Service ist berühmt. Zimmer und Suiten im Louis XV- und Louis XVI-Stil. Im schönsten und größten Hotelgarten von Paris kann man im Sommer wunderbar zum Essen sitzen. Zimmer ab 700 Euro.

➤ 8. Arr. ➤ [E 3] **112, Rue du Faubourg-St-Honoré; Tel. 53 43 43 00, Fax 53 43 43 01; www.hotel-bristol.com; Metro: Miromesnil**

Vom »Crillon« genießt der Gast den Blick auf die Place de la Concorde, den »schönsten Platz der Welt«, wie Victor Hugo meinte.

LE RITZ

Das »Ritz« wurde von Cäsar Ritz 1898 an der Place Vendôme eröffnet. In dem renovierten Luxuspalast mit 142 Zimmern und 45 Suiten wohnte einst Coco Chanel, von dort hatte sie es nur ein paar Schritte zur ihrem Modehaus in der Rue Cambon. Hemingway machte die Bar zu einer Legende (→ Der gute Tipp von MERIAN, S. 66). Prinzessin Diana verbrachte hier ihren letzten Abend vor dem tödlichen Unfall, bei dem auch der Sohn des »Ritz«-Besitzers starb.

➤ 1. Arr. ➤ [F 4] **15, Place Vendôme; Tel. 43 16 30 30, Fax 43 16 31 78; www.ritzparis.com; Metro: Concorde, Opéra**

LE RAPHAEL

Das »Raphael« residiert seit 1925 unweit des Triumphbogens. Vom Restaurant auf der Dachterrasse im 17. Stock genießt man einen tollen Blick über die Stadt. Die Hotelbar ist eine der schönsten und plüschigsten der Stadt. 90 Zimmer, mit edlem Mobiliar ausgestattet. Serge Gainsbourg hatte hier sein Headquarter.

➤ 17. Arr. ➤ [C 4] **17, Avenue Kléber; Tel. 53 64 32 00, Fax 53 64 32 01; www.raphael-hotel.com; Metro: Kléber**

LE LANCASTER

Der Schweizer Émile Wolf baute ein 1889 errichtetes Stadtpalais 1930 zu einem exklusiven Hotel um, gleich um die Ecke der Champs-Élysées. Marlene Dietrich lebte hier drei Jahrzehnte lang, ihr ist eine, in ihren Lieblingsfarben gestaltete Suite gewidmet. Das kleine, sehr feine Hotel besitzt 40 Zimmer und elf Suiten. Das Restaurant »La Table du Lancaster« wird von Spitzenkoch Michel Troisgros betrieben.

➤ 8. Arr. ➤ [D 3] **7, Rue de Berri; Tel. 40 76 40 76; Fax 40 76 40 00; www.hotel-lancaster.fr; Metro: George V**

Live Cuisine: Im »L'Atelier de Joël Robuchon« sind besonders die Plätze mit Blick in die »offene Küche« begehrt.

In Sachen Luxus kann das Hotel mit den Palacehotels locker mithalten, in Sachen Flair und Geschichte weniger.

➤ 2. Arr. ➤ [F 4] **5, Rue de la Paix; Tel. 58 71 12 34, Fax 58 71 12 35; www.paris.vendome.hyatt.com; Metro: Opéra; 188 Zimmer; ●●●● CREDIT ♿**

Le Pont Royal

Dieses Hotel ist in Gehnähe vom Musée d'Orsay, dem »Café de Flore« und dem Prestigeverlag Gallimard entfernt. Hier tummeln sich aus Tradition seit den 20er-Jahren gern Verleger und Autoren, was an der Nähe zum traditionellen Verlagsviertel liegt. Das Hotel ist sehr harmonisch und zeitlos modern ausgestattet. Die Zimmer in den oberen Etagen haben kleine Balkons. Im Erdgeschoss befindet sich ein Bibliotheksalon und eine schöne, täglich geöffnete Bar mit dem Namen »Signature«, wo oft Bernard-Henri Lévy ins Gespräch vertieft sitzt. Außerdem ist hier das berühmte Restaurant »L'Atelier de Joël Robuchon« situiert, wo direkt vor den Augen des Gastes gekocht wird. Man kann nur für 11.30 oder 18.30 Uhr reservieren, (Tel. 42 22 56 56) ansonsten lautet die Devise: Wer zuerst kommt, isst zuerst. Schlangestehen gehört hier dazu.

➤ 7. Arr. ➤ [F 5] **7, Rue Montalembert; Tel. 42 84 70 00, Fax 42 84 71 00; www.hotel-pont-royal.com; Metro: Rue du Bac; 65 Zimmer, 10 Suiten; ●●●● CREDIT ♿**

Le Lutetia

Das große Kaufhaus Le Bon Marché genoss weit über die Stadtgrenzen hinweg einen exzellenten Ruf, aber wo nur konnte die betuchte Klientel aus der Provinz an der Rive Gauche standesgemäß absteigen? 1910 wurde endlich das »Lutetia« eröffnet, das erste Pariser Art-déco-Hotel und seit 2007 unter Denkmalschutz. Die Zimmer dieses begehrten Klassikers sind für Pariser Verhältnisse eher groß (ab 20 Quadratmeter). Die Hotelbar ist für ihr unkompliziertes Ambiente und die Art-déco-Ausstattung berühmt und bei Schauspielern wie Vincent Lindon oder Chiara Mastroianni und Schriftstellern wie Frédéric Beigbeider sehr beliebt.

➤ 6. Arr. ➤ [F 6] **45, Boulevard Raspail; Tel. 49 54 46 46, Fax 49 54 46 00; www.lutetia-paris.com; Metro: Sèvres-Babylone; 209 Zimmer, 11 Suiten; ••• CREDIT**

APARTHOTEL

5, Rue Moussy

Wer es nicht weiß, sieht es nicht. Das nennt man wahres Understatement. Kein Hotel, sondern drei Appartements für Ästheten gleich neben dem Modeatelier von Couturier Azzedine Alaïa und von ihm persönlich designt. Zwei der insgesamt drei Appartements haben je zwei Zimmer, das dritte hat drei. Alle sind mit echten Designobjekten von James Eames, Marc Newson oder Jean Prouvé aus der privaten Designsammlung von Alaïa ausgestattet. Kulinarisch bietet dieses Aparthotel perfekt funktionale Küche und auf Wunsch auch einen Frühstücksservice. So viel Exklusivität hat einen Preis: 450 Euro für zwei Personen, Frühstück 25 Euro. Super exklusive und sehr begehrte Adresse, die deshalb sehr lange im Voraus ausgebucht ist.

➤ 4. Arr. ➤ [H 5] **3, Rue de Moussy; Tel. 44 78 92 00, 3 Appartements; •••• CREDIT**

BOUTIQUEHOTELS

Duc de Saint Simon

Romantisch-luxuriöse Adresse für alle, die in Paris Eleganz und den Grand-Siècle-Touch suchen. Der Ehrenhof des ehemaligen Adelssitzes ist üppig bewachsen, Vögel zwitschern, Musée d'Orsay und Musée Rodin liegen in nächster Nähe. Klientel mit Niveau, vorwiegend englischsprachig. Alle 34 Zimmer und Suiten (manche mit eigener Terrasse) sind mit Antiquitäten ausgestattet.

➤ 7. Arr. ➤ [F 5] **14, Rue de Saint Simon; Tel. 44 30 20 20, Fax 45 48 68 25; www.hotelducdesaintsimon.com; Metro: Rue du Bac; 34 Zimmer und Suiten; •••• CREDIT**

Pavillon de la Reine

Ein unvergänglicher Klassiker unter den angenehmen, gediegenen, seit langen Jahren beliebten Hotels im Marais. Absolute Toplage direkt an der Place des Vosges, etwas zurückgesetzt liegend und wie ein sehr komfortables, elegantes Landhaus ausgestattet.

➤ 3. Arr. ➤ [J 5] **28, Place des Vosges; Tel. 40 39 19 19, Fax 40 29 19 20; www.pavillon-de-la-reine.com; Metro: Chemin Vert, Saint Paul; 31 Zimmer, 26 Suiten; •••• CREDIT ♿ 🐕**

Relais Christine

Ideal, wenn Charme, Pariser Flair und Eleganz mit sehr zentraler Lage kombiniert werden sollen. Wunderschönes, stilvolles Hotel mit begrüntem Innenhof und Garten. Die Einrichtung der 52 Zimmer besticht durch warme Töne und viel Holz. Der Frühstücksraum liegt im gotischen Kellergewölbe, das noch von dem Kloster Saint-Augustin aus dem 13. Jahrhundert stammt.

➤ 6. Arr. ➤ [G 5] **3, Rue Christine; Tel. 40 51 60 80, Fax 40 51 60 81; www.relais-christine.com; Metro: St. Michel; 52 Zimmer; •••• CREDIT**

Hôtel de l'Abbaye

Intimes, seit jeher wegen seiner zentralen und doch verschwiegenen Lage in Künstler- und Intellektuellenkreisen beliebtes Hotel mit offenem Kamin und Wintergarten in einem ehemaligen Klostergebäude eingerichtet. Im schönen Garten – in Paris eine Rarität – wird im Sommer Frühstück serviert, das im Preis inbegriffen ist. Die Suiten haben Dachterrassen mit Blick über die Pariser Dächer. Alle 42 Zimmer sind eher klein und geschmackvoll ausgestattet.

➤ 6. Arr. ➤ [F 5] **10, Rue Cassette; Tel. 45 44 38 11, Fax 45 48 07 86; www.hotel-abbaye.com; Metro: Saint Sulpice; 42 Zimmer; ••• CREDIT**

Terrass' Hôtel

Am Fuß von Montmartre, ein paar Gehminuten von der entzückenden Place des Abbesses entfernt gelegen und für seine Panoramaterrasse mit Restaurant auch bei Parisern beliebt. Der Blick, besonders ab der vierten Etage, ist absolut fantastisch und entschädigt für die zwar komfortable, doch eher nüchterne Ausstattung.

➤ 18. Arr. ➤ [F 2] **12–14 Rue Joseph-de-Maistre; Tel. 46 06 72 85, Fax 42 52 29 11; www.terrass-hotel.com; Metro: Abbesses, Place-de-Clichy; 85 Zimmer, 15 Suiten (2 davon mit Terrasse); ••• CREDIT**

Hôtel du Petit Moulin

Der Couturier Christian Lacroix hat ein kleines Juwel geschaffen: barock, bunt und üppig. Alle Betten in Queen Size, was in Paris bis heute längst nicht selbstverständlich ist. Teile des Mauerwerks

Barocke Details und moderne Kunst: Das »Hôtel du Petit Moulin« im Herzen des Marais zeigt ausgefallenen Stilmix.

stammen noch aus dem frühen 17. Jahrhundert. Ungewöhnliches, intimes, sehr trendiges Hotel im ruhigen und schicken Teil des Marais gelegen.

➤ 3. Arr. ➤ [J 4] **29–31, Rue de Poitou; Tel. 42 74 10 10, Fax 42 74 10 97; www.hoteldupetitmoulin.com; Metro: Filles du Calvaire, St. Sébastien Froissart; 12 Zimmer, 5 Suiten; ••/••• CREDIT ♿**

DESIGNHOTELS

Le Placide

Wer sich in Businesshotels nicht wohlfühlt, ist in diesem »Luxus-Gästehaus« mit nur elf Zimmern bestens aufgehoben. Sehr guter Service und hoher Komfort. Bruno Borrione, ein Mitarbeiter von Stardesigner Philippe Starck, entwarf die Innenausstattung. Weder iPod-Sockel noch Flachbildschirm fehlen. Man kann sich in der schönen Saison eines der kultigen »Solex«-Mofas mieten.

➤ 6. Arr. ➤ [F 6] **6, Rue Saint Placide; Tel. 42 84 34 60, Fax 47 20 79 78; www.leplacidehotel.com; Metro: Sèvres-Babylone; 11 Zimmer; •••• CREDIT 1 Zimmer ♿ 🐕 (klein)**

Hôtel Bel Ami

Von Frühstücksraum bis zur Juniorsuite ist Farbe angesagt, wie es derzeit Mode ist. Der Gast wählt zwischen zarten Orange-, Grün- oder Blautönen. Ende 2006/07 komplett und sehr geschmackvoll renoviertes Hotel in Nähe zu »Café Lipp«, »Café de Flore« und »Deux Magots« (→ Der gute Tipp von MERIAN, S. 61)

➤ 6. Arr. ➤ [F 5] **7–11, Rue Saint Benoît; Tel. 42 61 53 53, Fax 49 27 09 33; www.hotel-bel-ami.com; Metro: Saint Germain des Prés; 115 Zimmer; ••• CREDIT 🐕 (klein)**

Hôtel de Noailles

Alles in diesem Hotel ist hell, luftig, denn ein gewisser Japan-Touch wurde hier ins Design gepackt – das passt, denn das japanische Viertel zwischen Garnier-Oper und Komischer Oper ist nicht weit. Wohltuend harmonisch, modernes Haus, das um einen üppig bewachsenen Patio angelegt ist. Komfortable, geschmackvolle Zimmer und guter Service.

➤ 2. Arr. ➤ [F 4] **9, Rue de la Michodière; Tel. 47 42 92 90, Fax 49 24 92 71; www.hotelnoailles.com; Metro: Quatre-Septembre; 61 Zimmer; ••• CREDIT ♿ 🐕**

Little Palace Hôtel

Die denkmalgeschützte Belle-Époque-Fassade lässt nicht ahnen, dass die 53 Zimmer modern und geschmackvoll, mit einem Touch Art déco eingerichtet sind. Einige Zimmer in den obersten Etagen verfügen über Terrasse oder Balkon und bieten einen hübschen Blick auf die Stadt.

➤ 3. Arr. ➤ [H 4] **4, Rue Salomon de Caus; Tel. 42 72 08 15, Fax 42 72 45 81; www.littlepalacehotel.com; Metro: Réaumur-Sébastopol; 53 Zimmer; ••/••• CREDIT 🐕 (klein)**

The Five

Einer der jüngsten Arty-Design-Konzept-Spots mitten im Quartier Latin. Man setzt in diesem kleinen 24-Zimmer-Haus auf Farbe und auf Anspielungen an die psychodelische Mode. Hier werden sich alle wohlfühlen, die in einem Hotel ausgeprägte visuelle Eindrücke suchen. Jedes Zimmer ist anders gestaltet.

➤ 5. Arr. ➤ [G 7] **3, Rue Flatters; Tel. 43 31 74 21, 43 31 61 96; www.thefivehotel.com; Metro: Gobelins, 24 Zimmer; •• CREDIT ♿ 🐕**

Hôtel Sezz

Die zahlreichen Stammgäste lieben dieses modern ausgestattete Design-/Boutiquehotel im 16. Arrondissement unweit von Trocadéro. Das »Sezz« mit seinem zeitgemäßen Konzept befindet sich in einem monumentalen Haus, Baujahr 1913. Die wirklich gelungene Renovierung des Hotels wurde 2005 abgeschlossen.

➤ 16. Arr. ➤ [C 5] **6, Avenue Frémiet; Tel. 56 75 26 26, Fax 56 75 26 16; www.hotel-sezz.com; Metro: Passy; 13 Zimmer, 14 Suiten; •• CREDIT (klein)**

Hôtel Duo

Véronique Trumel führt in der vierten Generation dieses sehr zentral gelegene 58-Zimmer-Haus, das in zwei historischen Stadthäusern des Marais untergebracht ist. Angenehme Sandfarben, Schlamm-, Grau-, Beige- und Weißtöne dominieren. Suite Nummer 5 hat einen kleinen privaten Hof.

➤ 4. Arr. ➤ [H 4] **11, Rue du Temple; Tel. 42 72 72 22, Fax 42 72 03 53; www.duoparis.com; Metro: Hôtel de Ville; 58 Zimmer; • CREDIT**

GUT UND GÜNSTIG

Hôtel de la Bretonnerie

So stellt man sich das gemütlich altmodische Landhaus von Tante Berthe vor: viel Stoff, viel Samt, alte Möbel, viel Charme. Paris-Nostalgie zu günstigem Preis; vornehmlich angelsächsische Stammkundschaft.

➤ 4. Arr. ➤ [H 5] **22, Rue Saint-Croix de la Bretonnerie; Tel. 48 87 77 63, Fax 42 77 26 78; www.hotelbretonnerie.com; Metro: Hôtel de Ville; 29 Zimmer; •• VISA MASTER**

Hôtel des Grandes Écoles

In den sonnigen Monaten ist dieses Hotel der Renner schlechthin. Stammkunden kennen den Trick: sehr langfristig vorbuchen. Der lauschige Garten abseits der Straße und die angenehmen Zimmer sind der Grund, weshalb sich Kenner um dieses inzwischen auf 51 Zimmer angewachsene, erstaunlich günstige Hotel unweit vom Panthéon reißen.

➤ 5. Arr. ➤ [H 6] **75, Rue du Cardinal-Lemoine; Tel. 43 26 79 23, Fax 43 25 28 15; www.hotel-grandes-ecoles.com; Metro: Cardinal-Lemoine; 51 Zimmer; •/•• (klein)**

Hôtel Chopin

Ein subtil kitschiges Hotel mit einer Prise Romantik. Im Hintergrund gibt es sanfte Klavierklänge, wie es dem Hotelnamen entspricht. Einladend sind die sauberen und hübschen Zimmer. Die in den oberen Etagen sind am angenehmsten.

➤ 9. Arr. ➤ [G 3] **46, Passage Jouffroy od. 10, Bd. Montmartre, Tel. 47 70 58 10, Fax 42 47 00 70; www.hotelchopin.fr; Metro: Grands Boulevards; 36 Zimmer; • VISA MASTER**

Hôtel Istria

Montparnasse-Legenden wie Elsa Triolet und Aragon, der Maler Picabia oder Man Ray zählten bereits zu den Gästen dieses kleinen, sauberen Hotels in einer früher hauptsächlich von Künstlern bewohnten Straße. Beste Lage zu Montparnasse, Jardin du Luxembourg und Boulevard St. Michel.

➤ 14. Arr. ➤ [F 6] **29, Rue Campagne-Première; Tel. 43 20 91 82, Fax 43 22 48 84; www.istria-paris-hotel.com; Metro: Raspail; 26 Zimmer; • VISA MASTER AmEx**

Hôtel Jeanne d'Arc

Charmantes, sauberes, teils recht pittoresk mit viel Schnickschnack ausgestattetes, einfaches Hotel im Herzen von Marais, unweit von Carnavalet, Place des Vosges und Bastille. In diesem Hotel ist man goldrichtig, wenn man nicht viel für die Übernachtung ausgeben, trotzdem aber zentral im Marais absteigen möchte.

➤ 4. Arr. ➤ [J 5] **3, Rue de Jarente; Tel. 48 87 62 11, Fax 48 87 37 31; www.hoteljeannedarc.com; Metro: Saint Paul; 36 Zimmer; •** VISA MASTER

Hôtel du Panthéon

Super Lage direkt am Panthéon im Universitätsviertel. Freundlicher Service, pastellfarbenes Interieur. Wegen der eher humanen Preise und der direkten Flughafenverbindung mit der RER nach Orly und Roissy steigen auch viele französische Stammgäste hier ab.

➤ 5. Arr. ➤ [G 6] **19, Place du Panthéon; Tel. 435 43 29, Fax 43 26 64 65; www.hoteldupantheon.com; Metro: Cardinal Lemoine, RER B Luxembourg; 36 Zimmer; • nur Nichtraucherzimmer** CREDIT

Hôtel de Saint Germain

Ideale Unterkunft, wenn man die Kreditkarte beim Shopping richtig strapazieren und dafür lieber schlicht und bescheiden wohnen will. Kleines, nettes Hotel mittendrin in Saint-Germain, unweit von Louvre, Notre-Dame und Musée d'Orsay.

➤ 6. Arr. ➤ [F 5] **50, Rue du Four; Tel. 45 48 91 64, Fax 45 48 46 22; www.hotel-de-saint-germain.fr; Metro: Saint-Sulpice; 30 Zimmer; • alle Karten außer** MASTER AmEx

CHAMBRES D'HÔTES

Hôtes Qualité Paris

Sehr empfehlenswert sind »Chambres d'Hôtes«, Fremdenzimmer, die sich dem 2006 gegründeten Qualitätssiegel für Pariser Fremdenzimmer »Hôtes Qualité Paris« der Pariser Stadtverwaltung angeschlossen haben. Gut gemachte Internetseiten (französisch/englisch), auf denen man alle Zimmer nach Preisen und Lage sortiert anklicken kann. Es werden beispielsweise Zimmer mit Blick auf die Stadt in Montmartre für 70 Euro die Nacht angeboten.

http://www.hqp.fr/

Alcoves & Agapes

Diese sehr gut organisierte seit Jahren eingeführte Agentur bietet mehr als 100 sorgfältig ausgewählte »Chambres d'Hôtes«, Bed & Breakfast-Zimmer, mit Pariser Flair an. Von Normalstandard bis Luxusklasse in allen Stadtteilen. Frühstück immer inbegriffen. Preise hängen von Zimmergröße, Lage und Komfort ab.

➤ 18. Arr. ➤ [F 2] **8 bis, Rue Coysevox; Tel. 44 85 06 05, Fax 44 85 06 14; www.bed-and-breakfast-in-paris.com; Metro: Guy Môquet**

Good Morning Paris

Bed & Breakfast-Service, der auch Appartements für zwei bis vier Personen bietet sowie 100 Zimmer in allen Stadtbezirken. Minimum: zwei Nächte. Doppelzimmer ab 76 Euro pro Nacht. Praktisch und preisgünstig, aber eher wenig Flair.

➤ 5. Arr. ➤ [H 6] **43, Rue Lacépède; Tel. 47 07 28 29, Fax 47 07 44 45; www.goodmorningparis.fr; Metro: Monge**

In den zahlreichen Restaurants auf dem Montmartre (S.148) kann man an kleinen Tischen an der Straße sitzen und das nächtliche Treiben beobachten.

WO GUTES ESSEN ZUR KULTUR GEHÖRT

In der Hauptstadt der Feinschmecker versteht man sich auf die Kunst des Kochens. Nicht nur in den schicken Gourmettempeln auch in den Brasserien und Bistros erwarten den Gast ungeahnte Gaumenfreuden.

Die Essgewohnheiten der Pariser haben sich gewandelt, stundenlanges Mittagessen ist passé, Wein mittags verpönt. Die Rituale haben sich geändert, auch in Paris. Wer mittags nur ein Gericht und eine Flasche Wasser dazu bestellt, wird nicht mehr schräg angeblickt. Askese gilt in gewissen Kreisen als chic.

In der Stadt wimmelt es von mittelmäßigen Bistros und Restaurants. Aber es besteht auch kein Mangel an durchgestylten Trendlokalen, wo »Fusion Food« angeboten wird, was bedeutet, dass man hier gern viel Geld ausgibt, um auch mit dabei sein zu dürfen. Man bewundert sich gegenseitig in angesagtem Interieur.

Zum Schluss wird es wieder höchst erfreulich für alle, die gerne gut speisen, ohne beim Essen unbedingt neben Paris Hilton sitzen zu müssen und in einem vom Stardesigner der Gegenwart gelifteten Rahmen. Nie gab es in Paris mehr kleine Bistros (der Unterschied zum Restaurant ist immer weniger definiert), wo alles immer frisch gekocht wird – in der Epoche von Mikrowelle und Tiefkühlkost auch in Paris längst keine Selbstverständlichkeit mehr – und die Karte je nach Marktangebot und Inspiration des Küchenchefs täglich wechselt. Schwer in Mode sind sogenannte »plats canailles«, eigentlich Arme-Leute-Gerichte wie Leber, Lammbries, Rinderbacke oder Hausmannskost wie »Bœuf à la mode«, Rindsragout, die modern, sprich leicht, zubereitet werden. Allerdings wird »Canailles« auf alles angewendet, was einen Hauch von urig oder herzhaft beinhaltet. In den folgenden Adressen werden meistens entweder »Formule«, das heißt, Vorspeise und Hauptgericht oder Hauptgericht und Dessert oder »Menu-Carte« angeboten. Wein gibt es auch in den allerbesten Häusern längst glasweise.

Brasserien unterscheiden sich von Bistros und Restaurants dadurch, dass sie meist durchgehend warme Küche bieten und spät abends geöffnet sind, weshalb sie nach Theater-, Oper-, oder Kinobesuch ideal für ein »Steak-Frites«, Rindertatar, ein paar Austern oder auch eine Portion Sauerkraut (Pariser lieben es) sind. Die Pariser gehen übrigens nie vor 20.30–21 Uhr zum Essen.

In welche **Preiskategorie** die aufgeführten Lokalitäten gehören, können Sie in unserem Infoteil des jeweiligen Hauses an den Punkten ablesen. Die Erklärung der Punkte finden Sie auf S. 5.

BISTROS

L'Ami Jean

Die Fassade lockt nicht, die Innenausstattung ist bieder, das Quartier langweilig gutbürgerlich, warum also dorthin? Wegen der Küche von Stéphane Jego, einem jungen Chef, der von Gourmets über den grünen Klee gelobt wird. Hase,

Stockfisch und Rind werden hier so zubereitet, dass man sich sofort wie damals bei Großmutter in den Ferien fühlt. Doch im »L'Ami Jean« wird die Hausmannskost modern und leicht gekocht und alles trägt die unverwechselbare, persönliche Note des Küchenchefs. Als Dessert ist besonders der Milchreis, »Riz au lait«, zu empfehlen. Reservierung dringend empfohlen.

➤ 7. Arr. ➤ [D 4] **27, Rue Malar; Tel. 47 05 86 89; Metro: Pont de l'Alma, Di–Sa 12–14 und 19–24 Uhr •• CREDIT**

Le Caméléon

Jean-Paul Arabian empfängt in seiner neuen, im Herbst 2006 eröffneten Adresse seine Gäste mit seinem legendären Charme und Humor, den er seit Jahren in seinen verschiedenen Restaurants versprüht. Auch im »Le Caméleon« ist Arabian die Seele des Hauses, einer, der es versteht, dass jeder neue Gast als potenzieller Stammgast nach Hause geht.

Ohne Schnickschnack: Im legendären »Gitane« schaut man auch gerne einfach auf ein Bier oder einen Espresso vorbei.

Hier nehmen sich auch die zahlreichen Promis, Fernsehleute, Journalisten und Theaterschauspieler nicht schrecklich wichtig. Die Mischung stimmt. Sehr gut zubereitete gehobene »cuisine canaille«. Reservierung ist wichtig.

➤ 6. Arr. ➤ [F 6] **6, Rue de Chevreuse; Tel. 43 27 43 27; Metro: Notre-Dame-des-Champs, Vavin; Mo–Sa 12–15 und 20–23 Uhr •• CREDIT**

La Cérisaie

Zwanzig Gedecke, mehr gibt es nicht bei »Cérisaie«, wo Madame Lalane serviert, was Monsieur Lalane in der Küche zaubert. Die kurze, täglich wechselnde Speisekarte ist den Jahreszeiten und dem Marktangebot angepasst und von der Küche des Südwestens Frankreichs geprägt. Das Restaurant im Bonsaiformat ist extrem beliebt, weil das Essen ausgezeichnet ist und man sich auf Gaumenschmaus und Tischgespräche konzentriert. Für aufwendiges Design ist in diesem winzigen Lokal kein Platz. Ein Genuss, der sehr rechtzeitig reserviert sein will!

➤ 14. Arr. ➤ [F 6] **70, Boulevard Edgar-Quinet; Tel. 43 20 98 98; Metro: Edgar Quinet, Montparnasse-Bienvenue, Mo–Fr 12–14 und 19–22 Uhr •• CREDIT**

Le Châlet des Îles

Man fühlt sich in die Welt von Edouard Manet versetzt: Ein Ruderboot holt einen am Ufer ab und bringt einen zu einem Schweizer Chalet auf der Insel. Dieses Haus hatte einst Napoleon III. für seine Gemahlin Eugénie aus dem Berner Oberland importieren lassen. Wunderbarer Ort, an dem man sich sofort wohlfühlt, gut essen oder Tee trinken kann und wo sich Kinder im Garten vergnügen können.

➤ 16. Arr. ➤ [A 4] **4, Chemin Ceinture du Lac Inférieur (Bois de Boulogne); Tel. 08 26 10 04 86; Metro: Rue de la Pompe (15 Min. zu Fuß); tgl.12–14.30; Mo–Fr 15–19 Uhr Teesalon; 20–23 Uhr Restaurant •• Tischreservierung: www.lechaletdesiles.net; CREDIT**

Le Chateaubriand

Eine der superguten Adressen, ein richtiger Gourmet-Spot! Inaki Aziparte, der junge und rockige Koch liebt es, auch mit Algen, Brennnesseln oder Kapuzinerkresseblüten zu experimentieren. Immer voll, immer gute Atmosphäre. Reservieren unerlässlich!

➤ 11. Arr. ➤ [J 4] **129, Avenue Parmentier; Tel. 43 57 45 95; Metro: Goncourt; Di–Fr 12–14 und 20–23, Sa 20–23 Uhr •• CREDIT**

Chez Michel

Der Bretone Thierry Breton tischt Herzhaftes auf: saftige Jakobsmuscheln, in Rosmarin geschmortes Kaninchen und im Herbst viel Wild. Von Design ist hier keine Rede. Das erwartet auch kein Gast. An einem hübschen Plätzchen einige Gehminuten von der Gare du Nord. Reservierung empfohlen.

➤ 10. Arr. ➤ [H 3] **10, Rue Belzunce; Tel. 44 53 06 20; Metro: Gare du Nord; Mo nur abends 19–24, Di–Fr 12–14 und 19–24 Uhr •• CREDIT**

L'Epi Dupin

In dem winzigen Restaurant sitzt man Ellbogen an Ellbogen, der Lärmpegel ist oft recht hoch, besonders wenn sich dort amerikanische Feinschmecker treffen. Für das gute Essen nimmt man hier viel in Kauf. »Menu-Carte« mittags und abends. Reservierung empfohlen.

➤ 6. Arr. ➤ [F 5] **11, Rue Dupin, Tel: 42 22 64 56, Metro: Sèvres-Babylone; Mo–Fr 12–14.30 und 19–22.30 Uhr •• CREDIT**

La Gitane

Olivier und Corinne haben diese in den 80er-Jahren mythische Adresse übernommen und erfolgreich modernisiert. Schlicht-schöne Ausstattung, Stofftischdecken, aufmerksame Bedienung und gutes Essen. Hier wird nicht experimentiert, sondern traditionelle Küche in solider Qualität geboten.

➤ 15. Arr. ➤ [D 5] **53 bis, Avenue de la Motte-Piquet; Tel. 47 34 62 92; Metro: Motte-Piquet, Grenelle; Mo–Sa 12–15 und 19–24 Uhr •• CREDIT**

Weiter auf S. 86

SPITZENGASTRONOMIE

In Paris werden Feinschmecker-Träume wahr: Kochkünstler bieten hier anspruchsvolle Haute Cuisine, die ihren Preis hat.

Paris blieb auch 2007 europäische Gourmethauptstadt mit insgesamt zehn Drei-Sterne-Häusern, 13 Zwei-Sterne-Restaurants und 39 Adressen mit einem Stern. Feinschmecker müssen rechtzeitig planen! Alle Luxusrestaurants haben zum Dîner Vorbestellungszeiten von mindestens einer Woche bis hin zu mehreren Monaten. Mittags ist die Lage entspannter, und die meisten Spitzenrestaurants bieten mittags günstigere Menüs an. Eine passende Gelegenheit, diese exklusiven Restaurants kennenzulernen. Korrekte Kleidung versteht sich in diesen Feinschmeckertempeln von selbst.

Pierre Gagnaire, französischer Sternekoch mit weltweiter Fangemeinde

ALAIN DUCASSE IM PLAZA ATHÉNÉE

Alain Ducasse gehört sicherlich zu den unternehmungslustigsten und dynamischsten Spitzenköchen. Er hat sich ein weltweites Gastronomie-Imperium aufgebaut und besitzt weltweit mehrere mit Sternen ausgezeichnete Restaurants, unter anderem in Paris dieses Drei-Sterne-Restaurant in einem Luxushotel.

➤ 8. Arr. ➤ [D 4] 25, Avenue Montaigne; Tel. 53 67 65 00; www.alain-ducasse.com; Metro: Alma-Marceau; mittags nur Do, Fr 12.45–14.15, abends Mo–Fr 19.45–22.15 Uhr, kein günstigeres Mittagsmenü, ab 200 €

Das Ambiente des »Grand Véfour«: Klassisch mit einer Prise Moderne

L'ASTRANCE

Pascal Barbot hat mit seinem Partner Christophe Rohat Karriere gemacht. 2007 hat das Duo – Barbot ist Küchenchef, Rohat kümmert sich um den Saal – den dritten Michelin-Stern erhalten. Der Mittdreißiger genießt den Ruf eines äußerst experimentierfreudigen Kochs, der viel improvisiert und keine feste Karte bietet, was viele Traditionalisten irritiert und moderne Gourmets in totale Begeisterung versetzt. Ambiente ohne viel Chichi. Sehr, sehr lange Buchungsfristen, sehr hochpreisig.

➤ 16. Arr. ➤ [C 5] **4, Rue Beethoven; Tel. 40 50 84 40; Metro: Passy; Di–Fr 20–21.30, Mi–Fr 12–14 Uhr; Menü mittags ab 80 €**

L'AMBROISIE

Luxuriöser Rahmen und Kerzenlicht. In diesem erstklassigen Restaurant stimmt einfach alles: perfekter Service und exzellente Küche. Hier fühlen sich auch jene Gäste wohl, die aus reiner privater Leidenschaft für Spitzenküche ein- oder zweimal im Jahr in ein Drei-Sterne-Restaurant gehen. Bernard Picaud hat seit Jahren drei Michelin-Sterne und er steht selbst in der Küche, was heutzutage nicht immer selbstverständlich ist. Man muss mindestens zwei Monate vorher reservieren.

➤ 4. Arr. ➤ [J 5] **9, Place des Vosges; Tel. 42 78 51 45; Metro: Saint-Paul; Di–Sa mittags u. abends, nur à la carte, ab circa 200 €**

PIERRE GAGNAIRE

Gagnaire besitzt eine wahre Künstlernatur. Er ist unglaublich kreativ, und er gilt international in Gourmetkritikerkreisen als der französische Spitzenkoch schlechthin.

➤ 8. Arr. ➤ [D 3] **6, Rue Balzac; Tel. 58 36 12 50; www.pierre-gagnaire.com; Metro: George V; Mo–Fr Menü mittags 95 €**

GRAND VÉFOUR

Bereits seit zwei Jahrhunderten wird hier gut gespeist. »Le Grand Véfour« wurde 1784 unter Philippe Egalité gegründet und hieß zunächst »Café de Chartres«, ehe es nach Véfour dem Älteren, dem »Grand« Véfour benannt wurde. Seit 1991 führt Guy Martin, ein Autodidakt unter den Spitzenköchen, das Restaurant. Die Directoire-Innenausstattung steht unter Denkmalschutz. Seit dem Jahr 2000 besitzt Guy Martin drei Michelin-Sterne für seine Küche, die von einem Touch Klassizismus und einer Prise Modernität geprägt ist.

➤ 1. Arr. ➤ [G 4] **17, Rue Beaujolais; Tel. 42 96 56 27; www.grand-vefour.com; Metro: Palais Royal; Mo–Fr 12–14, 19.30–22.30 Uhr, Menü mittags 78 €**

Les Papilles

Wein und Feinkostladen mit Bistro. Man sitzt eng, erhält ein einziges Menü, das täglich wechselt und von Bernard mit seinem sonnengetränkten Südwest-Akzent appetitanregend erklärt wird. Den Wein sucht man sich selbst im Regal aus (Ladenpreis + 6 €). Abends immer brechend voll. Unbedingt reservieren!

➤ 5. Arr. ➤ [G 6] **30, Rue Gay-Lussac; Tel. 43 25 20 79; Metro: (RER B) Luxembourg; Di–Sa 12–14 und 19.30–22 Uhr •• CREDIT**

Le Ribouldingue

Nadège Varigny und Sarah Baraudon führen dieses kleine Restaurant im Quartier Latin, gleich um die Ecke von Notre-Dame. Hier gibt es Innereien, Geflügel und Lamm gut und leicht zubereitet, in weiß-ockerfarbenem Dekor, mit Schnittblumen auf dem Tisch. »Carte Menu« 27 €. Besser reservieren.

➤ 5. Arr. ➤ [G 5] **10, Rue Saint-Julien-le-Pauvre; Tel. 46 33 98 80; Metro: Saint-Michel; Di–Sa 12–14 und 19–23 Uhr •• CREDIT**

Le Toustem

Spitzenköchin Hélène Darroze und Topdesignerin Mattali Crasset haben gemeinsam in einem sehr schönen Winkel des Quartier Latin ein Bistro konzipiert. Dem alten Mauergewölbe mit niedrigen Decken hat Mattali Crasset mit ihren Entwürfen das Schwere genommen. Hélène Darroze präsentiert hier sehr gute, frische und im Vergleich zu ihrem Hauptrestaurant erschwingliche Bistroküche. Ein Mittagsmenü ist schon für 24 € zu haben.

➤ 5. Arr. ➤ [G 5] **12, Rue de l'Hôtel Colbert; Tel. 42 22 00 11; Metro: Cluny la Sorbonne •• Di–Fr 12–14.30, Mo–Sa 19.30–22 Uhr**

BRASSERIEN

Le Fouquet's

Beliebter Treff für Vertreter der Filmbranche, die in dem Viertel ihre Künstleragenturen und Produktionsfirmen haben. Nach jeder César-Verleihung treffen sich die Preisträger zu einem traditionellen Souper im »Fouquet's«. Eine der Lieblingsadressen von Staatspräsident Sarkozy. Die Ausstattung stammt von Jacques Garcia, der u.a. auch das Hotel

Seit 1847 eine Institution in Montparnasse: die Brasserie »Closeries des Lilas« (S. 88)

»Costes« eingerichtet hat und als Innenausstatter des Ende 2006 eröffneten neu gebauten Luxushotels »Le Fouquet's Barrière« tätig war (www.fouquets-barriere.com).

➤ 8. Arr. ➤ [G 5] **99, Avenue des Champs-Elysées; Tel. 47 23 50 00; Metro: George V; Bar/Brasserie tgl. 8–2, Restaurant tgl. 12–15 und 19–0.30 Uhr •••• CREDIT**

Au Pied de Cochon

Schweinsfuß (»Pied de Porc«) hat diese seit 1946 existierende, rund um die Uhr geöffnete Brasserie an den ehemaligen Hallen zu einem Pariser Monument erhoben. Statt Marktarbeiter trifft man dort Touristen, Pariser Bürger und Nachtschwärmer.

➤ 1. Arr. ➤ [G 4] **6, Rue Coquillière; Tel. 40 13 77 00; Metro: Les Halles; tgl. durchgehend geöffnet •••**

Le Balzar

Gleich neben der Sorbonne im Zentrum des Quartier Latins liegt das »Balzar«. Unveränderte Dekoration im Stil der 30er-Jahre mit Holz und großen Spiegeln. Professoren und Intellektuelle aus aller Welt sind Stammgäste. Abends muss reserviert werden.

➤ 5. Arr. ➤ [G 6] **49, Rue des Écoles; Tel. 43 54 13 67; Metro: Cluny-La Sorbonne; tgl. 8–0 Uhr ••• CREDIT**

Bofinger

Bei Gründung, 1864, war die Brasserie »Bofinger« das erste elsässische Brauhaus in Paris, zentral gelegen zwischen dem Handwerkerviertel, Bastille und Marais. Sehenswert ist die schöne Jugendstil-Glaskuppel im großen Saal, die 1919 von Néret und Royer gestaltet wurde. Beliebt ist der kleine »Salon Hansi«, den der elsässische Heimatkünstler Jean-Jacques Waltz, genannt Hansi, bemalt hat. Das »Bofinger« ist eine Institution an der Bastille. Stars wie Maurice Chevalier, Meryl Streep oder Christian Lacroix haben sich bereits im Goldenen Buch der Brasserie verewigt. Seit es dort die Oper gibt, kommt man gern auch nach einem Opernabend zum Souper vorbei, um den Kulturgenuss noch bei einer Portion der ausgezeichneten Meeresfrüchte ausklingen zu lassen.

➤ 4. Arr. ➤ [J 5] **5, Rue de la Bastille; Tel. 42 72 87 82; Metro: Bastille; Mo–Fr 12–15 u. 18–1 Uhr, Sa, So 12–1 Uhr ••• CREDIT**

La Closerie des Lilas

Die »Closerie des Lilas« besteht aus Bar, Brasserie und Restaurant und gehört zu den unerschütterlichen Chic-Institutionen von Montparnasse. Seit jeher zieht sie Künstler und Intellektuelle an, und Hemingway schrieb – so will es die Legende – hier sein Buch »Paris, ein Fest fürs Leben«. Rindertatar und Hechtklößchen (»quenelles«) sind Klassiker des Hauses. Sehr schöne und beliebte Pianobar. Die Brasserie (•••) ist unabhängig vom Restaurant (••••) in der ersten Etage und sehr viel erschwinglicher.

➤ 6. Arr. ➤ [G 6] **171, Boulevard du Montparnasse; Tel. 40 51 34 50; Metro: Port Royal; Mo–So 12–1 Uhr ••• CREDIT**

La Coupole

Die legendäre Brasserie am Montparnasse. 1927 kauften die aus der Südauvergne stammenden Ernest Fraux und René Lafon ein 800 Quadratmeter großes Brennholzdepot am Boulevard Montparnasse. Das Architektenduo Barillet und Lebouc machte daraus einen einzigen Saal, den größten von Paris, darunter hatten sie ein sogenanntes Dancing konzipiert. Alphonse-Louis Solvet und sein Sohn Paul, die bereits die »Closerie des Lilas« und das »Vaudeville« ausgestattet hatten, wurden mit der Innenausstattung beauftragt und schufen ein neoklassisches Interieur zur Art-déco-Decke. Besonders ausländische Gäste lieben bis heute diesen mythosbefrachteten Ort, wo sich einst Jean Paul Sartre, Simone de Beauvoir und die Intellektuellen der Literaturszene trafen. Für viele Touristen und Franzosen aus den Regionen ist diese Riesenbrasserie der Inbegriff für den Charme von Paris. Wer Massenbetrieb und hohen Geräuschpegel nicht so schätzt, sollte ganz spät abends hingehen oder tagsüber, wenn es etwas ruhiger ist. Warmes Essen kann bis ein Uhr morgens bestellt werden, zur Spezialität des Hauses gehören Meeresfrüchteplatten und Lammcurry.

➤ 14. Arr. ➤ [F 6] **102, Boulevard du Montparnasse; Tel. 43 20 14 20; Metro: Vavin; tgl. 8–2 Uhr**

Le Vaudeville

Jugendstilaustattung vom Feinsten findet man in dieser Brasserie in der Nähe der Börse. Besonders mittags bei Journalisten der benachbarten Nachrichtenagentur AFP beliebt. Sehr hoher Geräuschpegel, wie in allen großräumig-historischen Brasserien dieser Art. Typische Brasserie-Karte mit Sauerkraut, Tatar oder Meeresfrüchteplatte.

➤ 2. Arr. ➤ [G 4] **29, Rue Vivienne; Tel. 40 20 04 62; Metro: Bourse, tgl. Frühstück 7–11, Essen 12–15 und 19–1 Uhr ••• CREDIT**

Le Café Commerce

Einst strömten hier Arbeiter aus den benachbarten Citroën-Werken zum Essen herbei. Diese seit 1922 bestehende Adresse besitzt kleinbürgerlichen Charme, Goldspiegel und Grünpflanzen und liegt in der Rue de Commerce, einer wunderhübschen komplett sanierten Marktstraße, rund zwanzig Gehminuten vom Eiffelturm entfernt.

➤ 15. Arr. ➤ [D 6] **51, Rue du Commerce; Tel. 45 75 03 27; Metro: Emile Zola; tgl. 12–0 Uhr ••**

BRUNCH

L'Appart

Sonntags treffen sich hier schicke Jungfamilien zum kinderfreundlichen Brunch. Für Kinder werden Aktivitäten wie z.B. ein Backatelier geboten. Ansonsten ist dieses Restaurant, das wie eine gutbürgerliche Pariser Wohnung mit Kamin, Bibliothek, Salon, Küche, Teppichen, Tischleuchten etc. aufgeteilt und ausgestattet ist, speziell für dieses »Cocooning-Ambiente« beliebt.

➤ 8. Arr. ➤ [E 3] **9–11, Rue de Colisée; Tel. 53 75 42 00; Metro: St. Philippe du Roule; Brunch So 12–15 Uhr**

Rose Bakery

Bei Rose ist es immer knallvoll. Wer hier sonntags brunchen will, muss früh aufstehen und um zehn Uhr erscheinen, andernfalls heißt es: Schlange stehen. Die Fangemeinde für salzige und süße Kuchen, Salate, Risottos, Muffins, Scones und frisch gepresste Säfte ist groß. Alles wird aus Bioprodukten zubereitet.

➤ 9. Arr. ➤ [G 3] **46, Rue des Martyrs; Tel. 42 82 12 80; Metro: Notre Dame de Lorette; Di–Sa 9–19, So Brunch 9–17 Uhr ••**

L'Entrepôt

Brunch wird auf der glasüberdachten Veranda serviert, die Kinder können im Garten spielen. Sehr freundliche Bedienung und entspannte Atmosphäre. Kinderfreundlich und unkompliziert, auch die Klientel. Das Lokal gehört zu einem Autorenfilmkino mit exzellentem Ruf.

➤ 14. Arr. ➤ [E 7] **7–9, Rue Francis-de-Pressensé; Tel. 45 40 07 50; Metro: Pernety; So 12–15 Uhr •**

La Ferme

Gesundes, leckeres Essen in entspannter, familiärer Atmosphäre. Frisch gepresste Obst- und Gemüsesäfte, warme Getränke, hausgemachte Kuchen, reichhaltiger bunter Teller, Crumble als Nachtisch. Ein sehr gesundes ökologisches Ambiente, bei spärlichem Komfort.

➤ 1. Arr. ➤ [F 4] **55, Rue Saint Roch; Tel. 40 20 12 12; Metro: Pyramides; So 11–16 Uhr •**

Restaurant d'Orsay im Musée d'Orsay (→ S. 195)

Ideal, um den Museumsbesuch mit einem Brunch zu unterbrechen. Reichhaltige Auswahl an Süßem und Salzigem, Salaten und Obst. Zum Brunch sitzt man im kleinen Salon unter Kristallleuchtern, Spiegeln und Stuck. Schönes Ambiente.

➤ 7. Arr. ➤ [D 4] **1, Rue de la Légion d'Honneur; Tel. 45 49 42 33; Metro: Solférino; Brunch So 11.30–15 Uhr •**

RESTAURANTS

Le Boudoir, Hélène Darroze

Mit ihrer ausgeprägten Persönlichkeit und ihrem Kochtalent hat es Hélène Darroze in Rekordzeit zu zwei Michelin-Sternen gebracht und dazu, Feinschmecker in ihr Restaurant im ersten Stock und junge Trendies ins »Boudoir« im Erdgeschoss zu locken. Unten wird Edel-Fingerfood serviert, was bei der finanzstarken, coolen Klientel bestens ankommt.

➤ 6. Arr. ➤ [F 5] **4, Rue d'Assas; Tel. 42 22 00 11; Metro: Sèvres-Babylone; Di–Sa 12.30–14 und 19.30–22.15 Uhr •••• CREDIT**

Cristal Room

Die legendäre Marie-Laure de Noailles empfing hier illustre Freunde wie Man Ray, Jean Cocteau oder Luis Buñuel. Dieses Pariser Stadtpalais der Noailles wurde von Philippe Starck im Auftrag von Baccarat als Restaurant und Museum spektakulär, beeindruckend und gelungen ausgestattet. Thierry Bulot bietet französisch-moderne Küche. Wer heute bucht, bekommt frühestens in einem Vierteljahr einen Tisch!

(→ Baccarat-Museum, S. 188)

➤ 16. Arr. ➤ [C 4] 1, Place des États-Unis; Tel. 40 22 11 10; Metro: Kléber; Mo–Sa 12–15 und 19–22.30 Uhr, Fr, Sa bis 23 Uhr, Sa 15–17 Uhr Teesalon •••• CREDIT

Emporio Armani Caffè

Man nennt das »food-in-shop«, im Gegensatz zu ähnlichen Einrichtungen ist das Essen in der ersten Etage des Pariser Megastores richtig gut. Elegante Ausstattung und elegantes Publikum. Mailand trifft Paris. Aperitif 17 bis 20 Uhr. Reservierung empfohlen.

➤ 6. Arr. ➤ [F 5] 149, Boulevard Saint-Germain; Tel. 45 48 62 15; Metro: Saint-Germain-des-Prés ••• CREDIT

La Fontaine Gaillon

Jules Hardouin-Mansart, der geniale Baumeister des Grand Siècle hat dieses Stadtpalais um 1672 erbaut. Das Restaurant gehört Gérard Depardieu, der sich, wenn überhaupt, mittags Punkt zwölf blicken lässt. Bei der Wahl seines Küchenchefs hat Depardieu ein gutes Händchen und sicheres Gespür bewiesen. Das Essen ist ausgezeichnet, der Rahmen

Spektakuläres Design: Glas, Silber und Kristalllüster sind die Highlights des von Philippe Starck gestalteten »Cristal Room«.

sehr angenehm. Die Karte wechselt nach Marktangebot, sehr viele Fischgerichte. Umfangreiche Weinkarte. Man muss reservieren!

➤ 2. Arr. ➤ [F 4] **Place Gaillon; Tel. 47 42 63 22; www.la-fontaine-gaillon.com; Metro: Quatre Septembre, Mo–Fr 12–14.30 und 19–23.30 Uhr ••• CREDIT**

AUTORENTIPP Gleich nebenan von »La Fontaine Gaillon« besitzt Gérard Depardieu »L'Écaille de la Fontaine«, ein winziges Lokal, wo ausschließlich Meerestiere serviert werden, speziell Austern. Auch zum Mitnehmen. Top-Qualität.

➤ 2. Arr. ➤ [F 4] **15, Rue Gaillon; Tel. 47 42 02 99; Metro: Quatre Septembre; Mo– Fr 12–14.30 und 19–22 Uhr**

Gaya

Christian Ghion hat dieses »Neben-Restaurant« von Frankreichs derzeit innovativstem Spitzenkoch, Pierre Gagnaire, ausgestattet. Gagnaire wünschte ein »elegantes, erfrischendes, stimmungsvolles und unerwartetes« Interieur und das hat er auch bekommen. Alles weist darauf hin, dass es sich hier primär um ein Fischrestaurant handelt, wie man es aus der Bretagne kennt. Sehr schöne Bar! Für abends unbedingt reservieren.

➤ 7. Arr. ➤ [F 5] **44, Rue du Bac; Tel. 45 44 73 73; Metro: Rue du Bac; Mo–Fr 12.30–14.15, Mo–Sa 19.30–22.45 Uhr ••• CREDIT**

Bar Le Passage

Früher hieß das Restaurant »Lucas-Carton« und besaß drei Michelin-Sterne. Doch eines Tages sagte Senderens: »Stopp«! Nach 20 Jahren Sternekoch setzt er nun auf Schlichtheit. Weniger gestärkte Servietten und Tischtücher, weniger Personal, aber nach wie vor gute, frische Produkte. Der junge Designer Noé Duchaufour-Lawrance hat das Restaurant völlig neu konzipiert, mit Tapas und Sushibar auf der Galerie. Sushi, Tapas, Goldbarsch, Ente und ein Millefeuille zum Süchtigwerden.

➤ 8. Arr. ➤ [F 4] **9, Place de la Madeleine; Tel. 42 65 22 90; Metro: Madeleine; tgl. geöffnet; Juli/ August Sa und So geschl. ••• CREDIT**

Le Spoon Food & Wine

Starchef Alain Ducasse verbindet in seinem Lokal französische mit asiatisch inspirierter, internationaler Küche. Im edel minimalistisch gestylten Ambiente findet man auch eine reichhaltige Weinkarte mit einer besonderen Präferenz für kalifornische Weine. Das 1998 gestartete geniale Konzept von Ducasse, der mit sehr vielen Michelin-Sternen ausgestattet ist: Zu Fisch oder Fleisch wählt man die Beilagen und Saucen selbst.

➤ 8. Arr. ➤ [D 4] **14, Rue de Marignan; Tel. 40 76 34 44; Metro: Franklin-Roosevelt; Mo–Fr 12.15–14.30 und 19.30–22.30 Uhr, Sa/So geschl. ••• CREDIT**

INTERNATIONALE KÜCHE

Isami

Auch für Japaner eines der besten Sushirestaurants von Paris. Die Fische für Sushi und Sashimi sind extrem frisch und werden »comme il faut« zubereitet. Das hat sich rumgesprochen, man muss unbedingt reservieren!

➤ 4. Arr. ➤ [H 5] **4, Quai d'Orléans; Tel. 40 46 06 97; Metro: Pont Marie; Di–Sa 12–14 und 19–22 Uhr ••• CREDIT**

Mansouria

Fatéma Hal serviert fein gewürzte marokkanische Küche in maurischem Ambiente. Nach Pastilla oder Tajine sollte man noch das verführerisch gute Gebäck wie »Cornes de Gazelles« oder »Baklawa« probieren.

➤ 11. Arr. ➤ [K 5] **11, Rue Faidherbe; Tel. 43 71 00 16; Metro: Faidherbe Chaligny; Mo–Sa 19–23 Uhr, Di–So 12–14 Uhr •••**

Chez Vong

Seit 20 Jahren kocht Monsieur Vong in diesem exotisch ausgestatteten Lokal, wo man im Gewölbe sitzt – in einem eher unattraktiven Viertel. Vong bereitet Bresse-Poularden wie die traditionellen »Canards Laqués« zu, und serviert sie in vier Gängen. Extrem gut. Ansonsten solide kantonesische Küche.

➤ 1. Arr. ➤ [G 4] **10, Rue de la Grande Truanderie; Tel. 40 26 09 36; Metro: Les Halles; Mo–Sa 12–14.30 und 19–24 Uhr •• CREDIT**

Chieng Mai

Seit Jahrzehnten ein solides, gutes thailändisches Restaurant im Quartier Latin, wo sich einst die ersten asiatischen Einwanderer niederließen. Echte Thai-Küche und viele Stammgäste, das bedeutet: Reservieren!

➤ 5. Arr. ➤ [G 5] **12, Rue Frédéric Sauton; Tel. 43 25 45 45; Metro: Maubert Mutualité; tgl. 12–14 und 19–23.30 Uhr ••**

I Golosi

Wenn einen der Hunger nach einem Spaziergang durch die historischen Passagen oder nach einem Besuch im Auktionshaus Drouot überfällt, wenn einem nach frischer Pasta und ausgefallenem Risotto der Sinn steht, ist diese Adresse richtig. Wöchentlich wechselnde Karte. Große Auswahl an italienischen Weinen.

➤ 9. Arr. ➤ [G 3] **6, Rue de la Grange Batelière; Tel. 48 24 18 63; Metro: Richelieu Drouot; Mo–Sa 12.30–15 und Mo–Fr 19.30–23 Uhr ••**

La Table de Babette

Babette de Rozières bietet die allerbeste kreolische Küche (Antillen) in Paris. Im eleganten Südsee-Ambiente gibt es von »Accras«, ausgebackenen Fischbällchen, über gebratenen Tintenfisch bis hin zu typischen Fleischgerichten das Beste aus der Karibik. Reservierung empfohlen!

➤ 16. Arr. ➤ [C 4] **32, Rue de Longchamp; Tel. 43 53 00 07; Metro: Trocadéro; Mo–Fr 12–14, 19.15–22 Uhr, Sa 19.15–23 Uhr ••**

Liza

Dieses libanesische Restaurant beweist, dass sich traditionelle Küche entstauben und modernen Ansprüchen anpassen kann, ohne an Identität einzubüßen. Selbst das immer ganz frisch gefertigte Fladenbrot, »Tomillé« ist perfekt.

➤ 2. Arr. ➤ [G 4] **14, Rue de la Banque; Tel. 55 35 00 66; Metro: Bourse; tgl.12–14.15 und 20–22.30 Uhr ••**

MITTAGS IDEAL

Brasserie Printemps

Fantastisch! Ein absoluter Hingucker. Unter der Riesenkuppel aus 3185 Butzenscheiben hat Didier Gomez die Printemps-Brasserie im sechsten Stock des großen Kaufhauses neu gestaltet. Man muss hier zum Mittagessen hin! Man sollte keine gastronomischen Höhepunkte erwarten, doch der spektakuläre Ort entschädigt für die eher alltägliche Kost.

➤ 9. Arr. ➤ [F 3] **Printemps de la Mode, 6. Etage; 60, Boulevard Haussmann; Metro: Galeries Lafayette; Tel. 42 82 58 84; Mo–Sa 9.35–22 Uhr •** CREDIT

Eatme

Sehr edles Selfservicerestaurant mit Lieferservice. Zwei Chefs kochen alles täglich frisch, die Gerichte komponiert ein Diätberater mit. Alles ist cremefarben und weiß, das Essen ist leicht und lecker.

➤ 2. Arr. ➤ [G 4] **38, Rue Léopold-Bellan; Tel. 01 42 36 18 28; Metro: Sentier, Bourse; www.eatme.fr.; Mo–Fr 9–19 Uhr •**

Repas-Solidaire

Unter der Madeleine-Kirche bieten jeden Tag Freiwillige ein Drei-Gänge-Mittagessen für 8 € an. Dieses solidarische Essen, »repas solidaire«, wird im hübschen Gewölbekeller serviert. Das Publikum besteht aus Angestellten der umliegenden Büros, einigen Touristen und älteren Herrschaften mit kleiner Rente.

➤ 8. Arr. ➤ [F 4] **Eingang Place de la Madeleine, rechte Kirchenseite; Tel. 47 42 39 84; Metro: Madeleine; Mo–Fr 11.45–14 Uhr; Jahresmitgliedskarte am Eingang für 2 € ist obligatorisch**

Vor allem bunt: Das »Tokyo Eat« im Städtischen Museum für moderne Kunst (S. 203)

ESSEN MIT AUSBLICK

Apollo

Riesige Terrasse, abgeschieden von der Straße. Hier tummeln sich Anwohner des Quartiers aller Altersgruppen, Promis und Touristen. Das Essen ist frisch, völlig korrekt.

➤ 14. Arr. ➤ [F 7] **3, Place Denfert-Rocherau; Metro: Denfert-Rochereau; Tel. 45 38 76 77, tgl. 12–15, 19–24 Uhr ••• CREDIT**

Le Georges

Man geht aus einem einzigen Grund ins »Georges« – weil man das fantastische 360°-Panorama genießen möchte. Wenn langsam die Stadt in der Dämmerung versinkt, bietet sich dem Besucher ein unvergesslicher Ausblick. Dabei vergisst man erfreulicherweise, dass das Essen korrekt, aber hochpreisig, und der Service blasiert sind. Abends reservieren!

➤ 4. Arr. ➤ [H 4] **19, Rue Beaubourg, Tel. 44 78 47 99; Metro: Rambuteau, Châtelet, Mo–So 12–2 Uhr ••• CREDIT**

Les Ombres

Besonders abends ist das Restaurant »Les Ombres« auf dem Dach des Quai-Branly-Museums (→ S. 200) ein Erlebnis. Man geht durch den geheimnisvoll beleuchteten Museumsgarten, fährt mit dem Aufzug aufs Dach und befindet sich tête-à-tête mit dem Eiffelturm. Bei schönem Wetter sitzt man draußen, bei schlechtem unterm Glasdach. Eine Insel der Ruhe fernab vom hektischen Großstadtbetrieb. Es wird dringend empfohlen einen Tisch zu reservieren!

➤ 7. Arr. ➤ [D 4] **37, Quai Branly; Tel. 47 53 68 00; Metro: Bir Hakeim, RER C: Pont de l'Alma ••• CREDIT**

Café Marly

Pariser schimpfen jedes Mal: Nie wieder! Der Service ist versnobt, das Essen »nun ja« und dafür teuer, aber – ach! – es gibt einfach keinen besseren Standpunkt für einen Frontalblick auf die Glaspyramide. Nur auf der überdachten Terrasse unter den Kolonnaden und ganz besonders bei Sonnenuntergang interessant.

➤ 1. Arr. ➤ [G 4] **93, Rue de Rivoli (Louvre-Arkaden); Tel. 49 26 06 60; Metro: Palais Royal-Musée du Louvre; tgl. 8–2 Uhr ••**

Le Tokyo Eat

Schrill durchgestylt darf man in diesem Hype-Lokal der Kunstavantgarde ruhig erscheinen. Aber es muss nicht sein. Für Liebesgeflüster eher unpassend, denn ein DJ mixt die Musik, die alles übertönt. Dafür irrer Ort und amüsantes Design. Im Sommer sitzt man draußen mit sensationellem Blick auf den Eiffelturm. Französische Küche mit asiatischer Note.
(→ Palais de Tokyo, S. 202)

➤ 16. Arr. ➤ [D 4] **13, Avenue du Président-Wilson; Tel. 47 20 00 29, Metro: Iéna, Alma-Marcdeau; Di–So 12–15 (So bis 16) und 20–23.30 Uhr** CREDIT

VEGETARISCH/ BIORESTAURANTS

Le Potager du Marais

Gäste sitzen in diesem beliebten Lokal mit Sichtmauerwerk und Grünpflanzen an einem einzigen langen Tisch. Vegetarische Köstlichkeiten wie Pilzpastete, Gemüseauflauf mit Oliven, überbackene Birne und andere. Besser reservieren.

➤ 3. Arr. ➤ [H 4] **22, Rue Rambuteau; Tel. 42 74 24 66; Metro: Rambuteau; tgl. 12–22.30 Uhr ••**

Le Bioboa

Alles wird in diesem Bio-Selbstbedienungs-Schnellrestaurant vor Ort zubereitet: Suppen aller Art, je nach Saison, Gemüseburger oder Gemüsequiche und frisch gepresste Säfte. Freundlicher Service in einem modernen ansprechenden Ambiente.

➤ 1. Arr. ➤ [F 4] **3, Rue Danielle Casanova; Tel. 42 61 17 67; Metro: Pyramides; Mo–Sa 11–18 Uhr •**

Galerie 88

Von ihren Reisen haben die Besitzer allerhand exotische Objekte mitgebracht, die in diesem charmanten Restaurant mit Blick auf Notre-Dame das gewisse Fernwehflair vermitteln. Es gibt Nudelgerichte, Taboulé und frische Salate.

➤ 4. Arr. ➤ [H 5] **88, Quai de l'Hôtel de Ville; Tel. 42 72 17 58, Metro: Hôtel de Ville; tgl. 10.30–2 Uhr •**

Le Jardin des Pâtes

Bei der Place Monge wird im angenehmen Rahmen eine Vielfalt von Bionudeln serviert. Sie werden aus Weizen-, Reis-, Gersten-, Buchweizen-, Roggen- und sogar Kastanienmehl gefertigt.

➤ 5. Arr. ➤ [H 6] **4, Rue Lacépède; Tel. 43 31 50 71; Metro: Monge; tgl. 12–14.30, 19–23 Uhr •**

Lood

Bei der Generation der 30-Jährigen sind die leichten Smoothies im Trend. In der Saftbar »Liquid Food« werden einem überraschende Obst- und Gemüsecocktails sowie Smoothies auf Joghurt-, Milch- oder Sojamilchbasis gemixt.

➤ 2. Arr. ➤ [H 6] **79, Rue Richelieu; Tel. 42 60 04 21; Metro: Bourse; Mo–Fr 9 –17 Uhr •**

La Victoire Suprême du Cœur

Hier fühlt man sich wohl, zwischen farbigen Wänden und Grünpflanzen, in diesem von Licht durchfluteten Raum. Originelle, abwechslungsreiche konsequent vegetarische Küche.

➤ 1. Arr. ➤ [G 5] **41, Rue des Bourdonnais; Tel. 40 41 93 95; Metro: Châtelet; Mo–Sa 12–22 Uhr •**

Karl Lagerfeld ist eine Ikone unter den zeitgenössischen Modeschöpfern.
1983 übernahm er die Führung im Hause Chanel (S. 102).

HINEIN INS SHOPPINGPARADIES ...

Paris gehört zu den schönsten Einkaufsmetropolen der Welt: Hier finden Sie luxuriöse Kaufhauspaläste, schicke Boutiquen und moderne Flagshipstores, elegante Passagen und kultige Designerläden.

Falls Sie bei Ihrem Paris-Aufenthalt die Unterhaltung von Franzosen aufschnappen und das Wort »Shopping« hören, ist damit der Einkaufsbummel gemeint. »Faire du shopping« ist auch in Paris ein beliebter Freizeitsport. Spricht jemand hingegen von »faire les courses«, wird damit der lustfreie Einkauf von Alltagsdingen bezeichnet. Kein Vergnügen, sondern Pflichtprogramm.

Paris bietet unzählige Möglichkeiten, sich dem Shoppingvergnügen hinzugeben. Hier findet jeder, was er sucht – und mehr! Bei der riesigen Auswahl fällt die Entscheidung nicht leicht. Es gibt rund 12000 Modeboutiquen. Es ist völlig unmöglich, ihnen aus dem Weg zu gehen. Zur Orientierung sind die »grands magasins« ganz praktisch, Le Bon Marché an der Rive Gauche und die benachbarten Galeries Lafayette und Le Printemps bieten einen sehr umfassenden Überblick auf das, was derzeit angesagt ist.

Secondhandläden sind auch bei den modebewussten Franzosen sehr beliebt. Sie nennen sich »dépôt-vente« oder auch immer öfter »vintage«.

Grundsätzlich sollte man bedenken, dass es sich finanziell meist nicht lohnt, Parfums und Wein in Paris zu kaufen. Wer Patisserien, Edelschokolade oder Käse mit nach Hause nehmen möchte, sollte um eine »emballage de voyage«, eine reisetaugliche Verpackung bitten.

ACCESSOIRES

Jamin Puech

Wer nicht mit derselben Tasche wie alle herumlaufen möchte, wer auf Schaulaufen mit Labeln keine Lust hat, ist bei Jamin Puech richtig. Ausgefallene Modelle, oft Einzelstücke, für Menschen mit Kaufkraft und Selbstbewusstsein.

➤ 6. Arr. ➤ [H 5] **68, Rue Vieille du Temple; Metro: Saint-Paul; Mo–Fr 11–19, Sa 12–19 Uhr**

Louis Vuitton

Spektakulärer Blick auf die Champs-Élysées bietet die Galerie in der obersten Etage, zu der jeder Zugang hat. Der Flagshipstore ist sehr beeindruckend gestylt und bietet auf mehreren Ebenen die gesamte Louis-Vuitton-Palette an.

➤8. Arr. ➤ [D 3] **101, Avenue des Champs-Élysées; Metro: George V; Mo–Sa 10–20, So 11–13 und 14–19 Uhr**

BUCHHANDLUNGEN

Librairie Gourmande

Genießer, Köche, Weinkenner und alle, die gern Rezepte lesen oder mehr über die Sitten ferner Länder wissen wollen, werden in dieser Fachbuchhandlung zum Thema Essen, Weine, Tischkultur und Ernährung ganz sicher fündig.

➤ 2. Arr. ➤ [G 4] **90, Rue Montmartre; Metro: Sentier, Étienne Marcel; Mo–Sa 10–19 Uhr**

Librairie de la Mode

In einem Zentrum der Mode darf eine Mode-Fachbuchhandlung nicht fehlen. Was die Welt an Modezeitschriften bietet, findet man hier, ebenso wie einige Kataloge und Bücher zu den Themen Mode, Design und Architektur.

➤ 1. Arr. ➤ [H 4] **22, Rue Lescot; Metro: Les Halles; Mo–Fr 9–19, Sa 10–18 Uhr**

CHOCOLAT

Maison du Chocolat

Seit 1977 eine Referenz für Qualität. Der Gründer Robert Linxe ist so etwas wie die graue Eminenz in Sachen hochwertige Schokolade. Der Philosoph Paul Aron nannte ihn den »Hexer der Ganache«, denn für cremige Ganaches, beispielsweise die »Pavé du Faubourg« aus dunkler Schokolade mit orientalischen Gewürzen verfeinert, ist das Haus berühmt. Die »truffes«, Trüffel, sind legendär ebenso wie die verführerisch leckeren Makronen aus dunkler Schokolade.

➤ 8. Arr. ➤ [D 2] **225, Rue du Faubourg St. Honoré, Metro: Ternes; Mo–Sa 10.30–19, So 10–13 Uhr; weitere Adressen: www.lamaisonduchocolat.com**

Patrick Roger

Pariser lieben gute Schokolade und sind bereit, dafür ein halbes Vermögen auszugeben. Wer einmal »chocolats« von Patrick Roger gekostet hat, wird den Unterschied zur Massenware sofort feststellen. Alles stammt aus ausgesuchten Kakaobohnen, die je nach Herkunftsland unterschiedlich verarbeitet werden. Gewiss einer der allerbesten Chocolatiers, der auch, wie die Auslage zeigt, den Zusatz »sculpteur de chocolat« völlig berechtigt führt.

➤ 6. Arr. ➤ [G 5] **108, Boulevard Saint-Germain; Metro: Mabillon, St-Michel-Cluny; Di–Sa 10.30–19.30; weitere Adressen: www.patrickroger.com**

Romantisch in Szene gesetzt:
die Kollektion von »Fifi Chachnil«

DESSOUS

Fifi Chachnil

Eine wunderbare Mischung aus Humor, Erotik und Pin-up der 50er-Jahre bietet Delphine Veron mit ihren Dessouskollektionen. Die Sachen sind auch gern mal schön kitschig, aber nie vulgär. Sehr beliebt auch bei der jungen Hollywoodprominenz. Die beiden Boudoir-Boutiquen befinden sich jeweils in einem »fond de cour«, einem Hinterhof.

➤ 1. Arr. ➤ [G 4] **68, Rue Jean-Jacques Rousseau; Metro: Les Halles; Mo–Sa 11–19 Uhr; weitere Adresse: www.fifichachnil.com**

Sabbia Rosa

Madonna deckt sich hier mit Dessous ein. Nur zarteste Modelle aus Leinen, Seide oder Baumwolle mit Spitzen gefasst. Die meisten Dessous kann man auch darüber, »dessus«, tragen. Dieser sehr schöne, behaglich ausgestattete Laden in St. Germain ist auf den luxuriösen Hauch von Nichts spezialisiert. Monette Moati fertigt auch nach Maß (ab 200 €).

➤ 6. Arr. ➤ [F 5] **73, Rue des Saints-Pères; Metro: Sèvres-Babylone; Mo–Sa 10–19 Uhr**

KAUFHÄUSER

Le Bon Marché

Auf Rive Gauche steht nur ein »grand magasin«: Le Bon Marché. Der schicke Departementstore ist im Besitz der LVMH-Gruppe (Vuitton, Dior, Kenzo, Guerlain) und für die Kosmetik und Dessousabteilung bekannt, aber auch für die edel bestückte Herrenabteilung mit dem Namen »Balthazar«. Sehr schöne und reichhaltige Lebensmittelabteilung, wo man auch Snacks aller Art gegen den Hunger zwischendurch findet. »Le Bon Marché« ist das beliebte Kaufhaus der Pariser Bourgeoise.

➤ 7. Arr. ➤ [F 5] **24, Rue de Sèvres; Metro: Sèvres-Babylone; Mo, Di, Mi, Fr 9.30–19, Do 10–21, Sa 9.30–20 Uhr**

BHV

Ein Paradies für alle Bastler ist die Heimwerkerabteilung im Untergeschoss des BHV (»Bazar de l'Hôtel de Ville«). Es ist einfach beruhigend, dass es noch Orte gibt, wo man Schrauben einzeln erhält, unter Hunderten von Scharnieren und Türgriffen auswählen, einen Schnürsenkel in Speziallänge kaufen oder einen neuen Lötkolben beäugen kann. 40000 Referenzen auf 4000 Quadratmetern. In der Rue de la Verrerie, hinter dem Haupthaus, bietet BHV auch ein Riesenkaufhaus nur für Männer: »BHV Hommes«.

➤ 4. Arr. ➤ [H 5] **BHV Rivoli 14, Rue du Temple; www.bhv.fr; Metro: Hotel de Ville; Mo–Sa 9.30–19.30, Mi bis 21 Uhr**

Printemps und Galeries Lafayette

In die beiden Kaufhauslegenden sollte man unter der Woche gehen, um nicht samstags von den Massen erdrückt zu werden. Das Printemps ist etwas älter und wurde 1865 eröffnet. Die benachbarte Konkurrenz, die Galeries Lafayette, wurde 1895 von zwei Elsässern gegründet. Beide Häuser überbieten sich in ihrem Angebot.

➤ 9. Arr. ➤ [F3] **Galeries Lafayette; 40, Bd. Haussmann; Mo–Sa 9.30–19.30, Do 10–21 Uhr; Le Printemps; 64, Bd. Haussmann; Mo–Sa 9.35–19, Do 22 Uhr; beide Metro: Opéra oder RER A: Auber**

GESCHENKE

Calligrane

»Jetzt schreibe ich wieder Briefe«, beschließt man sofort, wenn man durch das ausgesucht schöne Papier und Schreibgerät bei Calligrane stöbert. Eine Fundgrube für alle, die Papiere aller Art und aus aller Welt, aber immer handgemacht, lieben.

➤ 4. Arr. ➤ [H 5] **4 und 6, Rue du Pont-Louis-Philippe; Metro: Hôtel de Ville, Di–Sa 11–19 Uhr**

Diptyque

1961 haben drei Freunde diesen schönen Laden am Boulevard Saint Germain eröffnet, um eigene Stoffkreationen und englische Düfte anzubieten. 1963 startete Diptyque mit den ersten Duftkerzen und seither wächst das Duftangebot von Jahr zu Jahr. Was Rang, Namen und eine feine Nase besitzt, kauft hier Duftkerzen ein.

➤ 5. Arr. ➤ [G 5] **34, Boulevard Saint Germain; Tel. 43 26 77 44; Metro: Maubert-Mutualité; Mo–Sa 10–19 Uhr**

La Mère de Famille

Die älteste Pariser Confiserie stammt von 1761 und ist ein Liebhaberstück mit historischer Fassade. Hier findet man alle französischen Leckereien aus den Provinzen, ein nostalgischer Augenschmaus, der ideal Ort, um Mitbringsel einzukaufen.

➤ 9. Arr. ➤ [G 3] **35, Rue du Faubourg Montmartre; Metro: Grands Boulevards; Di–Fr 8.30–13.30, 15–19, Sa 8.30–12.30 und 15–19 Uhr**

GEWÜRZE

Goumanyat et son Royaume

Tempel für Gewürze der Spitzenqualität. Der 1809 gegründete Familienbetrieb ist auf Safran spezialisiert und zählt weltweit zu den großen Experten. Ansonsten rund 800 Produkte von ausgesuchter Qualität: Gewürze, Trockenobst, Vanillestangen, Algen oder Pfeffervariationen. Das Haus beliefert die Spitzenrestaurants.

➤ 3. Arr. ➤ [J 4] **3, Rue Charles-François Dupuis; Tel. 44 78 96 74; Metro: Temple; Di–Fr 14–19, Sa, 11–19 Uhr**

KINDERMODE

Alice à Paris

Wer sanfte Farben und raffinierte Schnitte für sein Kind schätzt, wird sicherlich auch etwas in dieser kleinen, aber feinen Boutique finden, wo Kinder bis acht Jahre im Pariser Bobo-Chic (diskret) eingekleidet werden können. T-Shirts ab 10 und Blousons ab 50 Euro.

➤ 9. Arr. ➤ [G 3] **64, Rue Condorcet; Metro: Notre-Dame de Lorette; Mo 14-19.30, Di–Sa 11–19.30 Uhr**

Im Traditionskaufhaus »Printemps« sind alle bekannten Markennamen vertreten (S. 99).

Bonpoint

Paris hat eine hohe Geburtenrate, das macht sich in der Zahl der Kindergeschäfte bemerkbar. Bonpoint, eine Luxusmarke für Kinder hat im einstigen Adelssitz Hôtel de Brancas einen Conzept-Store eingerichtet. Traumhaft schöne Baby- und Kinderbekleidung. In diesem Ort mit sehr viel Pariser Flair wurde auch ein sehr angenehmes Lokal eingerichtet, das im Sommer auch auf den französischen Garten ausgedehnt wird. Essen nur mittags, nachmittags Teesalon.

➤ 6. Arr. ➤ [G 5] **6, Rue de Tournon; Tel. 56 24 05 79; Metro: Mabillon; Mo–Sa 11–18.30 Uhr**

KUNSTGALERIEN

Galerie Emmanuel Perrotin

Perrotin ist der Tausendsassa unter den jungen Galeristen in Paris. Der Senkrechtstarter vertritt Sophie Calle, Peter Zimmermann, Paola Pivi, Terry Richardson oder Takashi Murakami. Er weiß, was Erfolg haben wird und besitzt außerdem eine erfolgreiche Niederlassung in Miami.

➤ 3. Arr. ➤ [J 5] **76, Rue de Turenne; Tel. 42 16 79 79; www.galerieperrotin.com; Metro: Chemin-Vert; Di–Sa 11–19 Uhr**

Passage Serpentine

Der Kunstliebhaber Michel Fortin hat 2006 ein Parkhaus gekauft, gestrichen und verschönert. Den Zugang für Fußgänger hat er in eine Ausstellungsfläche seiner Galerie für zeitgenössische Kunst verwandelt. Für Paris ein völlig neuartiger Ausstellungsort. Da Fortin gern noch unentdeckte Fotografen und Maler vorstellt, sind die Preise noch erschwinglich.

➤ 6. Arr. ➤ [F 6] **155 bis, Rue de Rennes; www.galerieserpentine.com; Metro: Montparnasse, Saint Placide; tgl. 6.30–1.30 Uhr**

KÜNSTLERBEDARF

Couleurs du Quai Voltaire - Sennelier

Bei Sennelier am Quai Voltaire, gleich um die Ecke der Kunstakademie, kauften Cézanne, Degas, Gauguin oder Picasso ihre Farbpigmente und Pinsel. Nichts im Laden scheint seit seiner Gründung 1887 verändert. Eine wunderbare Institution mit Flair, wie man sie nur noch selten findet. Absolute Fundgrube für Künstler und ideal, wenn man ein Geschenk für künstlerisch Ambitionierte sucht.

➤ 7. Arr. ➤ [F 5] **3, Quai Voltaire, www.magasinsennelier.com; Metro: Palais Royal, Rue du Bac; Mo 14–18.30, Di–Sa 10–12.45 und 14–18.30 Uhr**

MODE

A.P.C.

Seit 20 Jahren steht Jean Touitou mit seinen Kreationen für sein Kultlabel A.P.C. für Mode, ohne jemals in Mode zu sein. »Weniger ist mehr« lautet seine Devise. Der historische Sitz befindet sich nur ein paar Meter neben dem Jardin du Luxembourg im sechsten Arrondissement.

➤ 6. Arr. ➤ [F 5] **38, Rue Madame; Metro: Saint-Sulpice; Mo–Sa 11–19.30 Uhr; weitere Adressen: www.apc.fr**

Chanel

Wenn schon Chanel, dann in der historischen Adresse, die Coco Chanel 1910 in der Rue Cambon eröffnete und wo sich heute noch der Chanel-Sitz befindet. Mademoiselle Chanel ist eine Stück Modegeschichte. Karl Lagerfeld führt diese Chanel-Legende seit Jahren erfolgreich fort.

➤ 1. Arr. ➤ [F 4] **29–31, Rue Cambon; Metro: Concorde, Madeleine; Mo–Sa 10–19 Uhr**

Montaigne Market

Der erste, seit 2006 existierende Luxus-Multimarken-Modeladen in der schicken Avenue Montaigne. In dem Geschäft mit Parkettboden und weiß gestrichenen Wänden werden Mode, Schuhe, Taschen und Gürtel von Luxusmarken wie etwa Lanvin, Chloë, Givenchy, Zac Posen, Catherine Malandrino, Matthew Williams, Alice Temperley angeboten. Ultraschick, erlesen und hochpreisig. Hier shoppen mit Begeisterung internationale Stars und Promis auf ihrem Paris-Trip.

➤ 8. Arr. ➤ [D 4] **57, Avenue Montaigne; Metro: Alma-Marceau**

Shine

Kleidchen von Chloé, Jeans von Tsubi, Kleinigkeiten von Marc by Marc Jacobs, T-Shirts von Ernest le Gamin und andere trendige Teile bietet Shine seit ein paar Jahren mit Erfolg. Dieses Multimarkenkonzept läuft so gut, dass der Laden von der Bastille ins angesagte obere Marais umgezogen ist.

➤ 3. Arr. ➤ [H 4] **15, Rue de Poitou, Tel. 48 05 80 10; Metro: Rambuteau, St. Sebastien-Froissard**

Zadig & Voltaire

Sieht man Pariserinnen jeden Alters im schicken Kaschmirpulli, in der modischen Röhrenhose oder im Hängerchen mit dem gewissen Etwas, dann stammen die Sachen meist von Zadig & Voltaire, einem absoluten Hype-Label für relativ erschwingliche Basics aus edlen Materialien. Neuerdings auch Taschen und Gepäck. Zahlreiche Boutiquen in Paris, zum Beispiel:

➤ 1. Arr. ➤ [F 4] **55, Rue Saint Roch; Metro: Pyramides (nur Gepäck und Taschen)**

➤ 6. Arr. ➤ [F 5] **3, Rue du Vieux Colombier; Metro: Saint-Sulpice**

➤ 3. Arr. ➤ [H 5] **42, Rue des Francs Bourgeois; Metro: Saint-Paul**

AUTORENTIPP Machen Sie es wie die Pariserinnen, probieren Sie es zuerst im »Stock Zadig & Voltaire«, wo die Vorjahreskollektionen günstiger verkauft werden.

➤ 4. Arr ➤ [H 5] **Stock Zadig & Voltaire; 22, Rue du Bourg-Tibourg, Metro: Hotel de Ville; Mo 13–19, Di 11.30–19, Mi–Fr 11–19, Sa 11–19.30, So 14.30–19.30 Uhr**

MODE FÜR MÄNNER

Hollington

Architekten, Künstler, Werbegrafiker, Schauspieler, aber auch Banker, die in der Freizeit lässig zeitlos gekleidet sein wollen, schwören auf die Mode von Patric Hollington. Der Ire bietet seit Jahrzehnten in seinem Ladenatelier den Parisern seine Männermode an. Und er hat damit Erfolg! Sehr schöne Stoffe und interessante Schnitte. Zeitlos.

➤ 6. Arr. ➤ [G 5] **9, Rue Racine, Metro: St. Michel-Cluny; Mo–Sa 10–19 Uhr**

L'Éclaireur Homme

Martine und Armand Hadida sind die Gründer der Ladenkette L'Éclaireur, die inzwischen in Paris fünf Filialen betreibt. Begonnen hatte alles 1980 mit einem winzigen Modeladen. 1990 entstand in der Rue des Rosiers, damals noch kein Modespot, ein neuer, großer Éclaireur-Laden mit Mode von Yamamoto und ähnlichen Labels. Gleich um die Ecke in der Rue Mahler bietet der Männerladen seit 2000 ausgewählte Mode, wie die Kollektion des indischen Stardesigners, Rajesh Pratap Singh – extrem hype.

➤ 4. Arr. ➤ [H 5] **12, Rue Mahler; Metro: Saint-Paul; Mo–Sa 11–19 Uhr**

PARFUMS

Comme des Garçons Parfums

Nur in Paris gibt es einen Comme-des-Garçons-Parfumladen von Rei Kawabuko, der japanischen Kultdesignerin von Comme des Garçons. Ihre Düfte sind sehr eigenwillig, aber interessant, wenn man sich darauf einlässt. »Odeur 71« oder »2« sind für Ihn gedacht. Duftkerzen gibt es auch in dem Laden mit der rosafarbenen Front, der nicht weit von Colette entfernt liegt.

➤ 1. Arr. ➤ [F 4] **23, Place du Marché St. Honoré; Metro: Tuileries, Pyramides; Mo–Sa 11–19 Uhr**

Éditions de Parfums Frédéric Malle

Teure Parfums großer Marken kann man in jedem Duty-free-Shop und jeder Parfümerie der Welt kaufen. Nicht so die Düfte von Frédéric Malle. Exklusiv für Ihn mischen einige »Nasen« ganz persönliche Düfte. Pierre Bourdon kreierte »French Lover«, Jean-Claude Ellena den Duft mit dem poetischen Namen »Angélique sous la Pluie«. Auch maßgefertigte Parfums sind möglich.

➤ 1. Arr. ➤ [F 4] **21 und 38, Rue Mont Thabor; Metro: Tuilerien, Concorde; weitere Adressen: www.editionsdeparfums.com**

TEE

Mariage Frères - Bourg Tibourg

Historische Adresse des 1854 gegründeten Unternehmens. Bereits seit dem 17. Jahrhundert war man in der Familie Mariage auf Fernhandel spezialisiert. 1854 wurde das heutige Unternehmen in der Rue Bourg-Tibourg im Marais gegründet. Der Ort ist wunderschön, fast ganz mit Holz getäfelt und strahlt einen gewissen Kolonialcharme aus. Man kann zwischen 500 Teesorten wählen oder im hinteren Saal mittags eine Kleinigkeit essen oder sich dort zur Teatime treffen.

➤ 4. Arr. ➤ [H 5] **30–32, Rue du Bourg Tibourg, Metro: Hotel de Vile; tgl. 10.30–19.30 Uhr; Restaurant de Thés: 12–15, Teesalon 15–19 Uhr; www.mariagefreres.com**

Luxuriöses Ambiente empfängt den Gast, der sich im Institut Guerlain exklusiv verwöhnen lassen möchte (S. 107).

SAVOIR VIVRE – FESTIVAL DER SINNE

Wer sich nach dem Sightseeing bei einer Massage entspannen möchte, sich vor dem Theater noch eine Beautybehandlung gönnen will oder die neuesten Spa-Trends sucht, findet hier unsere Empfehlungen.

In Paris verfügt jede Kosmetikmarke über eigene Schönheitssalons. Jedes Kaufhaus bietet Abteilungen, Schminkcorner und Salons, wo man sich verschönern lassen kann. Printemps, Galeries Lafayette und Le Bon Marché haben ebenfalls gut ausgestattete Kosmetikabteilungen. In jedem Stadtviertel gibt es alle paar Meter Friseurgeschäfte und Schönheitssalons, die für die Kundschaft aus der Nachbarschaft und aus den umliegenden Büros arbeiten. Dort erhält man meistens auch kurzfristige Termine.

Im Folgenden stellen wir nur die exklusiven Pariser Adressen vor, die alle etwas Außergewöhnliches bieten. Die Preise und das Angebot der Anwendungen wechseln relativ rasch.

BEAUTYSALONS

L'appartement 217

Biokosmetik mit Glamourfaktor. Von Ayurvedamassagen, Gesichts- und Körperbehandlungen mit Produkten von Dr. Hauschka, Aramis-Anti-Age-Laserbehandlungen revolutionären Diätmethode Lyashi Dôme von den japanischen Ärzten Uemura und Ono. Sie haben eine Keramikbox entwickelt, in der der Körper durch angenehme Infrarothitze zum Schwitzen gebracht wird. 30 Minuten lang sollen so Toxine aus dem Körper geschwemmt werden. Allerdings nimmt man erst nach mehreren Sessions ab. Sehr empfehlenswert ist der japanische Shiatsuman.

➤ 1. Arr. ➤ [F 4] **217, Rue Saint-Honoré; Tel. 42 96 00 96; www.lappartement217.com; Metro: Tuileries; Di–Sa 10–19 Uhr**

Le Boudoir Annick Goutal

Rosa Wände und Satinkissen, ziselierte Silberspiegel und Baccarat-Lüster zum Entspannen und Wohlfühlen. Hier gibt es die berühmten Düfte des Hauses, die ganz neue Pflegeserie, Massagen und Beautykuren auch für den Mann. Und Schönheitspflege auf Rosenbasis, ideal, um sich rosig frisch zu fühlen.

➤ 1. Arr. ➤ [F 4] **14, Rue de Castiglione; Tel. 42 60 52 82; Metro: Tuileries Mo–Sa 11–19 Uhr**

La Bulle Kenzo

Hier wird schon dank der irren Einrichtung dem Auge etwas geboten, ehe man nur an Schönheitsbehandlungen denkt. Die Treatments haben Namen, die zum Interieur der sphärisch gestylten Kabinen passen: »Cocooning« bei warmen Rottönen und Energieschub bei spritzigem Gelb. Beim »Grand Soin savoureux à la vapeur de riz« bekommt man sanftes Peeling und entspannende Massage von Gesicht und Körper (2 Std./ 190 €).

➤ 1. Arr. ➤ [G 5] **1, Rue du Pont Neuf; Tel. 73 04 20 04; www.labullekenzo.com; Metro: Pont Neuf; Mo–Sa 10–20 Uhr**

Centre de Beauté Darphin

Im ersten Day-Spa von Darphin kann man sich von Kopf bis Fuß verwöhnen lassen. Hier gibt es auch ein VIP-Antistress-Treatment speziell für Männer (45 Min./60 €), das Stressfalten und Kummerspeck wegzaubern soll!

➤ 1. Arr. ➤ [F 4] 350, Rue Saint Honoré, Tel. 47 03 17 70; www.darphin.fr; Metro: Tuileries; Mo–Fr 9.30–19, Sa 10–18 Uhr

L'Espace Payot

Wohlbefinden von Körper und Seele waren bereits vor 80 Jahren Nadia Payots Lebensphilosophie. Entspannung pur auf 1200 Quadratmetern nur unweit von den Champs-Élysées. Chromotherapie mit Unterwassermusik im eleganten türkisfarbenen Pool, Peeling mit Meereskristallen und eine feuchtigkeitsspendende Malachitlotion (30 Min./60 €).

➤ 8. Arr. ➤ [D 4] , Rue Pierre Charron; Tel. 45 61 42 08; www.payot.com; Metro: Franklin-Roosevelt; Mo–Fr 7–22, Sa 9–19, So 10–17 Uhr

Esplé, for eyes pleasure

Ein Optiker, wo es die schrillsten Dinge gibt, unter anderem in der zweiten Etage auch ein Augen-Spa. Eye-San-Behandlung (60 Min./80 €), Augenmassage 85 €.

➤ 6. Arr. ➤ [G 5] 40, Rue Saint Sulpice; Tel. 44 07 11 99; www.eyespleasure.com; Metro: Saint Sulpice; Mo–Sa 10.30–19.30 Uhr

Glowing Room by Terry

Die Kosmetik und Maquillage-Produkte von Terry sind extrem edel und genießen besten Ruf bei den »happy few«. Make-up-Expertin Terry de Gunzburg hat nun ihren ersten Schönheitssalon in Paris eröffnet. Der erlesene Salon erinnert an eine Privatlounge und bietet »Rituel Force Éclat« (90 Min./160 €) oder Kurse im Make-up-Atelier (90 Min./165 €). Nur mit Reservierung.

➤ 16. Arr. ➤ [C 4] 10, Avenue Victor-Hugo, Tel. 55 73 00 73; www.byterry.com; Metro: Charles de Gaulle Étoile, Victor Hugo; Mo–Sa 11–19 Uhr

La Nouvelle Athènes

Glamour und Stil in einem exklusiven Pariser Appartement. Beratung für Make-up und Hairstyling gibt es für 170 Euro. Der Service »Men Only« widmet sich der männlichen Schönheit von Kopf bis Fuß: hier kann man sich nicht nur die passende Frisur zum Lebensstil holen, sondern sich auch massieren, maniküren und modisch von Experten beraten lassen.

➤ 9. Arr. ➤ [F 3] 1, Rue de Liège; Tel. 48 74 86 89; www.lanouvelleathenes.com; Metro: Liège; Di–Sa 10–19 Uhr

India & Spa

Asiatische, orientalische und indische Anwendungen, als Renaissance für Körper und Seele. Geboten werden beispielsweise »Escale Bali«, eine Gesichtsmassage mit gewärmtem, reinen Kokosnussöl, Vollbad mit exotischen Blüten etc. (90 Min./100 €). Oder »Duo Choco«, Anwendung für Sie und Ihn gleichzeitig mit Peeling, Gesichtspflege, Massage – alles auf Kakaobasis (2,5 Std./250 €). Das Spa liegt im Modedreieck im Haut Marais.

➤ 3. Arr. ➤ [J 4] 76, Rue Charlot; Tel. 42 77 82 10; www.india-spa.com; Metro: République; Mo–Sa 11–21, So 11–19 Uhr

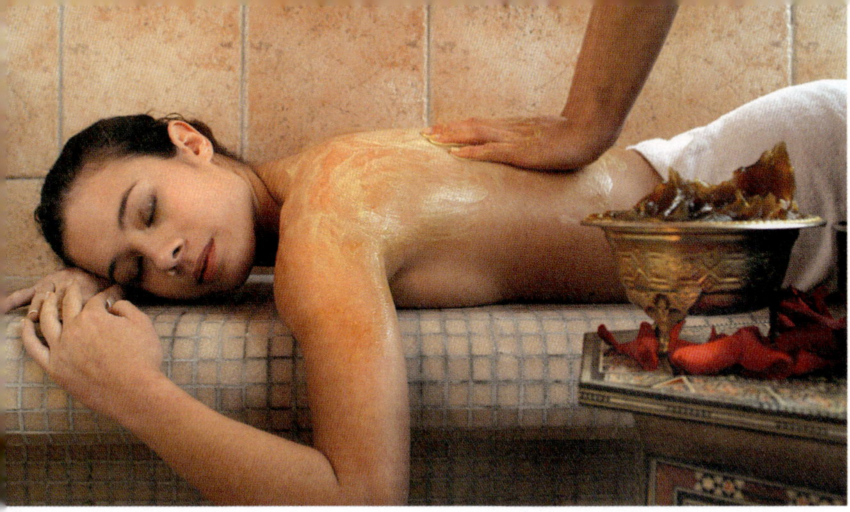

Wie ein Märchen aus 1001 Nacht: Orientalische Schönheitsbehandlungen im »Sultane de Saba« (S. 108)

Institut Guerlain

Guerlain steht für exklusive Düfte und ist Symbol für Eleganz und Luxus. Fünf Kabinen sind im Originalstil von 1939 eingerichtet, andere in modernen Weiß-Goldtönen. Wenn man viel Zeit hat, kann man sich das Treatment »Luxe Sublime« gönnen. Dauert acht Stunden und bietet Hydrotherapie der fünf Sinne, Körperpflege »Intensif« mit Peeling und Massage, Gesichtspflege »Intensif«, Packungen für Hand und Füße mit Massage und Maquillage. Für 755 Euro ist der Lunch inklusive. Ein Körperpeeling gibt es schon für 95 Euro (60 Min.).

➤ 8. Arr. ➤ [D 3] 68, Avenue des Champs Élysées; Tel. 45 62 11 21; www.guerlain.com; Metro: George V; Mo–Mi 9–18, Do 9–21, Fr 9–20, Sa 9–19 Uhr

Salon autour de Christophe Robin

Catherine Deneuve, Chiara Mastroianni sind hier Kundinnen. Yves Saint Laurent höchstpersönlich lässt sich hier die Haare schneiden. Dieser Salon von »Coloriste«, Farbexperte, Christophe Robin ist wie eine vornehme zweistöckige Stadtwohnung konzipiert. Man kann sich von Starfußpfleger Bastien Gonzales die Füße verschönern lassen, sich in die Hände der Kosmetikerin (»cosmétologue«) Joëlle Ciocco begeben, eine Behandlung bei einem Osteopathen buchen und sich in Dorothy Barricks Vintage-Corner neu einkleiden. Kurzum, elitärer und exklusiver geht es kaum.

➤ 6. Arr. ➤ [G 5] 9, Rue Guénégaud; Tel. 42 60 99 15, Fax 42 60 99 14; www.colorist.net; Metro: Pont-Neuf, Mabillon, Odéon; Mo–Sa 10–20 Uhr

Séphora ligne Studio

Das erste Séphora-Beauty-Spa. 120 Quadratmeter für die Schönheit mit »Shanghai-Expressmassage« (mit Rosenöl und Goldblättchen), für eine »Gommage« oder falsche Wimpern in der Eye-Bar.

➤ 6. Arr. ➤ [G 5] 79, Boulevard Saint-Germain; Tel. 55 42 62 92; www.sephora.fr; Metro: Maubert-Mutualité; Mo–Sa 10–20 Uhr

Spa des Cinq Mondes

Ruhig, abgelegen, ideal für Wellness für die Sinne und den Körper. Anwendungen aus Brasilien, wie die hautstraffende »Crème de Café« (60 Min./90 €). Aus kommt »Rituel Royal Taoïste« mit Peeling, Massage, Gesichtsmassage, Maske und passender Hintergrundmusik. Das ist so entspannend, dass die meisten Kundinnen friedlich einschlummern. Dauer: drei Stunden, 260 Euro.

➤ 9. Arr. ➤ [F 3] **6, Square de l'Opéra-Louis-Jouvet; Tel. 42 66 00 60; www.cinqmondes.com; Metro: Madeleine, Opéra; Mo, Mi, Fr, Sa 11–20; Di und Do 11–22 Uhr**

Spa Nuxe

Im historischen Stadtzentrum in einem ehemaligen Weinkeller aus dem 17. Jahrhundert untergebracht. Auf 400 Quadratmetern Gesichts- und Körperpflege in vier Kabinen. »Rêves de Miel« mit Honigprodukten. Für Paare: aromatisches Bad zu zweit und anschließende Massage in der Zweierkabine (60 Min./200 € für zwei Personen). Reservierung unerlässlich!

➤ 1. Arr.➤ [G 4] **32, Rue Montorgueil; Tel. 55 80 71 40; www.nuxe.com (Infos auch auf deutsch); Metro: Les Halles, Sentier; Mo, Di, Sa 9–19.30, Mi, Do, Fr 9–21 Uhr**

La Sultane de Saba

Tausendjährige Schönheitsrezepte aus dem Orient werden hier bei Kerzenlicht und in chic-orientalischem Ambiente angewendet. Gesichts- und Körperpflege mit fernöstlichen, aber modernisierten Rezepten auf der Basis von Honig, Rosenöl und Arganöl. Oder Peeling mit Schwarzer Seife mit Eukalyptus und »Rosensalz«. Beliebt ist auch traditionelle Haarentfernung mit Zucker. Relativ zivile Preise.

➤ 16. Arr. ➤ [C 4] **78, Rue Boissière, Tel. 45 00 00 40; lasultanedesaba.com; Metro: Victor Hugo; Mo, Di, Mi, Fr 10–19.30, Do 10–22 Uhr, Sa geschl., So 12–20 Uhr**

Task essential

Day-Spa nur für den Mann ganz in der Nähe des Eiffelturms. Die Schweizer Marke TASK essential setzt mit ihren Pflegeprodukten für den Mann auf einfache Anwendung und Effektivität. Die »Express«-Behandlung (20 Min./45 €) reinigt die Haut, die »Booster«-Anwendung (60 Min./70 €) macht fahle Haut strahlend schön. »Happy Eyes« entspannt strapazierte Augen (30 Min./50 €).

➤ 15. Arr. ➤ [D 5] **16, Rue d'Ouessant; Tel. 56 58 68 00, Metro: Motte-Picquet-Grenelle; Di–Sa 10–19 Uhr**

COIFFEUR

Alain

Alain, »Maître Barbier«, verspricht Rasur nach traditioneller Art mit Rasierseife, heißen Handtüchern, Talkpulver und natürlich dem legendären Rasiermesser. Alain rasiert mit gleicher Leidenschaft den Mann aus der Nachbarschaft, die Herren aus dem Pariser Showbusiness sowie ausländische Kundschaft. Es werden auch Pflegeprodukte und Accessoires verkauft. Schneiden, Waschen und Legen 26 Euro, Bartstutzen 10 Euro.

➤ 3. Arr. ➤ [J 4] **8, Rue Saint-Claude; Tel. 42 77 55 80; www.maitrebarbier.com; Metro: Saint-Sébastien Froissart; Di–Sa 9.15–19 Uhr**

Blonde by Franck Vidoff

Ein Haarstudio nur für Blonde: Ob helles Babyblond oder Weizengelb à la Monroe oder Warhol! – Monsieur Vidoff findet die passende Nuance für jede Kundin. »The most loved hairstylist by blondes worldwide«. Färben ab 150 Euro, Strähnchen 195 Euro.

➤ 7. Arr. ➤ [F 5] 12, Rue du Pré aux Clercs; Tel. 42 22 66 33; www.franckvidoff.com; Metro: Saint-Germain-des-Prés; Di–Sa 11–19 Uhr

Massato

Massato ist der persönliche Hairstylist von Isabelle Huppert. Er gilt als Experte für perfekte Schnitte und unkomplizierte Frisuren. Wenn es ein Schnitt Meister Massato persönlich sein soll, muss mit 195 Euro und mehr gerechnet werden. Richtig berühmt ist der Salon auch für »Extenso«, eine einzigartige Technik, bei der naturgelocktes Haar schonend für ein paar Monate geglättet wird – eine Prozedur, die sieben Stunden dauert.

➤ 6. Arr. ➤ [G 5] 21, Rue de Tournon; Tel. 56 24 03 03; Metro: Odéon; Di–Sa 9.30–18.30, Do 9.30–20 Uhr

Romain Colors

Nur Pflanzenfarben werden hier verwendet. Kurpackung für die Haare aus Aloe Vera für trockenes Haar, oder Heilerde, wenn sie fettig sind. Außerdem kann man sich im Mini-Spa mit den Bioprodukten »Doux Me« behandeln lassen. Alles chemiefrei!

➤ 7. Arr. ➤ [E 6] 37, Rue Rousselet, Tel. 42 73 24 19; www.romaincolors.fr; Metro: Vaneau, Duroc, St. Francois Xavier

HAMAM

Les Cents Ciels

Marrakesch, Fes, Tanger? Man fühlt sich vom Stadtrand von Paris sofort in einen orientalischen Palast versetzt. 900 Quadratmeter für exklusive, traditionelle Schönheitsrituale aus dem Orient. Vierhändige Körpermassage (45 Min./130 €); ganztägige Beautypauschale und Lunch »Célébration« (390 €); für Paare »Les Rituels à deux-Complicité« mit Hamam, Sauna, Pool, Peeling, Massage, Champagner und Abendessen bei Kerzenlicht (260 €).

➤ [westl. A 7] 45 bis Avenue Edouard Vaillant, 92100 Boulogne; Tel. 46 20 07 01; www. hammam-lescentciels.com; Metro: Porte de Saint Cloud, Marcel Sembat; Hamam, Sauna, Pool: Frauen: Mo 11–17, Fr 11–21, Sa 10–21, So 10–14 Uhr, Paare: Do 17–22 Uhr, Restaurant ab 21 Uhr (Reserv.)

Grande Mosquée de Paris

Typisch nordafrikanisches Dampfbad im maurischen Stil. Kein Luxus-Spa. Menschen mit sehr ausgeprägten Hygieneansprüchen werden sich nicht unbedingt wohlfühlen. Alle anderen sollten mindestens einmal diesen Ort aus 1001 Nacht mit bodenständigem Personal und normaler Klientel ausprobieren. Für 38 Euro bekommt man eine Massage, den Eintritt ins Hamam (beliebig lang), Peeling mit Schwarzer Seife und Thé à la Menthe. Samstag ist es sehr voll!

➤ 5. Arr. ➤ [H 6] 39, Rue Geoffroy Saint Hilaire; Tel. 43 31 18 14; www.mosquee-de-paris.org; Metro: Jussieu, Gare d'Austerlitz Für Frauen: Mo, Mi, Do, Sa 10–21 Uhr, Eintritt 15 € (ohne Anwendung), Massage 10 €; Männer: Di, 14–21 und So 10–21 Uhr.

In den zahlreichen Pariser Lounge-Bars, wie hier in der »Pershing Hall«, lässt sich nach der Arbeit wunderbar in eine lange Nacht starten (S. 112).

DIE NACHT ZUM TAGE MACHEN

Schlaflos in Paris? Dann laden Panorama-Bars ein, die Lichterstadt bei Nacht zu genießen. Man kann bei Pianomusik träumen, Jazzgrößen live on stage erleben oder in trendigen Clubs bis in den Morgen tanzen.

Theater, Oper, Konzerte, Kino ... das Kulturangebot in Paris ist breit gefächert. Aber wehe dem, der spontan ins Konzert gehen oder ein bestimmtes Theaterstück sehen möchte! 150 Theater und Konzertsäle, zwei Opernhäuser, und doch sind meist alle Veranstaltungen ausverkauft! Sich bereits Monate vor dem Paris-Besuch über das Kulturprogramm zu informieren ist relativ unrealistisch. Gäste in einem Grandhotel können versuchen, mithilfe des Concierge an Karten zu kommen, doch diese Möglichkeiten haben nur wenig Privilegierte. Empfehlenswert sind die Theaterkioske an der Place de la Madeleine (Metro: Madeleine) und vor dem Bahnhof Montparnasse, wo man jeweils ab 12.30 Uhr die noch unverkauften Tickets der privaten Theaterhäuser für denselben Abend zum halben Preis verkauft. (Di–Sa 12.30–19.45, So bis 16 Uhr.)

Das Pariser Nachtleben ist ständig wechselnden Moden unterworfen. Die sehr aktive und innovative Gay-Szene gibt die meisten Trends vor, und grundsätzlich gilt auch hier, wie in anderen Weltstädten, dass man in die angesagten Nachtclubs nicht einfach so reinkommt, es sei denn, man ist richtig berühmt. Schlangestehen gehört dazu, und wer abgewiesen wird, sollte es beim nächsten Mal ruhig wieder versuchen. Ohne Warten und Gesichtskontrolle bekommt man kaum Zutritt zu irgendeinem Club. Das eigentliche »Szene-Clubbing« findet in Paris übrigens unter der Woche statt. Samstags trifft man Freunde im privatem Rahmen oder fährt, wenn irgendwie möglich, raus aufs Land.

Bars gibt es in Paris in großer Zahl. Sie sind eine wichtige Zwischenetappe: Die einen gehen von dort nach Hause, die anderen treffen sich hier und starten dann erst durch, denn die Clubs öffnen meist erst nach Mitternacht.

Noch etwas ist typisch für Paris: Ob jung, ob alt, alle gehen leidenschaftlich gern ins Kino. Tickets gibt es immer, gute Filme auch (→ Spezial, S. 216).

BARS

Café Charbon

Eine Institution im Oberkampf-Viertel. Tagsüber herrscht in diesem schönen Lokal mit authentischem Retro-Look normaler Brasseriebetrieb. Abends Lieblingskneipe von Parisern und jungen Touristen. Brechend voll, gute Stimmung. Essen eher mäßig.

➤ 11. Arr. ➤ [K 4] 109, Rue Oberkampf; Tel. 43 57 55 13; Metro: Parmentier, Saint-Maur; So–Di 9–2, Mi–Sa 9–4 Uhr

Dokhan's

Extrem stilvolle Champagnerbar, untergebracht in einem nicht minder eleganten Hotel unweit von Trocadéro in einem großbürgerlichen Viertel. Bei Kerzenlicht und knisterndem Kaminfeuer stehen mehr als 50 Sorten Champagner zur Auswahl.

➤ 16. Arr. ➤ [C 4] **Hôtel Trocadéro Dokhan's, Sofitel Demeure Hotels; 117, Rue Lauriston; Tel. 53 65 66 99, www.dokhans-sofitel-paris.com; Reservierungen: reservation@dokhans.com; Metro: Etoile; tgl. 11–2 Uhr**

Le Géneral Hôtel

Zwischen Marais und République gelegen, ideal für kunstinteressierte Bobos. Die Hotelbar ist im modischen 70er-Jahre-Flair in Rot-Rosatönen ausgestattet und zieht vor allem Journalisten, Stylisten und Kreative an. Drinks ab 10 Euro.

➤ 11. Arr. ➤ [J 4] **5–7 Rue Rampon; Tel. 47 00 41 57; www.legeneralhotel.com; Metro: République, Oberkampf; tgl. 13–2 Uhr**

Bar im Four Seasons George V

Hier sind Teppiche weicher als anderswo. Marmor entfaltet makellosen Glanz, Kristalllüster scheinen noch nie ein Staubkorn gesehen zu haben. Dieses Hotel ist kein Ort für diskreten, sondern für üppigen, perfekten Luxus. Wer diese Welt einmal beschnuppern möchte, kann dies am besten in der Cocktail-Pianobar tun, wo jeden Abend acht verschiedene Pianisten auftreten. Die Drinks kosten ab 12 Euro, was bei dem Luxusambiente in diesem Prestige-Palacehotel richtig günstig ist (→ Spezial, S. 72).

➤ 8. Arr. ➤ [D 4] **31, Avenue George V, Tel. 49 52 70 00, Fax 49 52 70 10; www.fourseasons.com/paris/; Metro: George V; tgl. Klaviersessions in der Bar von 15–20 und 20–24 Uhr, Fr, Sa 20–2 Uhr**

Bar im Le Murano Urban Resort

Nicht jeder will für eine Nacht im Hotel Unsummen ausgeben. Das luxuriöse Designhotel »Murano« lässt sich von der Bar aus beschnuppern. Hinter der langen Theke werden 150 verschiedene Wodkasorten aus 15 Ländern angeboten ebenso wie kalorienschwache Cocktails aus Obst und Gemüse. Im Winter wunderschöner, meterlanger offener Kamin. Das Restaurant bietet »cuisine fusion«, was dem Trend entspricht und nicht auf Gaumenerlebnisse ausgerichtet ist.

➤ 3. Arr. ➤ [J 4] **13, Boulevard du Temple; Tel. 42 71 20 00; www.muranoresort.com; Metro: Filles du Calvaire; tgl. 7–2 Uhr**

Le Bar de l'Hôtel Montalembert

Sehr diskrete Bar, die bei Schriftstellern und Verlegern ebenso beliebt ist wie bei den intellektuell angehauchten Vertretern des Showbiz. Hier laufen einem Bestsellerautor Frédéric Beigbeider, Sängerin Carla Bruni oder Philosoph Bernard-Henri Lévy über den Weg.

➤ 7. Arr. ➤ [F 5] **3, Rue de Montalembert; Tel. 45 49 68 03; www.montalembert.com; Metro: Rue du Bac; tgl. 7–22.30 Uhr**

Pershing Hall

Die Lounge-Bar mit einem »jardin vertical«, dem senkrecht angelegten Garten mit 300 verschiedenen Pflanzenarten ist sehenswert und stammt, wie die Pflanzenwand am Quai Branly, von Patrick Blanc. Am meisten ist hier zwischen Mitternacht und zwei Uhr morgens los.

➤ 8. Arr. ➤ [D 4] **49, Rue Pierre Charron; www.pershinghall.com; Metro: George V, Franklin-Roosevelt; tgl. 18–2 Uhr**

Paradies für Wodka-Liebhaber: Die »Murano-Bar« bietet 150 Sorten Wodka bei Sphärenmusik in durchgestyltem Ambiente.

S'Bar im Hotel de Sers

Die »S'Bar« ist sehr edel in Elfenbein und dunklen Rottönen ausgestattet, ein Spiegel verändert durch wechselnde Farben die Kerzenlichtatmosphäre immer wieder. Dienstags, donnerstags und freitags hat man zwischen 19 und 23 Uhr die Gelegenheit, bei der Piano-Soirée dabei zu sein. An einigen Abenden spielt derselbe Pianist, der auch im Luxushotel »George V« aufspielt. Das Klavier ist übrigens von Karl Lagerfeld entworfen. Von 19 bis 20 Uhr ist »Happy Hour Champagne«.

➤ 8. Arr. ➤ [D 4] **41, Avenue Pierre-1er-de-Serbie; Tel. 53 23 75 75; www.hoteldesers.com; Metro: George V; tgl. 16–1 Uhr, So bis 0 Uhr**

CLUBBING

Les Bains

Nightclub, wo von Lagerfeld bis Madonna alle tanzten. Untergebracht in einer ehemaligen öffentlichen Badeanstalt, ist seit den jüngsten Renovierungsarbeiten vom einstigen Pool nichts mehr zu sehen. Im ersten Stock befindet sich das Restaurant. Unten Bar und Dancefloor.

➤ 3. Arr. ➤ [H 4] **7, Rue du Bourg-l'Abbé; Tel. 48 87 01 80 70; Reservierung für Restaurant: Tel. 48 87 45 83, Mail: tania@lesbains.info; www.lesbainsdouches.net; Di–So 23.30–8 Uhr; Eintritt 20 €**

Eine der Lieblingsadressen der Pariser Nachtschwärmer: Die Lounge Bar »Pershing Hall«.

Le Baron

Ein winziger, doch wahrlich trendiger Club. Hier ist der Look das Geheimnis. Man muss szenig aussehen, darf aber auf keinen Fall als Labelträger auffallen. Und genau deshalb ist der Laden so hype, weil es keine Look-Gebrauchsanweisung gibt. Musikalisch angesagt sind dort die monatlichen Auftritte von DJs wie Kitsuné, Dirty System, Putafranges oder die schrägen Tanzkurse der Hype-Boutique Colette (gelehrt werden Tanzschritte à la Jackson Five oder Olivia Newton-John). Doch die Moden im Nachtleben sind bekanntlich besonders vergänglich, und bis Sie diese Zeilen lesen, sind wahrscheinlich bereits neue DJs, Tänze und Sounds angesagt.

➤ 8. Arr. ➤ [D 3] 6, Avenue Marceau; Tel. 47 20 04 01; www.clublebaron.com; Metro: Étoile; tgl. ab 22.30 Uhr bis in die Morgenstunden

Le Paris Paris

Loveclub, Music-Club und auch Nightclub. Mit dem passenden Look, ein wenig Humor, Diplomatie und viel Glück kommt man durch die Gesichtskontrolle am Eingang. Von Elektrofunk über den Sound der Eighties bis zu Trance und Easy Listening wird hier alles gespielt, was den Qualitätsansprüchen des Clubs gerecht wird.

➤ 1. Arr. ➤ [F 4] 5, Avenue de l'Opéra; Tel. 42 60 64 45; www.leparisparis.com; Metro: Pyramides; Di–Sa 23 Uhr bis in die Morgendämmerung

Pink Paradise

Trend-Stripclub, den Cathy und David Guetta (früher »Les Bains«) gegründet haben. Sehr beliebter Club, wo man

Erotik pur: Das »Pink Paradise« verspricht »le show le plus sexy«.

Glück, wer die Gnade des Türstehers findet: »Le Cab« gehört zu den beliebtesten Szene-Clubs in Paris.

knackigen jungen Mädchen beim Strip zuschaut, Pigalle auf chic und urban getrimmt. Es gibt dort auch die »Pink School«, wo jede Frau den Tanz an der Stange lernen kann. Der zweistündige Kurs kostet 25 Euro. An einem Freitag pro Monat ist dort Girlsnight »Pink and the City« mit Buffet, Schminkschule, Mode, Getränk 19–23 Uhr (35 €).

➤ 8. Arr. ➤ [E 4] **49–51, Rue de Ponthieu; Tel. 58 36 42 42; www.pinkparadise.fr; Metro: Franklin-Roosevelt; Mo–Sa ab 22.30 Uhr; Eintritt: 25 € (Drink inkl.)**

DISKOTHEKEN

Bus Palladium

Ein intimer, angenehmer Ort mit langer Geschichte und immer noch eine der beliebtesten Diskotheken. Die Bar ist geprägt vom etwas kitschigen 1980er-Jahre-Stil. Über dem großen Dancefloor drehen sich Discokugeln, wie es sich gehört und DJs wie Dimitri from Paris, Gilles Peterson, Nick V oder Dee Nasty sorgen für die richtige Stimmung. Im kleinen Salon mit Lüster herrscht angenehme Chill-out-Atmosphäre. Freitags gibt es im Vorprogramm Livekonzerte. Man kann das jeweilige Musikprogramm auf www.lebuspalladium.com abrufen.

➤ 9. Arr. ➤ [F 2] **6, Rue Fontaine; Metro: Blanche, Pigalle, Saint Georges; Di–Sa 23–6 Uhr; Eintritt 10–15 €**

Le Cab

Früher war der Club unter dem Namen »Cabaret« bekannt, jetzt heißt er »Cab« und wurde innen von Designstar Ora-Ito ausgestattet. Ein angenehmer Ort, nicht zu laut, nicht zu szenig, mit entspanntem Publikum direkt zwischen Palais Royal und Louvre gelegen.

➤ 1. Arr. ➤ [F 4] **2, Place du Palais Royal; Tel. 58 62 56 25; Metro: Palais Royal-Louvre; Di–Sa 19–5 Uhr, Eintritt: 20 €**

La Coupole-Dancing

Oben im Speisesaal herrscht Massenbetrieb. Unten im »Dancing« sind besonders die Salsa-Abende beliebt und sehr »caliente«. Erst nimmt man am Kurs teil, dann kann man das Erlernte gleich anwenden

und zu Latino-Rhythmen das Tanzbein schwingen. Ziemlich gemischtes Publikum, gute Stimmung und am Dienstag nicht ganz so voll.

➤ 14. Arr. ➤ [F 6] **2, Boulevard du Montparnasse (Eingang ganz rechts); Tel. 08 26 10 09 36; Metro: Vavin; Di 19–21 Uhr Salsakurs, 22.30–3 Uhr Soirée; Fr 19–21 Uhr Salsakurs, 21–3 Uhr Soirée; Sa 20–22 Uhr Salsakurs, 22–3 Uhr Soirée**

L'Étoile

Eher junge, aber meist wohl situierte Pariser lieben diese Edeldisco, die in einem ehemaligen Stadtpalais untergebracht ist und auch einen eigenen Garten mit Direktblick auf den Triumphbogen besitzt. Im Restaurant kann man bis ein Uhr à la carte essen (80–100 €). Die Lounge-Bar bietet Drinks zwischen 10 und 20 Euro.

➤ 16. Arr. ➤ [D 3] **Rue Presbourg; Tel. 45 00 78 70; www.letoileparis.com; Metro: L'Étoile, Lounge-Bar: Do–Sa 0–6 Uhr, Disco/Club: Mo–Sa 23–6 Uhr**

Le Moloko

Rap, Hip-Hop, Reggae, Funky Groove, Rhythm and Blues... Auf zwei Etagen kann man hier durchtanzen. In der Bar im obersten Stock geht es eher ruhiger zu. Am frühen Abend gibt es »Café-Théâtre«, d. h. Kleinkunstdarbietungen in Form von Komikern, One-Man-Shows, Musik ... immer improvisiert, immer unterhaltsam. Eher junges Publikum.

➤ 9. Arr. ➤ [F 2] **26, Rue Fontaine; Tel. 48 74 50 26; Metro: Blanche; Café-Théâtre: Mo–Sa 19.30–22.30; Club tgl. 23–6 Uhr**

JAZZ

Le Bilboquet

Von Boris Vian in den wilden Nachkriegsjahren in Saint-Germain gegründeter legendärer Jazzclub. Hier traten alle Jazzgrößen auf, von Miles Davis über Charlie Parker bis Didier Lockwood. Man sollte dort nur in die Jazzbar gehen und auf einen Restaurantbesuch verzichten. Das Essen ist nicht atemberaubend, und die Sicht auf die Bühne ist von den meisten Tischen aus schlecht. In der Bar sitzt man hingegen angenehm unter vielen, auch ausländischen Jazzfreunden. Das Programm wechselt ständig und ist unter http://jazzclub.bilboquet.free.fr abzurufen.

➤ 6. Arr. ➤ [F 5] **13, Rue St. Benoît; Tel. 45 48 81 84; Metro: St. Germain des Prés; tgl. 20–3 Uhr; Eintritt/Drink min. 18 €**

Caveau de la Huchette

Seit mehr als 60 Jahren ein Tempel des Jazz. Der erste Jazzclub der Nachkriegszeit überhaupt. Lionel Hampton, Count Basie, Sidney Bechet, Art Blakey, Claude Bolling, Wild Bill Davis, Sacha Distel, Harry Sweet Edison, Panama Francis, Claude Luter, Memphis Slim, Maxim Saury, Marc Laferrière, Christian Morin, Zanini, Patrick Saussois, Les Haricots Rouges oder Bill Coleman traten schon in diesem Kellergewölbe auf. Man hat sich solidem Jazz verschrieben, oft in Richtung Swing. Gegen einen Eintrittspreis von 11 bis 13 Euro kann man auch heute

Einst ein Verlies, heute In-Treffpunkt der Jazzfreunde: Der legendäre Jazztempel »Caveau de la Huchette«

noch Jazzgrößen lauschen wie der Drew Davies Swing Music, Didier Desbois Bostic Sessions oder der Brahim Haiouani Swing Band. Ein Bier kostet 5,50 Euro.

➤ 5. Arr. ➤ [G5] 5, Rue de la Huchette, Tel. 43 26 65 05; www.caveaudelahuchette.fr; Metro: St Michel, Cité; tgl. ab 21.30 Uhr (Konzert ab 22.30 Uhr), So–Mi bis 2.30 Uhr, Do–Sa bis morgens; Eintritt: So–Do 11 €; Fr, Sa und am Vorabend von Feiertagen 13 €

Jazz Club Lionel Hamilton

Sicherlich einer der besten Jazzclubs der Stadt, im Hotel »Méridien« an der Porte de Maillot untergebracht. Es ist ratsam zu reservieren. Man sitzt sehr behaglich an Tischen unter Jazzfans. Jeden Montag tritt eine Big Band auf. Täglich finden ab 22.30 Uhr Livekonzerte statt. Das anspruchsvolle Programm bietet unter anderem Sessions vom Gilda Solve Sextet, Magic Slim & The Teardrops, Jacques Schneck Trio, Michel Pastre Quartet und Janice Derosekurzum.

➤ 17. Arr. ➤ [C 2] 81, Boulevard Gouvion Saint-Cyr; Tel. 40 68 30 42; Metro: Porte de Maillot; tgl. 22–2 Uhr, Eintritt: 25 € (inkl. Drink)

New Morning

Dieser Musikclub genießt internationalen Ruf, nicht nur bei Jazzmusikern, die dort Konzerte geben, auch bei Größen der Folk-, Blues- oder Rockmusik. Der legendäre Chet Baker hatte hier seinen letzten Auftritt. Ständig wechselndes Programm, mit Barbetrieb.

➤ 10. Arr. ➤ [H 3] 7–9, Rue des Petites-Écuries; Tel. 42 52 02 46; www.newmorning.com; Metro: Château-d'Eau

KIRCHENMUSIK

Notre-Dame

Rund 200 Musikveranstaltungen jährlich finden in Notre-Dame statt. Das Programm bietet Konzerte von Bach bis Dvorak sowie große Chöre aus aller Welt. Tickets gibt es im Eingangsbereich (tgl. 9.15–12.30, 13–18 Uhr). An Sonn- und Feiertagen (außer in der Fastenzeit) kann man um 16.30 Uhr einem kostenlosen Orgelkonzert lauschen.

➤ 4. Arr. ➤ [J 5] Tel. 44 41 49 99; www.musique-sacree-notredamedeparis.fr; Metro: Cité

KONZERTE UND OPER

Opéra Bastille

Die Oper wurde unter Präsident François Mitterrand zur Demokratisierung der klassischen Musik erbaut und von ihm zum 200. Jahrestag der Französischen Revolution eröffnet. Leider ist es schwierig, wenn nicht gar unmöglich, kurzfristig an Karten zu kommen. Der Schalter für den Kartenverkauf ist von Montag bis Samstag 10.30–18.30 Uhr geöffnet.

➤ 12. Arr. ➤ [J 5] 120 Rue de Lyon; Tel. 72 29 35 35; (tel. Reservierung: Mo–Fr 9–18); www.operadeparis.fr; Metro: Bastille

Cité de la Musique

Freunde zeitgenössischer Musik sollten unbedingt das Programm in der »Cité de la Musique« in La Villette studieren, wo das »Ensemble Intercontemporain« (www.ensembleinter.com) seinen neuen Sitz hat. Aber auch klassische Musikgenres gehören zu dem breit gefächerten Konzert- und Musikprogramm. Man kann auch öffentlichen Proben beiwohnen.

➤ 19. Arr. ➤ [J 2] 221, Avenue Jean Jaurès; Tel. 44 84 44 84 (Reservierung tgl. 11–19 Uhr, So 18 Uhr); www.cite-musique.fr; Metro: Porte de Pantin

Opéra Garnier

1860 entwarf Architekt Charles Garnier diesen spektakulären Bau und stattete ihn mit farbigem Marmor und viel Prunk aus. Zur Eröffnung wurde Garnier zwar eingeladen, musste jedoch seinen Platz in einer hinteren Loge selbst zahlen, so sagt man. Flächenmäßig ist die Garnier-Oper das größte Theater der Welt. Gaston Leroux wurde von dem Pariser Opernhaus einst zu seinem Romanklassiker »Das Phantom der Oper« inspiriert. Massenet, Verdi und Wagner feierten hier Triumphe. Seit der Einweihung der Opéra Bastille 1989 kommen im Palais Garnier hauptsächlich Ballettaufführungen und klassische Opern auf die Bühne. Der Schalter für den Kartenverkauf ist von Montag bis Samstag 10.30–18.30 Uhr geöffnet.

➤ 9. Arr. ➤ [F 3] 8, Rue Scribe; Tel. 72 29 35 35 (tel. Reservierung Mo–Fr 9–18, Sa 9–13 Uhr); www.operadeparis.fr; Metro: Opéra

Radio France

Regelmäßig finden unter dem Dach des Senders (auch kostenlose) Konzerte des nationalen Radiosymphonieorchesters, des Chors oder des »Orchestre National de France« vor Ort oder in anderen Konzertsälen statt. Der Schwerpunkt liegt auf französischen Komponisten.

➤ 16. Arr. ➤ [B 5] 116, Avenue du Président-Kennedy; Tel. 56 40 15 16; www.radiofrance.fr/concerts/saison/

In der »Opéra Garnier« haben Glanz und Lebensgefühl der Belle Époque die Jahrhunderte überdauert.

Salle Gaveau

Für den Architekten Jacques Hermant hatte die Konzeption dieses Konzertsaals einst höchste Priorität. Und das macht die 1906/ 1907 errichteten Salle Gaveau hoch heute so beliebt für Klavierkonzerte und Kammermusik. Rossini, Berlioz und Chopin stehen ebenso auf dem Spielplan wie Jazz. Der Schalter für den Kartenverkauf ist von Montag bis Freitag 10 bis 18 Uhr geöffnet.

➤ 8. Arr. ➤ [E 3] **45, Rue de la Boetie; Tel. 49 53 05 07, Fax 49 53 05 08; www.sallegaveau.com; Metro: Miromesnil**

Salle Pleyel

Der komplett renovierte Konzertsaal bietet derzeit die beste Akustik in Paris. Von Brahms bis Britten, von Mozart bis Ravel wird in der Salle Pleyel ein abwechslungsreiches Programm dargeboten. Alle großen Orchester der ganzen Welt, inklusive der Berliner Philharmoniker unter der Leitung von Simon Rattle, gastieren dort. Der Schalter für den Kartenverkauf ist von Montag bis Samstag zwischen 12 und 19 Uhr geöffnet, an Konzertabenden bis 20 Uhr. Sonntags öffnet der Schalter jeweils zwei Stunden vor dem geplanten Konzert.

➤ 8. Arr. ➤ [D 3] **252, Rue du Faubourg Saint-Honoré; Tel. 42 56 13 13; www.salle pleyel.fr; Metro: Ternes und Metro/RER A: Charles de Gaulle-Étoile**

Théâtre du Châtelet-Théâtre Musical de Paris

Wunderschönes, neu renoviertes Theaterhaus aus dem Second Empire. Es wird ein breit gefächertes Programm geboten: von der komischen Oper über klassische Konzerte, von Varieté und Tanz bis zu Jazz. Juliette Gréco kann man hier hören und Bobby McFerrin. Man kann das American Ballett Theatre bewundern oder Daniel Barenboim am Klavier lauschen. Die Karten sind immer sehr begehrt. Man muss sehr früh vorbestellen oder es auf gut Glück direkt am Abend einer Vorstellung versuchen. Der Ticketschalter hat von 11 bis 19 Uhr geöffnet.

➤ 1. Arr. ➤ [G 5] **1, Place du Châtelet; Tel. 40 28 28 00; www.chatelet-theatre.com; Metro: Châtelet**

Théâtre de la Ville

Am Platz gegenüber des »Théâtre du Châtelet«. Breites Programm, von ultramodernen Choreographien (Pina Bausch, Anne Teresa de Keersmaker, Josef Nadj) bis hin zu Konzerten. Das »Théâtre des Abbesses« am Montmartre gehört als Saal dazu.

➤ 1. Arr. ➤ [G 5] **2, Place du Châtelet; Tel. 42 74 22 77; www.theatredelaville-paris.com; Metro: Châtelet**

Opéra Comique

Ein breit gefächertes Repertoire: vom Musikdrama bis zur komischen Oper, Bizet, Offenbach, Debussy... Die Direktion des Hauses führt noch Jérôme Savary, der in Theater- und Musicalkreisen auch über die Landesgrenzen hinweg bekannt ist.

➤ 2. Arr. ➤ [G 3] **Place Boieldieu; Tel. 0 825 00 00 5; www.opera-comique.com; Kartenverkauf Mo 9–14, 15–18, Di–Sa 9–21, So 16.15–19 Uhr; Metro: Richelieu-Drouot, Quatre-Septembre, RER A Auber.**

LIVEMUSIK

Divan du Monde

An dieser Adresse in Pigalle fühlte sich Toulouse-Lautrec wie zu Hause, denn dort trafen sich Literaten wie Baudelaire und Künstler wie Picasso. Heute werden sehr gute Livekonzerte und DJ-Nights organisiert von angesagten DJs und Soundsystem-Crews wie Patrick Eudeline, Mai + Nelson, Lisa Li-Lund + Bolduc, Spoutnik Soundsystem etc. Happy Hour bis 23 Uhr.

➤ 18. Arr. ➤ [G 2] **75, Rue des Martyrs; Tel. 40 05 06 99; www.divandumonde.com; Metro: Pigalle, Anvers; Öffnungszeiten abhängig vom jeweiligen Abendprogramm**

La Flèche d'Or

Der Ort liegt ziemlich abseits hinter dem Père Lachaise, aber der Weg lohnt sich. Der »Tea Dance« am Sonntagabend ist eine Institution: gute Musik für die sanfte Landung nach dem durchtanzten Wochenende. Die Musik im »Goldenen Pfeil« reicht von Disco, Rock, über Funk bis zu Hip-Hop. Tägliche Livekonzerte und Auftritte von Spitzen-DJs ergänzen das Programm. Bunt gemischtes Publikum, ohne VIP-Zirkus im ehemaligen Charonne-Bahnhof (1867–1934). Cocktails gibt es für 8,50 Euro, ein Bier kostet 3,50 Euro. Das angegliederte Restaurant ist von 20–0 Uhr geöffnet und bietet Essen ab 20 Euro an. Beliebt ist der Jazzbrunch am Sonntag (12–17 Uhr, 18,50 €). »Flèche d'Or« hieß übrigens der Zug, der ab 1926 täglich von Paris-Nord nach London/Victoria Station fuhr und damals mit einer Durchschnittsgeschwindigkeit von 110 Stundenkilometern der schnellste Zug war.

➤ 20. Arr. ➤ [M 4] **102 bis, Rue de Bagnolet; www.flechedor.fr; Metro: Alexandre Dumas, Nation, Porte de Bagnolet; Do–Sa, 8–6, So–Mi 8–2 Uhr**

Showcase

Der derzeitige Hype-Spot des Pariser Nachtlebens. Livekonzerte bei Clubbing-Ambiente unter dem Pont Alexandre III. Untergebracht im ehemaligen Bootsschuppen, der anlässlich der Weltausstellung 1900 gebaut wurde und nun unter Denkmalschutz steht. 2000 Gäste kommen unter dem wunderschönen Gewölbe leicht unter. Hohe VIP-Dichte, mit VIP-Lounge ausgestattet. An der Tür steht man Schlange. Auch der Livemusik-Brunch am Sonntag ab 11.30 Uhr ist äußerst beliebt (Erwachsene 29/39 €, Kinder 20 €).

➤ 8. Arr. ➤ [E 4] **Pont Alexandre III, Port des Champs Élysées; Tel. 45 61 25 43; Reservierung: 06 28 28 82 88; www.showcase.fr; Metro: Franklin-Roosevelt, Rond-Point des Champs-Élysées; Fr, Sa 21–6, So 21–1 Uhr**

Le Viaduc Café

Ziemlich gelungene Verbindung von Brasserie und Livemusik-Kneipe. Die »Live-Salsa World« am Freitagabend (23–5 Uhr) ist sehr beliebt, den passenden Salsakurs für Anfänger gibt es ab 21 Uhr. Sonntags ist dort ab 12 Uhr Jazzbrunch angesagt, mit Livemusik. Reservieren muss man immer.

➤ 12. Arr. ➤ [K 6] **43, Avenue Daumesnil; Tel. 44 74 70 70; www.viaduc-cafe.fr; Metro: Reuilly-Diderot, Quai de la Rapée, Gare de Lyon, Bastille; tgl. 8–2 Uhr**

»Paris sera toujours Paris«, sang einst Maurice Chevalier: Die Pariser Lust an der Pracht zeigt sich alljährlich am 14. Juli, wie hier am Triumphbogen (S.133).

PARIS, WIE ES FEIERT UND SWINGT

Prächtige Paraden, Spitzensport, Kunsthappenings und Musikfestivals geben nicht nur den Parisern Gelegenheit zum Feiern, Tanzen, zum Sehen und Gesehenwerden. Die wichtigsten Termine rund ums Jahr.

Paris spielt in Sachen Events und Feste eine Außenseiterrolle in Frankreich. Volksfeste, wie man sie in den französischen Regionen sonst kennt, gibt es in Paris nicht. Während des ganzen Jahres finden zahlreiche Events und Festivals statt, doch außer dem 14. Juli keines, von dem sich alle Pariser angesprochen fühlen. Die »Fête de la Musique«, jedes Jahr am 21. Juni, ist sehr beliebt, aber eher spontan inszeniert und sehr stark witterungsabhängig. Eine gute Gelegenheit, um verschlossene Hinterhöfe, unzugängliche Gärten und Künstlerateliers zu sehen, bieten die »Portes Ouvertes«, die Tage der Offenen Tür, die zu unterschiedlichen Terminen stattfinden. Infos dazu kann man im Internet abrufen. Die Ateliers zwischen Anvers und Abbesses (Montmartre/Pigalle; www.anvers-aux-abbesses.com), die Ateliers Belleville (www.ateliers-artistes-belleville.org), die Ateliers Menilmontant (www.atmenil.free.fr), die Ateliers beim Père Lachaise (www.artotal.com/orga/apla/) und die Künstlerateliers in Les Frigos (Quartier Tolbiac, www.frigos.com) gewähren Einblick in die zeitgenössische Künstlerszene und einen Blick auf Paris, der Touristen sonst verwehrt bleibt.

Natürlich sind auch die Events den Moden unterworfen, neue kommen dazu, alte verschwinden, je nach Subventionslage und Nachfrage.

APRIL

Internationaler Marathon in Paris

Immer am ersten Sonntag im April findet der 42,195 Kilometer lange Lauf durch Paris statt. Start ist an der Avenue des Champs Élysées. Die Strecke führt unter anderem über die Place de la Bastille, die Place de la Nation, Vincennes, die Tuilerien usw. Das Ziel ist die Avenue Foch am Triumphbogen.

www.parismarathon.com

MAI

Gras Savoye

Die »Gras Savoye«, jeweils am letzten Sonntag im Mai, ist das jährliche Großereignis für Reitsportfans. Mit einer 5,8 Kilometer langen Strecke und 23 Hindernissen zählt das »Grand Steeple Chase« zu einem der längsten und schwierigsten Rennen überhaupt.

➤ 16. Arr. ➤ [A 5] Hippodrome d'Auteuil, Bois de Boulogne, Route des Lacs; www.france-galop.fr; Bus PC1, 52, 32, 123, 241, Metro: Porte d'Auteuil; Eintritt 8 €

Le Festival Jazz à Saint Germain des Prés

In der ersten Maihälfte ist hier von Gospel über Klassik bis Electronic Jazz, Konzerte, Debatten, Fotoausstellungen alles live geboten.

➤ 6. Arr. ➤ [F 5]

www.festivaljazzsaintgermainparis.com

FEIERTAGE

1.1. Neujahr (fast alle Museen geschlossen)
1.5. alle Museen geschlossen, der einzige Tag im Jahr, an dem keine Tageszeitung erscheint; am 1. Mai kann man überall Maiglöckchen kaufen, sie werden als Glücksbringer verschenkt.
8.5. Gedenktag zum Ende des 2. Weltkriegs 1945 – die meisten Geschäfte sind geöffnet
14.7. Nationalfeiertag (→ Der gute Tipp von MERIAN, S. 56)
15.8. Mariä Himmelfahrt, das Wochenende im Jahr, wo laut Statistik am wenigsten Pariser in Paris anwesend sind.
1.11. Allerheiligen. Fast alle Museen sind geschlossen. Herbstferien in Paris
11.11. Gedenktag zum Waffenstillstand des 1. Weltkriegs, die Geschäfte sind offen.
25.12. Weihnachten. Museen geschlossen.
Bewegliche Feiertage:
Ostermontag, Pariser fliehen an Ostern vor dem Ansturm der Touristen. An Ostermontag sind sehr viele Museen geschlossen.
Christi Himmelfahrt, viele Geschäfte sind geöffnet, touristischer Massenandrang am langen Wochenende.

La Nuit des Musées

Samstag nach Himmelfahrt sind viele Museen bis 1 Uhr morgens geöffnet, mit Sonderprogrammen. Eintritt ist frei.
www.nuitdesmusees.culture.fr

Salon Antiquités et Brocante – Place de la Bastille

Dieser Antiquitäten- und Trödelmarkt findet immer Anfang Mai und Anfang November (2. und 3. Woche) rund um die Place de la Bastille und den Port de l'Arsenal am Seine-Ufer statt. Einzigartige Marktatmosphäre. Antiquitäten und Trödel vom 14. bis 20. Jahrhundert.
➤ 11. Arr. ➤ [J 5] **Place de la Bastille – Port de l'Arsenal; Tel. 56 53 93 93; www.organisation-joel-garcia.fr; Metro: Bastille; tgl. 11–19 Uhr; Eintritt 7 €**

French Open 11

Seit 1891 wird jährlich zwischen Mitte Mai und Anfang Juni das »Tournoi de Roland-Garros« mit den Tennisgrößen der Welt abgehalten (→ Der gute Tipp von MERIAN, S. 55).
➤ 16. Arr. ➤ [westl. A 6] **Stade Roland Garros, 2, Avenue Gordon Bennett; www.rolandgarros.org und www.fft.fr/rolandgarros**

JUNI

Designflohmarkt

Der »Puces du Design« findet immer am ersten Wochenende im Juni statt und ist spezialisiert auf die Periode von 1950 bis 1980. Händler aus ganz Europa reisen dafür an.
➤ 19. Arr. ➤ [J 2] **Metro: Jaurès; www.pucesdudesign.com**

Fête du Cinéma

Dreitägige Kinoorgie für Cineasten, immer Ende Juni. Für eine Kinokarte zum vollen Preis erhält man einen Kartenblock, der Zutritt in alle Kinos für jeden Film zu jeder Uhrzeit gewährt.
www.feteducinema.com

Fête de la Musique

Immer am 21. Juni klingt und swingt es an jeder Straßenecke in Paris. Überall

treten Profi- und Amateurmusiker auf. Auch bei Parisern sehr beliebt.
www.fetedelamusique.fr

Gay-Lesbian-Pride
Die »Marche des Fiertés«, der Umzug der Schwulen und Lesben, hat seinen festen Platz im Eventkalender, immer am letzten Samstag im Juni. Riesige, unüberhörbare bunte Prozession durch die Stadt mit wechselnder Strecke.
www.gaypride.fr

Biennale des Cinémas Arabes à Paris
Immer Ende Juni. Die Biennale des arabischen Films findet alle zwei Jahre (in Jahren mit gerader Zahl) im Institut du Monde Arabe (→ S. 180) statt. Bietet einen guten Überblick über die aktuelle arabische Filmproduktion.
➤ 5. Arr. ➤ [H 6] 1, Rue des Fossées Saint-Bernard; www.imarabe.org; Metro: Jussieu

Prix de Diane Hermès de Chantilly
Immer am zweiten Sonntag im Juni wird die Pferderennbahn in Chantilly zum gesellschaftlichen Treffpunkt des Geld- und Hochadels. Auf den Rasenflächen überbietet sich das Publikum mit prall gefüllten Edel-Picknickkörben. Die Damenwelt trägt ausgefallene Hutkreationen.
Hippodrome de Chantilly; www.france-galop.com; Autobahn A1, Ausfahrt Chantilly; RER (Schnellbahn) Linie D von Châtelet oder Gare du Nord, TER (Schnellzug) von Gare du Nord, Gratis Pendelverkehr zwischen Bahnhof und Hippodrom; Eintritt 8 €

JULI
Festival Solidays
Normalerweise immer am zweiten Juliwochenende. Internationales Musikfestival für die Aidshilfe. Über 40 Konzerte an

Die Pariser Jazzkultur ist legendär: Musiker aus aller Welt zieht es an die Seine.

drei Tagen. 2007 traten u. a. Paolo Nuntini, Sean Lennon, Mass Hysteria, Ayo, Lauryn Hill und Abd Al Malik auf.

➤ 16. Arr. **Hippodrome de Longchamp, Route des Tribunes - Bois de Boulogne; Tel. 44 30 75 00, Fax 44 30 75 99; www.solidays.org; Bus: Linie 244 bis Carrefour de Longchamp, Metro: Porte d'Auteuil**

Paris Jazz Festival

Jazzrhythmen aus aller Welt an jedem Wochenende von Mitte Juni bis Ende Juli im Parc Floral de Paris.

Parc Floral, Pelouse de Reuilly, Parc de Vincennes; Tel. 46 21 08 37; www.parisjazz festival2007.com; Bus: 46, 112; Metro: Château de Vincennes, RER A: Vincennes

14. Juli, Französischer Nationalfeiertag 12

(→ Der gute Tipp von MERIAN, S. 56)

Paris Cinéma

Normalerweise werden in den ersten beiden Juliwochen in allen Pariser Arrondissements Vorpremieren, Retrospektiven, Filme aller Art gezeigt. Außerdem Publikumsdiskussionen mit Regisseuren und Produzenten aus aller Welt.

www.pariscinema.org

Paris Plage

Von Mitte Juli bis Mitte August herrscht in Paris täglich von 7 bis 1 Uhr Strandatmosphäre. Die schönste Zeit am »Seine-Strand« ist frühmorgens oder spät am Abend. Der drei Kilometer lange Kunststrand erstreckt sich von der Pont Henri IV bis zu den Tuilerien und bietet Sonnenliegen, Sandburgen, Bars, tropisches Palmenambiente, Sportaktivitäten und musikalische Veranstaltungen. Der Eintritt ist frei.

www.paris.fr

Tour de France

Epilog, letzte Etappe, des legendären Radrennens. Wer die Radstars sehen möchte, muss sich an den Champs-Élysées einen Platz suchen. Siegerehrung am Triumphbogen.

www.letour.fr

SEPTEMBER

Journées du Patrimoine

Alljährlich wird am dritten Septemberwochenende das Kulturerbe dem Publikum zugänglich gemacht. In Paris bedeutet dies: freier Zutritt zu rund 270 zivilen und kirchlichen Bauwerke, Gärten und Parks, archäologischen Ausgrabungsstätten, Bauten der Industrie und Landwirtschaft, die man sonst nicht besichtigen kann.

www.journeesdupatrimoine.culture.fr

Paris Techno Parade

Bunt bemalte Lkw spielen lautstarke Techno-, House- und Jungle-Music, zu der auf dem Parcours durch die Stadt getanzt wird. Die Technoparade steht jedes Jahr unter einem anderen Motto. In Zusammenarbeit mit nichtstaatlichen Organisationen.

www.planet-tekno.com/parade

Fêtes des Jardins

Tag der Offenen Tür der Gärten. Immer am letzten Septemberwochenende. In allen Parks und Pariser Gärten (auch in vielen, die sonst nicht für die Öffentlichkeit zugänglich sind) gibt es Führungen.

www.paris.fr

OKTOBER

Fête des Vendanges de Montmartre

Das Winzerfest wird seit 1934 jedes zweite Oktoberwochenende auf Montmartre gefeiert. Echtes Folklore-Event, Finale des dreitägigen Programms ist ein brillantes Feuerwerk über der Basilika Sacré Cœur.

18. Arr. ➤ [J 5] www.fetedesvendangesde montmartre.com; Metro: Lamarck-Caulaincourt

Fête de la Science

Am zweiten Oktoberwochenende. Ein Tag der Offenen Tür der Naturwissenschaften. Überall gibt es Begegnungen mit Wissenschaftlern, Besichtigungen von Forschungslabors etc. Sehr beliebt.

www.fetedelascience-idf.fr/

Endspurt zum Gelben Trikot: Die Tour de France endet auf den Champs-Élysées.

FIAC und FIAC off

»Foire Internationale d'Art Contemporain«, die wichtigste französische Messe für zeitgenössische Kunst. Sie wird im Grand Palais und der Cour Carrée, einem Innenhof des Louvre, veranstaltet.

➤ 8. Arr. ➤ [E 4] **Grand Palais, Avenue Winston Churchill; Metro: Champs-Élysées Clemenceau und** ➤ 1. Arr. ➤ [G 4] **Rue de Rivoli, Innenhof des Louvre; Metro: Louvre-Rivoli; www.fiacparis.com; Eintritt 25 €**

Pariser Kulturnacht

Die »Nuit Blanche«, die Pariser Kulturnacht, steht unter dem Motto: »Kunst für alle«. Es wird Gegenwartskunst in urbaner Kulisse inszeniert. Ein nächtlicher Rundgang führt durch mehrere Stadtviertel bis in die frühen Morgenstunden. Bei den Pariser sehr beliebt.

www.paris.fr

Prix de l'Arc de Triomphe

Der erste Sonntag im Oktober ist für Pferdefreunde der Termin des wichtigsten Pferderennens der Welt. Dann trifft sich die internationale Elite aus Reitsport, Pferdezucht, Hochfinanz, Adel und Großbourgeoisie. Nur 20 Teilnehmer treten an der 2400 Meter langen Rennstrecke an. Der Eintritt zu den Wiesen ist frei. Der Eintritt zu Tribünen und Wiegeplatz beträgt 8 Euro, Logen (4 Plätze) ab 119,60 Euro.

➤ 16. Arr. **Hippodrome de Longchamp, Route des Tribunes Bois de Boulogne; Tel. 44 30 75 00, Fax 44 30 75 999; www.prixarcdetriomphe.com; Bus: 244 Carrefour de Longchamp; Metro: Porte d'Auteuil; Reservierung für Festzelt am Arc de Triomphe: www.quarterback.fr**

Salon du chocolat

Am letzten Oktoberwochenende findet die Schokoladenmesse statt. Rund 150 Chocolatiers aus aller Welt stellen ihre Produktion vor. Sehr beliebte Messe, die inzwischen auch nach New York und Japan exportiert wird.

➤ 15. Arr. ➤ [C 7] **Messegelände Porte de Versailles; 1, Place de la Porte de Versailles; www.chocoland.com; Metro: Porte de Versailles**

NOVEMBER

Mois de la Photo

Überall in der Stadt sind Photoausstellungen organisiert. Das Angebot ist anspruchsvoll und jeweils einem großen Themengebiet gewidmet. Der Fotomonat findet alle zwei Jahre, in Jahren mit gerader Zahl, statt.

http://www.mep-fr.org

Paris Photo

Die internationale Messe für Photographie bringt Galerien, Kunstsammler und Verleger aus aller Welt zusammen. Für Sammler eines der wichtigsten Events.

➤ 1. Arr. ➤ [G 4] **Carrousel du Louvre, 99, Rue de Rivoli; www.parisphoto.fr; Metro: Palais Royal-Musée du Louvre, Eintritt 15 €**

Fête du Beaujolais Nouveau

Am dritten Donnerstag im November wird in den Pariser Bars und Bistros der Beaujolais Nouveau gefeiert und besonders getrunken. Feucht-fröhliche Stimmung garantiert.

Süße Skulpturen: Der »Salon du Chocolat« zeigt zum Anbeißen schöne Kunstwerke.

BLICKPUNKTE

Vom Eiffelturm über die Stadt blicken, im Louvre die »Mona Lisa« bestaunen und die Opéra Garnier besuchen – schon dafür lohnt sich die Reise. Doch wer das Paris der Pariser sucht, der sollte auch über einen der zahlreichen Märkte bummeln, in den schattigen Alleen am Canal Saint-Martin flanieren oder im Jardin du Luxembourg das rege Treiben beobachten. Wir führen Sie zu den interessantesten Adressen.

Sehenswürdigkeiten 132
SPEZIAL Lebensfreude im Marais 142
SPEZIAL Über dem Hügel von Paris 148
SPEZIAL Nostalgischer Charme 154
SPEZIAL Die Lebensader von Paris 161
Museen 174
SPEZIAL Die Künstlermetropole 186
SPEZIAL Kulturstadt im Grünen 198

Vis à vis der französischen Gegenwartskunst: Ausstellung im Grand Palais (S. 179)

In den kleinen Straßencafés in Bercy ist der dörfliche Charme des ehemaligen Weindorfes immer noch lebendig (S. 135).

ABWECHSLUNGSREICHE »TOUR DE PARIS«

Mittelalterliche Kapellen und moderne Einkaufspassagen, avantgardistische Architektur und nostalgische Markthallen, monumentale Prachtbauten und erholsame Parkanlagen: Erkunden Sie die Highlights.

Paris kann man auf viele Arten entdecken: Bei einem Rundblick vom Südturm von Notre-Dame aus ebenso wie beim Schlendern über den Biomarkt. Bei einem meditativen Besuch in der Sühnekapelle ebenso wie beim Bestaunen der Glaskuppel im Grand Palais. Ein Spaziergang durch die Tuilerien oder über den Friedhof Père Lachaise eröffnet einem den Charme von Paris ebenso wie die Hausboote (»péniches«), an den Seine-Ufern. Wenn man die große »Rollerparade« am Freitagabend an sich vorbeibrausen lässt, fasziniert den Skatern zuguckt oder sich von der Performance der Straßenkünstler vor dem Centre Pompidou oder auf dem Fußgängersteg zwischen Île de la Cité und Île Saint Louis in den Bann ziehen lässt, dann ist man mittendrin im Pariser Leben. Einen Besuch auf einem der zahlreichen Märkte sollte man sich keinesfalls entgehen lassen: 81 »marchés-alimentaires«, Lebensmittelmärkte, gibt es, 13 davon sind in Markthallen untergebracht. Tendenz steigend. Jeder Markt findet normalerweise dreimal wöchentlich statt, entweder Dienstag, Donnerstag und Samstag oder Mittwoch, Freitag und Sonntag. Unter der Woche werden die Märkte allmählich kleiner, denn die jungen Menschen arbeiten und die Älteren haben bescheidene Bedürfnisse. Die Stadtverwaltung hat einige Märkte eingerichtet, die nachmittags oder abends geöffnet sind, um sich den Bedürfnissen der Bevölkerung anzupassen. Am Wochenende sind alle Märkte gut besucht, denn dann kaufen auch die Pariser ein. Für Touristen eine gute Gelegenheit die Einheimischen einmal weniger gehetzt zu erleben.

ARC DE TRIOMPHE

Nachts ist der Blick auf den Triumphbogen reine Magie. Auf den Champs-Élysées sieht man die Lichter der Autos, die hinunter- und hinauffahren als weißrote Streifen. Man erkennt vieles, manches in seltsames Licht getaucht, die Proportionen verschieben sich. Hoch geht es zu Fuß, 284 Stufen in einem engen und seltsam gruselig wirkenden Treppenhaus. Von der Plattform genießt man den »Feldherrenblick«, spötteln die Franzosen in Anspielung auf Napoleon, der dieses Monument zu seinem Ruhm als begna-

AUTORENTIPP Voll ist es immer am Arc de Triomphe. Am schönsten ist der Besuch aber gegen 18 Uhr, denn dann kann man die tägliche Zeremonie an der Flamme am Grab des Unbekannten Soldaten sehen, ein fester Bestandteil der Tradition des Triumphbogens. Wer nicht sehr gut zu Fuß ist oder kleine Kinder dabei hat, sollte am Eingang um den Zugang mit dem Aufzug bitten.

deter Feldherr errichten wollte und seinen Soldaten nach dem Sieg in Austerlitz eine ehrenvolle Heimkehr durch den Triumphbogen etwas voreilig versprach. Die Vollendung des Monuments 1836 hat Napoleon nicht mehr erlebt.

Von der Terrasse gleitet der Blick auf die zwölf sternförmig angelegten Straßen und Avenuen, von denen die meisten die Namen großer Schlachten Napoleons tragen wie Wagram, Iéna oder Friedland, oder die berühmter Generäle: Carnot, Hoche oder Marceau. Im Osten hat man eine herrliche Sicht über die Champs-Élysées, die Tuilerien bis zum Louvre und im Westen über die Avenue de la Grande Armée bis zur Grande Arche. Unter dem Bogen befindet sich seit 1920 das Grabmal des Unbekannten Soldaten aus dem Ersten Weltkrieg. Besonders sehenswert ist das Relief »Auszug der Freiwilligen 1792« an der Ostfassade auf dem rechten Pfeiler von François Rude. Auf dem linken Pfeiler an der Ostfassade sieht man ein Relief von Cortot, das den Frieden von Wien 1810 würdigt.

Die Siegesparade der Alliierten nach dem Ersten Weltkrieg sowie 1944 der von De Gaulle angeführte Zug nach der Befreiung von Paris führten durch den Triumphbogen.

AUTORENTIPP An den Tagen um den 10. Mai geht die Sonne gegen 21.15 Uhr exakt unterm Triumphbogen unter. Wer es im Mai verpasst, kann es am 1. August wieder probieren, denn dann kann man dasselbe faszinierende Naturschauspiel noch einmal beobachten.

➤ 8. Arr. ➤ [C 3] Place Charles de Gaulle, Metro: Charles de Gaulle-Étoile, tgl. April–Sept. 10–23, Okt.–März 10–22.30 Uhr; Eintritt 8 €

ARÈNES DE LUTÈCE

(→ Spezial, S. 157)

BELLEVILLE

Schön, hässlich und menschlich zeigt sich Belleville im Norden von Paris. Als Baron Haussmann (→ S. 234) Mitte des 19. Jahrhunderts im Auftrag von Napoleon III. die baufälligen, populären Viertel in der Innenstadt niederreißen und breite Boulevards und neue Straßenzüge bauen ließ, ging es ihm ganz bewusst auch um den »Zusammenbruch des alten Paris, der Quartiers der Aufstände und Barrikaden«, wie er in seinen Memoiren schrieb. Das politisch aufsässige Volk sollte aus der Innenstadt in die Außenbezirke vertrieben werden. Arbeiterfamilien und kleine Handwerker siedelten sich massiv im Nordosten von Paris an, in den traditionellen Arbeitervororten Belleville und Ménilmontant, die 1860 von Paris eingemeindet wurden.

Beim Stichwort Belleville denkt manch ein Nostalgiker gerührt an Edith Piaf oder an Schwarz-Weiß-Fotos, die allerorten als Postkarten angeboten werden und frech grinsende Lausbuben, Männer mit Baskenmütze und Baguette unterm Arm oder kecke »Parisiennes« auf einem »bal populaire« zeigen. Momentaufnahmen der kleinen Leute von Paris – einem idealisierten Paris, wie es nur noch als Klischee im kollektiven Bewusstsein existiert.

Belleville ist keine heile Welt, kein Künstlerdorf, kein Ghetto für die schwarze und arabische Bevölkerung, es ist alles zugleich. Abstoßend und hübsch, anstrengend und leicht, kontrastreich und fragil. Nachbarschaftshilfen und Bürgerinitiativen arbeiten engagiert daran, dass Belleville ein Stadtteil bleibt, in dem man zusammenleben kann, wenngleich der eine Moslem, der andere Jude oder Katholik ist, der eine von der Stütze lebt und der andere in seinem Job sehr ordentlich verdient.

Einen Eindruck von der Vielvölkermischung bekommt man im **Parc de Belleville**, der terrassenförmig an einem Steilhang angelegt wurde und als Riesenspielplatz dient. Kinder aus türkischen, arabischen, asiatischen, armenischen, schwarzafrikanischen oder auch französischen Familien spielen, rennen, schreien und weinen dort wild durcheinander, nicht immer miteinander. Oben am Belleville-Park, wo einem Paris zu Füßen liegt und noch kein Edelrestaurant mit Panoramablick für Schickimickis entstanden ist.

➤ 20. Arr. ➤ [K 3] **Metro: Belleville**

BERCY-VIERTEL

Im Norden dominiert das 350 Meter lange, in die Seine hineingebaute Wirtschafts -und Finanzministerium, das aus der Ferne erstaunlich leicht wirkt. Daran schließt sich im Osten das beliebte Palais Omnisport de Bercy an, wo große Konzerte und Sportveranstaltungen organisiert werden. Der Parc de Bercy ist eine der größten relativ neuen Pariser Parkanlagen. Mit Liegewiesen, »Jardin Romantique«, Philosophie-Garten, »Jardin à la française«, Rosengarten oder kleinem Labyrinth. Das einzige Gebäude stammt aus dem 18. Jahrhundert und diente, solange Bercy noch das gigantische Weinlager der Pariser Großhändler war, als Sitz der Behörde für Wein- und Schnapssteuer. Zugang zum Park hat man über die Rue de Bercy oder Quai de Bercy (Metro: Bercy, Cour Saint-Émilion). In den ehemaligen Weinlagerhäusern im Quartier liegt das Bercy-Village mit schönen Läden und Cafés, Weinbars und einem riesigen Kino. Alles ist sehr lauschig und auf die Begehrlichkeiten von Großstadtbewohnern beim Sonntagsausflug zugeschnitten.

➤ 12. Arr. ➤ [K 7] **28, Rue François Truffaut; Tel. 40 02 90 80; Metro: Cour Saint-Émilion; www.bercyvillage.com**

BIBLIOTHÈQUE NATIONALE FRANÇOIS MITTERRAND

(→ Spezial, S. 212)

CANAL SAINT-MARTIN

Um die Pariser Trinkwasserversorgung zu verbessern, wurde 1825 mit dem Bau des 4,5 Kilometer langen Kanals begonnen. Er verbindet den Canal de l'Ourq mit der Seine und wurde noch im 19. Jahrhundert zwischen Place de la République und Bastille auf einer zwei Kilometer langen Strecke überbaut. An der Grenze zwischen dem 10. und 11. Arrondissement wird der Kanal wieder sichtbar. Hübsche Eisenbrücken und Schleusen wurden hier errichtet. Alleen und Promenaden säumen die Ufer. Junge, hippe Familien wohnen am Kanal, dort, wo früher Arbeiter lebten und sich kaum je Touristen hinverirrt hätten. Man kann den Canal Saint Martin von La Villette bis zur Bastille (oder umgekehrt) mit dem Boot befahren. Stararchitekt Keiichi Tahara hat die eindrucksvolle Beleuchtung im Kanaltunnel geschaffen. Die Uferpromenaden Quai de Valmy und Quai des Jemmapes sind besonders bei jungen Leuten in der warmen Jahreszeit extrem beliebt. Überall entstehen neue Bistros und Cafés (→ Tour 4).

➤ 10./11. Arr. ➤ [J 3] Metro: République, dann über Faubourg du Temple bis zum Kanal, oder Metro Gare de l'Est und über die Rue de Récollet zum Quai de Valmy

CHAPELLE EXPIATOIRE

Im sehr lebendigen Geschäftsviertel um die Kaufhäuser Galeries Lafayette, Printemps und den Bahnhof Saint-Lazare liegt, von Parisern meist völlig unbeachtet, eine bildschöne Empire-Kapelle: La Chapelle Expiatoire. Sie wurde zwischen 1815 und 1826 als Privatauftrag von Ludwig XVIII. nach den Plänen des Architekten Pierre-François-Léonard Fontaine errichtet, und zwar genau an der Stelle, wo Ludwig XVI. und Marie-Antoinette nach ihrer Enthauptung auf dem einstigen Madeleine-Friedhof beigesetzt worden waren.

Diese Sühnekapelle auf dem Square Louis XVI. strahlt eine ganz eigene Melancholie und Ruhe aus. Chateaubriand war besonders von dem ungewöhnlichen Kreuzgang »wie eine Aneinanderreihung von Grabstätten« begeistert und schrieb, es handle sich »um das bemerkenswerteste Monument von Paris«. Charlotte Corday, die den Revolutionär Jean-Paul Marat in seiner Badewanne erstach, liegt hier begraben, ebenso wie Madame du Berry und zahlreiche weitere Opfer der Revolution.

➤ 8. Arr. ➤ [F 3] 29, Rue Pasquier; Metro: St-Lazare, Auber; Do, Fr, Sa 13–17 Uhr, Eintritt 5 €

CHAPELLE MIRACULEUSE

Dreimal erscheint der jungen Novizin Catherine Labouré 1830 die Heilige Jungfrau in der Klosterkapelle in der Rue du Bac, Nr. 140. Und jedes Mal bittet sie Catherine darum, dass man Medaillen mit ihrem Gesicht prägen sollte. Die Novizin zögert und spricht mit ihrem Beichtvater darüber. Schließlich entscheiden sie sich 1832 zur Prägung der Medaille, als in Paris die Cholera wütet und bereits 20 000 Menschen daran gestorben sind. Die Nonnen des Ordens »Les Filles de la Charité« verteilen im Juni 1832 die 2000 ersten Prägungen, und plötzlich werden sehr viele Menschen geheilt. Alle wollen nun diese Wunder-Medaille. Im Todesjahr von Catherine Labouré 1876 sind bereits eine Milliarde dieser Medaillen im Umlauf! Die Marienkapelle unweit des Konsumtempels Le Bon Marché ist immer gut besucht. Medaillen werden in verschiedenen Qualitäten und Größen säckchenweise verkauft.

➤ 7. Arr. ➤ [F 5] 140, Rue du Bac, Tel. 49 54 78 89; Metro: Sèvres-Babylone, tgl. 7.45–13 und 14.30–19 Uhr, Di 7.45–19 Uhr, So 7.20–13 und 14.30–19 Uhr

AUTORENTIPP Gleich um die Ecke der Chapelle Miraculeuse der Ordensschwestern der Charité sollte man unbedingt einen Blick in einen der entzückendsten und verschwiegendsten Pariser Gärten werfen: der Jardin Potager Catherine-Labouré. Er liegt verborgen hinter hohen Mauern, Zugang hat man gegenüber von der Rue de Babylone (Nr. 36). Der Garten sei, so heißt es, von Gott gesegnet und deshalb so fruchtbar. Hier gedeihen Karotten, Salat, Basilikum, Tomaten oder Rhabarber. Die Ernte wird ganz gerecht zwischen den Ordensschwestern der Charité und den Anwohnern aufgeteilt.

COLLÈGE DES BERNARDINS

(→ Spezial, S.154)

CONCIERGERIE

Wie auch die Sainte-Chapelle gehörte die Conciergerie zur ältesten Pariser Königsresidenz, dem Palais de la Cité. Auf der Seine-Insel hatten an dieser Stelle bereits die römischen Gouverneure und anschließend die ersten Kapetinger ihren Sitz errichtet. Philipp der Schöne baute zum Zeichen seiner Macht einen Palast, der im frühen 14. Jahrhundert als einer der

Der malerische Canal Saint-Martin bot schon den Impressionisten Anregung und Inspiration.

schönsten Königssitze galt. Gegen Ende des 14. Jahrhunderts residierten die Kapetinger-Könige lieber in der Louvre-Festung oder außerhalb der Stadt. Das Schloss auf der Insel wurde Sitz des Parlaments und der königlichen Verwaltung. Mit der Sicherheit war der Concierge beauftragt. Dieser richtete in einem Teil der einstigen Königsresidenz einen Kerker ein. In den ehemaligen Folterkammern wurden einige Kerker, auch der von Marie-Antoinette, rekonstruiert. Die Kapelle der Girondins, die Ludwig XVIII. an der Stelle des Kerkers von Marie-Antoinette bauen ließ, sowie der Innenhof für weibliche Gefangene und die Salle de la Toilette zeugen von dieser revolutionären Zeit.

➤ 1. Arr. ➤ [G 5] **Quai de l'Horloge; tgl. März–Okt. 9.30–18, Nov.–Feb. 9–17 Uhr; Eintritt 6,50 €, Kombiticket Conciergerie/Sainte-Chapelle 9,50 €**

EIFFELTURM (TOUR EIFFEL) 1

Zur Eröffnung seines weltberühmten Turms am 29. Januar 1889 stieg Gustave Eiffel mit der Trikolore in der Hand die 1710 Stufen bis zur Spitze hinauf. Dort befestigte er die französische Flagge. Wie lange Eiffel zu diesem sportlichen Aufstieg brauchte, ist nicht überliefert.

Der Eiffelturm wurde 1889 anlässlich der Weltausstellung errichtet. Die Welt staunte, denn Eiffels Technik war einzigartig. Doch schön fanden die Pariser das Bauwerk nicht. Guy de Maupassant verabscheute den Turm und Paul Verlaine sprach abschätzig von »Wachturm-Gerippe«. Eigentlich hätte der eiserne Turm bis spätestens 1909 wieder demontiert werden sollen. Doch nachdem man seinen Nutzwert als Antennensockel erkannt hatte und sich die Pariser längst an den Blick auf die kühne Eisenkonstruktion gewöhnt hatten, war die Zukunft der »Dame de Fer« gesichert. Zur Jahrtausendwende 2000 erhielt der Eiffelturm eine Beleuchtung aus 20 000 kleinen Lichtern, die in unterschiedlichem Takt aufblitzen, sodass es aussieht, als trage die »Eiserne Lady« ein glitzerndes Paillettenkleid. Jedes einzelne Licht wurde mit der Hand angebracht. Ursprünglich hatte der Beleuchtungsingenieur Pierre Bideau diese Blitzlichtinstallation nur für die Dauer eines Jahres konzipiert. Als das »Paillettenlicht« wieder erlosch, kam es jedoch zu einer wahren Protestwelle. Die Pariser lieben schließlich ihren Turm und seitdem er glitzert noch viel mehr. Zur Fête de la Musique am 21. Juni 2003 wurde die aktuelle Beleuchtung angeschaltet. Nach Sonnenuntergang blinkt und glitzert es nun zehn Minuten lang zu jeder vollen Stunde. Ganz beeindruckend ist der Effekt, wenn zum nächtlichen Finale (im Winter um ein Uhr, im Sommer um zwei Uhr) die Grundbeleuchtung des Turms ausgeschaltet wird und der Eiffelturm am schwarzen Himmel wie eine Wunderkerze Funken sprüht.

Der Aufstieg auf die 57 Meter hoch liegende Plattform der ersten Etage ist zu Fuß möglich. Dort sollte man auf keinen Fall die beiden Kurzfilme über den Turm im »Cineiffel« verpassen. Die zweite Etage, 115 Meter hoch und über 700 Stufen zu erreichen, bietet eine ideale Höhe zum Fotografieren. Wer ohne sportliche Herausforderungen auskommt und Zeit hat, der kann mit dem Aufzug bis zur zweiten

Das Bauwerk von Gustave Eiffel ist heute das Wahrzeichen der französischen Hauptstadt.

Etage fahren und zu Fuß wieder hinuntergehen.

Auf der zweiten Ebene befindet sich das Gourmetrestaurant »Le Jules Verne«, das seit 2007 von Sternekoch Alain Ducasse gemanagt wird und nicht nur ausgezeichnete Küche, sondern auch einen Traumblick bietet. Man muss frühzeitig reservieren (Tel. 45 55 61 44, Fax 47 05 29 41).

Die oberste, von der dritten Etage aus über eine Wendeltreppe zu erklimmende Aussichtsplattform liegt auf 276 Metern Höhe. Der Blick direkt nach unten ist nur für schwindelfreie Menschen empfehlenswert. Am besten besucht man die dritte Etage morgens, denn dann hat man, zumindest bei gutem Wetter, Chancen auf Fernsicht. Wer den Eiffelturm besichtigen will, muss mit mindestens 30 Minuten Wartezeit an der Kasse und erneut vor dem Aufzug rechnen. Bequemes Schuhwerk ist ratsam.

➤ 7. Arr. ➤ [C 5] Champ-de-Mars; www.tour-eiffel.fr; Metro: Bir-Hakeim, École-Militaire oder RER C: Champ-de-Mars Tour-Eiffel; tgl. 9–0 Uhr (Treppenhaus bis 18.30 Uhr); Mitte Juni–Mitte Sept. bis 0.45 Uhr; Eintritt bis 1. Etage 4,20 €, 2. Etage 7,70 €, 3. Etage 11 €; zu Fuß über Treppenhaus 1. und 2. Etage 3,80 €

GALERIE VIVIENNE

Die eleganteste aller Pariser Einkaufspassagen ist die Galerie Vivienne. Das neoklassizistische Meisterwerk mit Mosaiken, Marmor, Glas und Rotunden wird wegen der zahlreichen Seitenpassagen gern Glaspalast, »Palais de Verre«, genannt. Im Second Empire war die Galerie Vivienne die beliebteste Flaniermeile der Pariser. Sie liegt unweit von Palais Royal und der Place des Victoires und ist auf jeden Fall, auch für die Läden, einen Besuch wert.

➤ 2. Arr. ➤ [G 4] **4, Rue des Petits Chamos, 5, Rue de la Banque oder 6, Rue Vivienne; Metro: Bourse; tgl. 8.30–20.30 Uhr**

GARE DE LYON

Dieses reich verzierte Bahnhofsgebäude wurde zwischen 1847 und 1855 errichtet, doch der heutige Zustand stammt aus der Zeit der Weltausstellung 1900.

Der Architekt Marius Toudoire hat an der Hauptfassade Technik, Dampfkraft und Elektrizität als Symbole für den technischen Fortschritt dargestellt. Er konzipierte auch eine Art Wachturm, 67 Meter hoch, »Uhrturm« genannt. Das Ziffernblatt stammt von Paul Garnier und wer es genauer betrachtet, wird feststellen, dass sich bei der Ziffer 4 ein Fehler eingeschlichen hat: statt römisch IV wurde IIII geschrieben.

Staatspräsident Louybet eröffnete 1901 das Bahnhofsrestaurant, das erst viel später »Train Bleu«, nach der Farbe der Züge, die ans Mittelmeer fuhren, benannt wurde. Der gesamte Altbau, »Train Bleu« inklusive, dieses riesigen TGV-Bahnhofs steht unter Denkmalschutz. 1903 wurde der Wartesaal mit Fresken verschönert, die alle auf der Strecke Paris-Marseille liegenden Städte darstellen. 1962-72 wurde der Bahnhof umgebaut. 1857 rollten 14 Züge pro Tag aus dem Gare de Lyon, heute sind es im Schnitt 300 TGVs täglich.

➤ 12. Arr. ➤ [J 6] **Metro: Gare de Lyon**

HÔTEL DE SULLY

Maximilien de Béthune, Duc de Sully, ein Minister unter Heinrich IV., erwarb diesen wunderschönen Adelspalast 1634. Das Palais blieb bis ins späte 18. Jahrhundert im Familienbesitz der Sullys und besitzt zwei Zugänge: den großen, offiziellen an der Rue Saint-Antoine und die winzige Tür, die direkt auf die Südwest-Ecke der Place des Vosges führt. Der besonders schöne Ehrenhof gilt als Paradebeispiel für den Louis-Treize-Stil und zeigt Allegorien der vier Elemente und zwei Jahreszeiten. Die anderen beiden Jahreszeiten-Allegorien befinden sich im Garten – dort, wo auch einige Szenen für »Gefährliche Liebschaften« mit Glenn Close, Uma Thurman und John Malkovich in den Hauptrollen gedreht wurden. In der äußerst gut bestückten Buchhandlung (Schwerpunkt französischer Kulturbesitz) ist die wunderschöne Renaissance-Deckenbemalung beachtenswert. Links, im zweiten Innenhof werden regelmäßig sehr gute Fotoausstellungen organisiert.

➤ 4. Arr. ➤ [J 5] **62, Rue Saint-Antoine, Metro: Saint-Paul, Bastille; Di–Fr 12–19 und Sa, So 10–19 Uhr; Eintritt Fotoausstellungen 5 €, Kombiticket Jeu de Paume (→ S. 144) und Hotel de Sully 8 €**

IMMEUBLE MOLITOR, APPARTEMENT-ATELIER LE CORBUSIER

In dieser Wohnung beim Stadion Parc des Princes lebte der berühmte Architekt Le Corbusier. Das Gebäude hat er gemeinsam mit seinem Cousin und Mitarbeiter Pierre Jeanneret zwischen 1931 und 1943 gebaut. Bei der Besichtigung ist in erster Linie die Architektur interessant. Die Wohnung spiegelt wider, was Le Corbusier lebenslänglich propagierte: Licht, Raum, Öffnung nach außen, klare Linien, funktionale Raumaufteilung, Schattenbereiche zum Ruhen. Persönliche Dinge sind in der Wohnung kaum zu sehen.

➤ 16. Arr. ➤ [westl. A 6] **24, Rue Nungesser-et-Coli; Metro: Michel-Ange Molitor; Mi 9–12, Sa 14–17 Uhr; Eintritt 3 €**

JARDIN DU LUXEMBOURG ✪3

Der Luxemburg-Garten ist die grüne Lunge von Rive Gauche. Er ist immer gut besucht und besitzt seine eigene Atmosphäre. 23 Hektar, davon 60 000 Quadratmeter Grünfläche, sind teils im symmetrischen Barockstil, teils in Form eines englischen Landschaftsgartens angelegt. In der Hochsaison bietet diese Gartenanlage mehr als 100 000 Besuchern täglich Erholung. Die Einheimischen nennen den Park »Luco«, was von »Leucotitius« abgeleitet ist und so viel wie »Vorort von Lutèce« bedeuten soll.

Im Jardin du Luxembourg sitzen alte Herrschaften aus dem Quartier und unterhalten sich, eines der wenigen kostenlosen Freizeitvergnügen in Paris für Rentner mit bescheidenem Budget. Bei der Orangerie denken Schachspieler über ihren nächsten Zug nach. Sie sind dabei von Schachfans umzingelt, die sich Strategien abspicken wollen. Neben den Tennisplätzen üben Tai-Chi-Adepten aller Altersgruppen. Kleinkinder reiten stolz auf Ponys. Studenten, Anwohner, Angestellte aus dem Senat und Touristen drehen joggend ihre Runden. Sonntags sind die Jogger so zahlreich, dass regelrechte Staus entstehen. Im Jardin du Luxembourg sind die Eisenstühle beweglich, jeder setzt sich dorthin, wo er sitzen möchte. Die einen zieht es zu den Blumenparterres, andere zu seltenen Bäumen oder zur Apfel- und Birnenplantage. Einige lieben die Nähe zu einer der 106 Skulpturen im Park. Andere bevorzugen das Große Becken, wo am späten Nachmittag Kinder ihre Segelboote aufs Wasser setzen und mit einem Stock anschubsen. Wieder andere sitzen vor dem nostalgischen Musikkiosk neben dem Café unter Kastanienbäumen, wo in der schönen Jahreszeit ständig Musikgruppen aus aller Welt aufspielen. In romantische Verzückung versetzt auch der Medici-Brunnen an der gleichnamigen Straßenseite. Dieser wunderbare, viel genutzte und sonntags stets überfüllte Garten gehört dem Senat und wird abends geschlossen. Im Winter mit Einbruch der Dunkelheit, im Sommer gegen 21 Uhr. Seit 2000 werden am Luxemburg-Zaun an der Rue de Medicis mehrfach jährlich Fotoausstellungen gezeigt. Die großformatigen, nachts beleuchteten Fotos locken immer ein breites Publikum an.

➤ 6. Arr. ➤ [F 6] **April–Okt. 8.00–21.30, Nov.–März 8.30–17 Uhr; Metro: Notre-Dames des Champs, RER B: Luxembourg**

LEBENSFREUDE IM MARAIS 2

Elegante Stadtpaläste, edle Boutiquen, moderne Galerien und charmante Cafés machen das Marais bunt, lebendig und chic.

PLACE DES VOSGES

Als Heinrich IV. in Paris einzog, soll er von der stark mittelalterlich geprägten Stadt entsetzt gewesen sein. Außer dem kleinen Vorplatz von Notre-Dame und der Place des Grèves am Seine-Ufer, wo Tagelöhner auf Arbeit warteten, gab es keinen öffentlichen Platz. Heinrich IV. griff ein. Er wünschte einen einheitlich bebauten, symmetrisch angelegten Platz. Im ringsum befestigten Paris war Bauland knapp, nur das ehemalig königlich bewohnte Gelände bot sich für das Projekt Heinrich IV. an. 1605 legte er den Grundstein, doch die Fertigstellung im Jahr 1612 erlebte er nicht mehr. Sein nur neun Jahre alter Nachfolger, Ludwig XIII., weihte die Place Royale mit großen Festen ein.

Das heutige Reiterstandbild von Ludwig XIII. auf der Platzmitte stammt aus dem 19. Jahrhundert und ist eine schlechte Kopie des Bronzeoriginals, das während der Revolution eingeschmolzen wurde. Unter Ludwig XIII. war die Place Royale beim Hochadel sehr begehrt und man ließ die ersten Adelspaläste in nächster Nähe bauen. Mit dem Umzug des Hofs nach Versailles unter Ludwig XIV. zogen die Großbürger an diesen wunderschönen Platz. Während der Revolution hieß der Platz zunächst Place de l'Indivisibilité, Platz der Unteilbarkeit, dann wurde er zur Würdigung des Departements Vogesen Place des Vosges, genannt, weil es 1800 als erstes Departement Steuern an die Republik entrichtet hatte. Besonders vormittags, wenn es dort noch still ist, strahlen die schönen weiß-roten Renaissancefassaden eine erhabene Ruhe aus.

Schlendert man durchs Marais, ist es kaum zu glauben, dass dieses ehemalige Adelsviertel vor 45 Jahren fast abgerissen worden wäre. Denn mit der Revolution setzte der endgültige Verfall des Marais ein. In einer Last-Minute-Aktion sicherte der damalige Kulturminister André Malraux die Zukunft des Marais und beschloss, eine groß angelegte Sanierung der Palais.

Heute ist das Marais geprägt von der Schwulenkultur rund um die Rue Vieille du Temple sowie das traditionell jüdische Viertel um die Rue des Rosiers, dem traditionellen »Pletzl«. Es zählt zu einer der lebendigs-

ten und kulturell buntesten Ecken der Stadt – aber auch eine der chronisch überfüllten. Im Norden des Marais, »Haut Marais« genannt, herrscht noch weniger Massenbetrieb. Das ganze Gebiet gehörte einst zu den riesigen Klosteranlagen der Templer. In der ehemaligen Klosterzufahrt, Rue du Temple, entstand 1994 im ehemaligen Adelspalais Hotel de Saint-Aignan das Jüdische Museum (→ S. 188). In der Markthalle, Carreau du Temple, kleideten sich im 19. Jahrhundert arme Pariser ein.1904 fand dort die allererste Verbrauchermesse Frankreichs statt.

Das Marais hat sich gewandelt: Spas, Edel-Bio-Imbissläden, Kunstgalerien und avantgardistische Boutiquen haben sich angesiedelt. Die ehemaligen Fabriken und Handwerksbetriebe im Nord-Marais beherbergen jetzt schicke Lofts. Das Straßenbild verändert sich, die kleinen Leute und Handwerker, die hier traditionell gelebt haben, sterben langsam aus. Schicke Bourgeois-Bohèmes, sogenannte Bobos, kauf- kräftige, körper- und umweltbewusste Adepten der No-Logo-Philosophie, ziehen nach.

MUSÉE DE VICTOR HUGO

Unter den Arkaden im Hotel de Rohan-Guéménée, in der Nummer 6, lohnt das kleine **Victor-Hugo-Museum** den Besuch. Es beherbergt zahlreiche Originalmanuskripte, Gemälde und Zeichnungen und vermittelt einen persönlichen Eindruck von dem großen Schriftsteller, der eigenwillige Innenausstattungen liebte und begeisterter Trödler-Kunde war.

➤ 4. Arr. ➤ [J] 6, Place des Vosges, Di–So 10–18 Uhr, feiertags geschl.; Eintritt frei, Sonderausstellungen kostenpflichtig.

1612 mit einem glanzvollen Turnier eingeweiht: die Place des Vosges.

JEU DE PAUME

Im Tuileriengarten (→ S. 173) befindet sich das einstige Ballhaus Jeu de Paume. Das »Jeu de Paume« bezeichnete ursprünglich ein Ballspiel, eine Art Tennis, das mit den Handflächen gespielt wurde. Das Pariser Ballhaus wurde im 20. Jahrhundert als Ausstellungsraum für die Gemälde der Impressionisten genutzt – ehe sie ins Musée d'Orsay (→ S. 195) auf der anderen Seine-Seite übersiedelten. Jetzt werden in diesem eleganten Bau, der als Ausstellungsfläche für das Hôtel de Sully (→ S. 140) dient, regelmäßig meist sehr sehenswerte Foto-Sonderausstellungen organisiert.

➤ 1. Arr. ➤ [F 4] 1, Place de la Concorde, Zugang auch über den Tuileriengarten; www.jeudepaume.org; Metro: Concorde; nur geöffnet bei Ausstellungen, Di–Fr 12–19 Uhr, Sa, So 10–19 Uhr, Eintritt 6 €, Kombiticket mit Hôtel de Sully 8 €

MARAIS 2

(→ Spezial, S. 142)

MARCHÉ DES ENFANTS ROUGE

Dieser älteste überdachte Markt von Paris wurde 1615 erbaut. Der Name erinnert an die rot gekleideten Waisenkinder, die in der Nähe in einem Heim lebten. Nachdem er sechs Jahre lang geschlossen gewesen war, wurde der kleine, überschaubare Markt im Herzen des Marais im Jahr 2000 auf hartnäckiges Betreiben der Anwohner hin wieder eröffnet. Er bietet ein großes Angebot an Bioprodukten und Delikatessen. Und wer zwischendurch Appetit auf einen gesunden und leckeren Snack hat, ist hier an der richtigen Adresse.

➤ 3. Arr. ➤ [H 4] 39, Rue de Bretagne; Metro: Temple; Di–So 8.30–13 und 16–19.30 Uhr, So 8.30–14 Uhr

MONTMARTRE 4

(→ Spezial, S. 148)

MOSCHEE

Institut Musulman de la Grande Mosquée, so lautet die offizielle Bezeichnung für das rund ein Hektar große Anwesen zwischen Jardin des Plantes und Quartier Latin, das Moschee, Hamam, ärztliche Dienste, Islamschule, Bibliothek, Restaurant, Souk und ein maurisches Café beherbergt. Am Platz Puits de l'Ermite führt die schwere Eichentür mit Bronzebeschlägen in den wunderschönen Innenhof mit sehenswerten Mosaiken.

Architekturavantgarde der 1920er Jahre: Das Studentenwohnheim von Le Corbusier (S.141).

Die Moschee wurde nach Ende des Ersten Weltkriegs vom französischen Staat aus Dankbarkeit für die nordafrikanischen Soldaten errichtet. Die gesamte Anlage mit dem 26 Meter hohen Minarett ist im maurischen Stil errichtet, der Innenhof, »Cour d'honneur«, erinnert ein wenig an die Alhambra in Granada.

Im »Café Maure« (Zugang über 39, Rue Geoffroy St. Hilaire) lässt sich in prachtvollem orientalischen Interieur für zwei Euro »Thé à la Menthe« genießen. Der bildhübsche, mit Mosaiken verzierte Innenhof bietet mit seinen schattenspendenden Feigenbäumen und dem Plätschern des Springbrunnens eine wunderbare Oase der Entspannung. Täglich von 9–18 Uhr geöffnet.

➤ 5. Arr. ➤ [H 6] 2 bis Place du Puits-de-l'Ermite; Metro: Censier-Daubenton, Jussieu, Place Monge; Sa–Do 9–12 und 14–18 Uhr, Eintritt frei, Führungen alle 25 Min.; Hamam (→ S. 109)

NOTRE-DAME

Gallorömischer Tempel, Basilika, romanische Kapelle – an der Stelle, an der Bischof Maurice de Sully ab 1163 die Kathedrale Notre-Dame erbauen ließ, wurde seit jeher gebetet. Bischof Sully wollte eine riesige, prachtvolle Kirche. Finanziert wurde der Bau von König, Klerus und Adel, das einfache Volk brachte seine Arbeitskraft ein. Rund 200 Jahre nach Baubeginn war 1340 das Meisterwerk vollendet. Damit ist Notre-Dame de Paris eine der frühesten gotischen Kathedralen Frankreichs.

Vor Notre-Dame ist übrigens auch der Referenzpunkt, »kilomètre zéro«, Kilometer null, markiert, für die Entfernungsangaben der nach Paris führenden Straßen.

Victor Hugo setzte mit dem finsterromantischen Liebesmelodram zwischen Quasimodo und der schönen Esmeralda in seinem Roman »Der Glöckner von Notre-Dame« (1831) ein literarisches Denkmal. Erst daraufhin sollen sich die Pariser wieder für die morsche Kathedrale interessiert haben, die später von Eugène Viollet-le-Duc grundsaniert wurde. Nach dessen ganz persönlichen und von Victor Hugo geprägten Vorstellungen von mittelalterlicher Baukunst.

Der »Parvis« (Vorplatz) an der Westseite war bis zum Second Empire viermal kleiner. Diese östliche Inselhälfte war

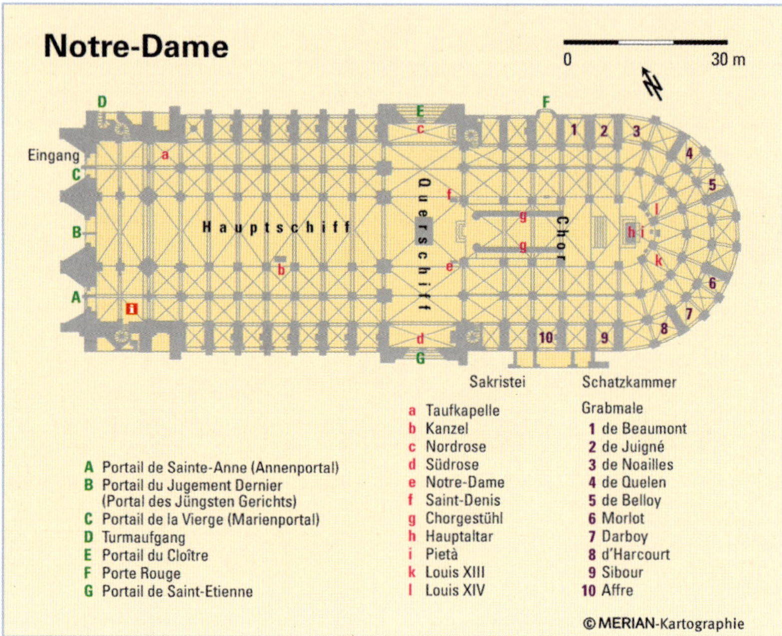

sehr dicht bebaut. Haussmann walzte mehr oder weniger alles nieder, um die Polizeipräfektur und das Handelsgericht unterzubringen. Notre-Dame hat letztendlich von der Radikalsanierung des Barons profitiert, denn durch den weiten Vorplatz kommt sie heute viel besser zur Geltung.

An der Westfassade sind die drei Portale sehenswert: links Maria, rechts Anna und in der Mitte dem Jüngsten Gericht gewidmet. Über dem mittleren Portal befindet sich das Rosettenfenster, das zehn Meter Durchmesser hat und Darstellungen aus dem Alten Testament zeigt.

Bemerkenswert ist auch die Königsgalerie über den Portalen. Sie symbolisiert die Einheit von Kirche und Monarchie. 28 Figuren stellten die Könige von Juda, dem antiken Südreich Israels, dar. Doch während der Revolution glaubte man, es handle sich um französische Könige und zerstörte die Originale, Viollet-le-Duc bildete sie im 19. Jahrhundert nach.

Um die Schönheiten der Fassade in Ruhe zu betrachten, kommt man am besten früh morgens, denn dann ist der Platz weitgehend menschenleer und man kann sich anhand der unterschiedlichen Pflasterungen auch die ehemaligen Bebauungen rund um die Kathedrale besser vorstellen.

Wer sportlich ambitioniert ist, kann die 387 Stufen hinauf zur Turmspitze

Die mittelalterlichen Glasfenster von Notre-Dame sind die ältesten von Paris.

steigen. Die sehr enge und ausgetretene Wendeltreppe führt vorbei an den Furcht einflößenden Wasserspeiern, ebenfalls eine Umsetzung der romantischen Mittelaltervorstellungen von Victor Hugo und Viollet-le-Duc. Man steigt im Nordturm 225 Stufen hoch bis zur »Chimären-Galerie«, wechselt dann zum Südturm und hat dann nochmals 147 Stufen bis zur Plattform vor sich. Der Blick auf die Seine, die Ufer, das Strebewerk und die Dächer der Kathedrale ist umwerfend.

➤ 4. Arr. ➤ [H 5] Place du Parvis de Notre-Dame; www.cathedraledeparis.com; Metro: Cité, Saint Michel; Kathedrale: tgl. 8–19 Uhr; Turmaufstieg: tgl. ab 10 Uhr, Okt.–März bis 17.30, April–Sept. bis 18.30, Juni–August Sa, So bis 23 Uhr. Einlass alle zehn Minuten, immer für 20 Personen gleichzeitig.

➤ 4. Arr. ➤ [H 5] Notre-Dame-Museum: 10, Rue du Cloître Notre-Dame; Mi, Sa, So 14.30–18 Uhr

OPÉRA GARNIER

»Ein Monument der Kunst, des Luxus und des Vergnügens«, schrieb Charles Garnier über seinen prunkvollen Entwurf. Kaiser Napoleon III. hatte den Neubau eines Opernhauses in einer sicheren Gegend angeordnet, nachdem er mit seiner Frau nach einem Opernbesuch in der Rue Le Peletier im Januar 1858 nur knapp einem Attentat entkommen war. Noch im selben Jahr wurde ein Wettbewerb ausgeschrieben, den der erst 36 Jahre alte, unbekannte Architekt und Baumeister Charles Garnier völlig überraschend gewann. Als die Kaiserin Eugenie Garniers Pläne betrachtete und diesen ungewohnt vielfältigen Stil nicht richtig einzuordnen wusste, soll sie ihn gefragt haben: »Um welchen Stil handelt es sich denn?« Prompt antwortete Garnier: »Um Napoleon III«. Damit war der neue Stil als »Second Empire« definiert. Mit einer Länge von 172 Metern, einer Breite von 101 Metern und einer Fläche von 11 237 Quadratmetern war die Garnier-Oper bis in die jüngste Gegenwart das größte Theater der Welt, wenngleich es über weniger Sitzplätze als andere Häuser verfügte.

Weiter auf S. 151

ÜBER DEM HÜGEL VON PARIS

Am Montmartre leben Kirche und Künstlertum, Halbwelt und gediegen Bürgerliches, Trödel und Edles Tür an Tür.

Am Square Suzanne-Buisson, einer ruhigen, schön gelegenen Grünanlage auf dem **Montmartre** betrachtet man verdutzt eine skurrile Skulptur. Ein Mann mit Bischofsmütze hält seinen Kopf in Händen. Es handelt sich um Saint Denis, Dionysius, den ersten Bischof von Paris. Er wurde auf diesem Hügel enthauptet und soll, so die Legende, mit seinem Kopf in Händen in Richtung Norden gewandert sein. »Mont Martyre«, so glaubte man hartnäckig, sei der Ursprung für Montmartre. In Wahrheit jedoch geht der Name auf den Mars-Tempel zurück, der in der Römerzeit dort errichtet wurde. Zwei Säulen des Tempels stehen in der romanischen Kirche Saint-Pierre de Montmartre, die im Schatten der klobigen Basilika Sacré-Cœur fast übersehen wird. Die Kirche ist der einzige Rest des riesigen Benediktinerinnen-Klosters, das im frühen 12. Jahrhundert gegründet wurde.

PLACE DU TERTRE

Alle, die Montmartre nicht kennen, träumen von der Place du Tertre, dem legendären Platz der Maler. Es gibt ihn, die Maler ebenso, doch wird man den Ein-

»Zuckerbäckerstil«: Sacré-Cœur, nach einem Entwurf von Paul Abadie

Spektakulär: Für den Blick vom Montmartre-Hügel auf die Lichter der Großstadt lohnt sich der steile Aufstieg.

druck nicht los, dass hier die Seele seit Langem an die Tourismusindustrie verkauft worden ist. Alles am Platz wurde auf süß, herzig und nostalgisch getrimmt. Nur frühmorgens lässt dieser merkantile Ort einem Platz für eigene Fantasien.

KÜNSTLERKOLONIE

Nach Montmartre zog es die Künstler in der zweiten Hälfte des 19. Jahrhunderts aus ganz pragmatischen Gründen: Dort fand man noch billige Unterkünfte, nachdem Wohnraum im Zentrum von Paris infolge der haussmannschen Sanierungsmaßnahmen zu teuer wurde. Picasso, Dalí, Giacometti oder Van Dongen sind nur einige der Künstler, die am Montmartre arbeiteten und lebten, ehe Montparnasse zum neuen, noch billigeren Künstlerviertel aufstieg. Das **Montmartre-Museum** (→ Tour 5) vermittelt einen anschaulichen Eindruck von der Geschichte an und auf der »Butte«.

Selbst wenn man nur »von unten« über die Avenue Rachel zum Montmartre-Friedhof Zugang hat, sollte man Heinrich Heine, Stendhal, Jacques Offenbach oder Alexandre Dumas einen Besuch abstatten. Auch Émile Zola hat hier sein Familiengrab, doch seine Frau muss alleine ruhen, seit die Gebeine ihres illustren Gatten 1908 ins Pantheon überführt wurden.

Jahrhundertelang wurde der fast 130 Meter hohe Montmartre-Hügel als Kalksteinlieferant für den Bau von Pariser Häusern genutzt. Die »Butte« ist so unter- und ausgehöhlt, dass es manchmal fast an Wunder grenzt, dass die Häuser nicht einstürzen. Immerhin ist es dem wackeligen Untergrund zu verdanken, dass am Montmartre keine Neubauten entstehen, was allerdings die Preise für Bestehendes schamlos in die Höhe treibt.

Wie stark sich die Bevölkerung auch auf der weniger prestigevollen Nordseite verändert, zeigen Straßen wie die Rue Ramay: typische Wohnstraßen des Kleinbürgertums, das »en bas des escaliers«, unten an den Treppen, wohnt, wie die von »oben« spitz bemerken. »Unten« ist nun sehr gefragt. Der Wandel zeigt sich. Einfache Trödelgeschäfte mausern sich zu hippen Läden für Vintagemobiliar, womit die neue Montmartre-Nordseiten-Szene Originalmöbel aus den angesagten 50er- und 60er-Jahren meint. Zwischen den schlichten Couscous-Läden, afrikanischen Friseursalons, Änderungsschneidereien oder moslemischen Fleischereien schleichen sich Edelläden für die Neuzugezogenen ein. Montmartre ändert sich, wie schon viele Male, aber noch bleibt es irgendwie ein Dorf.

SACRÉ-CŒUR

Bei Regen ist die Basilika weiß, je nach Tageszeit und Licht kann sie auch mal die Farbe wechseln, eher rosafarben, perlmuttgrau oder grau leuchten. Die Basilika thront wie eine schwere »crème patissière« auf dem Montmartre-Hügel. Schön ist der Blick von der Kuppel, wozu zuerst einmal 237 Stufen durch ein enges Treppenhaus bewältigt werden müssen. Doch dann öffnet sich von der Säulengalerie, »Galerie des Colonnes«, ein 360°-Panorama. Für die Untengebliebenen ist der Blick auf die Stadt vom Vorplatz von Sacré-Cœur auch fantastisch.

Zwei streng gläubige Katholiken, Alexandre Legentil und Hubert Rohaul de Fleury haben Sacré-Cœur als Antwort auf den verlorenen Krieg gegen Preußen 1870/71 gestiftet. Der Grundstein wurde im Herbst 1875 gelegt. Seit 1885 wechseln sich dort Pilger rund um die Uhr ab.

➤ 18. Arr. ➤ [G 2] Place du Parvis du Sacré-Cœur; www.sacre-coeur-montmartre.com; Metro: Anvers, Abbesses oder Pigalle, Standseilbahn von Montmartre ab Place Suzanne Valadon, mit einem Metroticket befahrbar; Basilika tgl. 6–23 Uhr, Kuppel tgl. 9–17.30 (Winter), 18.30 Uhr (Sommer); Eintritt 5 €

ST. PIERRE DE MONTMARTRE

Von der einst mächtigen Benediktinerinnen-Abtei von Montmartre ist allein die romanische Kirche aus dem 12. Jahrhundert erhalten. Das Chorgewölbe der stillen, kleinen Kirche im Windschatten von Sacré-Cœur, ist das älteste von Paris. Neben der Kirche befindet sich die winzige Cimetière du Calvaire, ein Friedhof, der seit 1823 nur noch am 1. November zugänglich ist.

➤ 18. Arr. ➤ [G 2] 2, Rue du Mont-Cenis; tgl. 8.30–19 Uhr

Den Bauplatz hatte Haussmann im Rahmen seiner grundlegenden Umgestaltung der Metropole höchstpersönlich bestimmt. Der hohe Grundwasserpegel des Terrains erschwerte den Bau des Fundaments und inspirierte später Gaston Leroux zu seinem weltberühmten Roman »Das Phantom der Oper«. Unter dem Operngebäude befindet sich zwar kein sagenumwobener See, wie im Roman beschrieben, dafür aber tatsächlich ein künstlich angelegtes Grundwassersammelbecken. 1875 wurde der Prunkbau eingeweiht. Er war für ein Publikum gedacht, dem es nicht primär um Oper oder Musikgenuss ging, sondern besonders um Sehen und Gesehenwerden. Die imposante Große Treppe erlaubte mondäne Auftritte. Aus den Seitenlogen sah man nicht optimal auf die Bühne, dafür umso besser in die Logen gegenüber. Die Garnier-Oper ist das »eindrucksvollste Selbstzeugnis der Bourgeoisie des 19. Jahrhunderts«, so Walter Benjamin über diesen reich mit Skulpturen und Malereien ausgestatteten Palast aus Gold und Marmor. In dem prachtvollen Second-Empire-Theatersaal ist das Deckengemälde von Chagall (1964) sehenswert. Seit der Einweihung der Bastille-Oper 1989, wird die Garnier-Oper fast ausschließlich für Ballettaufführungen genutzt (→ S. 119).

➤ 9. Arr. ➤ [F 3] Place de l'Opéra, Metro: Opéra; Große Treppe, Foyer, Museum und Theater (wenn weder geprobt noch gespielt wird) tgl. 10–17 Uhr; Eintritt 8 €, Info aus dem Ausland 0033 1 72 29 35 35; franz. und englischsprachige Führungen Mi, Sa, So 11.30 und 15.30 Uhr)

PALAIS ROYAL

Kardinal Richelieu, Staatsminister unter Ludwig XIII., ließ einen prachtvollen Palast, zunächst »Palais Cardinal« genannt, erbauen, den er nach seinem Tod der Krone vermachte. Anna von Österreich zog dort nach dem Tod von Ludwig XIII. mit ihren beiden kleinen Söhnen, Ludwig XIV. und Philippe von Orléans ein. Auch Liselotte von der Pfalz, von den Franzosen abschätzig »la Palatine«, genannt, die unglückliche Gemahlin von Philippe, Herzog von Orléans, lebte einige Zeit im Palast. Ein späterer Philippe von Orléans, Philippe d'Egalité genannt, war hoch verschuldet und ließ Teile des Palais in Wohnungen und Geschäfte umbauen und neue Häuser errichten.

Die Gärten des Palais Royal waren zu Beginn des 18. Jahrhunderts ein beliebter Treffpunkt für Adel, Intellektuelle und Künstler. Im 1740 gegründeten »Grand Véfour« verkehrten alle, die Rang und Namen hatten: Alexander von Humboldt, Herzog de Berry, Lamartine, Thiers oder Sainte-Beuve. Man konnte im Palais Royal beim Glücksspiel sein Vermögen verlieren, leicht geschürzte Frauen treffen, den dicksten Mann der Welt bestaunen, Gedichte deklamieren. Das Palais Royal war so etwas wie eine »Freizone«, zu der die Polizei keinen Zugang hatte. Königlicher Grund und Boden war für die Gesetzeshüter Tabuzone. Und man konnte offensichtlich ungestört Politik betreiben, denn dort hat Camille Desmoulins 1789 zum bewaffneten Aufstand aufgerufen, der als Auslöser für die Französische Revolution gilt. Und unter den Arkaden hatte Charlotte Corday das

Messer erworben, mit dem sie 1793 Marat ermordete. »Stadt in der Stadt«, hieß das Palais Royal beim Volk.

Der Garten war im Winter bis 23 Uhr und im Sommer bis ein Uhr morgens geöffnet. Unter den Arkaden drängelten sich Straßenjungen, Soldaten, Kurtisanen und Bourgeois, die sich bestens amüsierten. »Le Véry« war das erste Café, das dort eingerichtet wurde. Dort bezahlte man erstmalig Festpreise. Das Café wurde 1859 bei der Vergrößerung des »Grand Véfour« integriert. Im »Café der Blinden« spielten vier blinde Musiker – so sahen sie die Machenschaften der sittenlosen Gäste nicht.

Heute flanieren Besucher unter 180 Arkaden mit edlen Boutiquen, können sich im traumhaft schönen Garten neben einem der Rosenbeete niederlassen oder in einem der Restaurants und Cafés verweilen. Eine ideale Oase, um sich nach einem Besuch im Louvre oder von einem Einkaufsbummel auf der Rue St. Honoré auszuruhen.

Die Kolonnaden wurden in den 80er-Jahren durch gestreifte Marmorsäulen von Daniel Buren ersetzt, ein künstlerisch umstrittenes Projekt, das Kinder zu Kletterspielen und Erwachsene zum Hinsetzen animiert und somit ungewollt Nutzwert besitzt. Die kleine Kanonenuhr, die seit 1786 im Garten auf der Meridianlinie gestanden hatte und die man bis 1914 zwischen Mai und Oktober zur Mittagsstunde zündete, wurde 1998 entwendet.

➤ 1. Arr. ➤ [G 4] **Place du Palais-Royal, Rue de Montpensier, Rue de Beaujolais, Rue de Valois, Metro: Palais Royal-Musée du Louvre; tgl. 7.30–20.30 Uhr**

PARC DES BUTTES-CHAUMONT

Als Volkspark von Baron Haussmann im Second Empire auf einem ehemaligen Kalksteinbruch angelegt, mit künstlichen Grotten, Bergbächen, Brücken, Tälern, Baumalleen. Ein großer, viel genutzter Park im Nordosten der Stadt.

➤ 19. Arr. ➤ [K 3] **Metro: Botzaris, Buttes-Chaumont; tgl. 7.30–20.30 Uhr**

PARC GEORGES-BRASSENS

Dem Dichter und Sänger Georges Brassens, der in der Nähe gewohnt hat, ist dieser Park gewidmet. Der knapp acht Hektar große Garten wurde auf dem Gelände der ehemaligen Schlachthöfe von Vaugirard Mitte der 80er-Jahre angelegt. Einen guten Ruf bei Sammlern genießt dort der **Markt für antiquarische Bücher** in einer Halle des einstigen Pferdemarkts. Im Duftgarten wachsen 80 verschiedene aromatische Pflanzen. Dieser hübsche, etwas abseits der Touristenpfade gelegene Park, ist ein beliebter Treffpunkt der Anwohner.

➤ 15. Arr. ➤ [D 7] 38, Rue de Morillons, Metro: Convention, Tram: Dantzig; Mo–Fr ab 8, Sa, So ab 9 Uhr. Abends bis Einbruch der Dunkelheit zwischen 17.30 und 21.30 Uhr

PARC MONCEAU

Marcel Proust liebte Promenaden in diesem eleganten Park, den Philippe d'Orléans im späten 18. Jahrhundert anlegen ließ. Während der Revolution wurden große Teile zerstört und nur eine Arkade und einige korinthische Säulen erinnern noch an die einstige »Folie de Chartres«, wie die Parkanlage zunächst genannt wurde.

➤ 8. Arr. ➤ [E 3] Metro: Monceau, Villiers, Mirosmenil; Sommer 7–22, Winter 7–20 Uhr

PASSAGE DU CAIRE

Napoleon Bonaparte löste im ausgehenden 18. Jahrhundert mit seinem siegreichen Ägypten-Feldzug eine regelrechte Modewelle aus. Auch die Kairo-Passage zeugt davon. Sie ist 360 Meter lang und wurde 1798 eingeweiht. An der Fassade über dem Haupteingang an der Place du Caire sieht man die drei Köpfe von Königin Hathor, sie stammen von Joseph Garraud. Davor befand sich die sogenannte »Cour des Miracles«, eine Art Treffpunkt der Bettler, Krüppel und Ganoven.

➤ 2. Arr. ➤ [H 4] 2, Place du Caire, 33, Rue Alexandrie, 237–239 Rue Saint-Denis; Metro: Réaumur Sébastopol; Mo–Fr 7–18.30 Uhr

PASSAGE DU GRAND CERF

Walter Benjamin, der sich in seinem »Passagen-Werk« ausführlich mit der Bedeutung der Passagen beschäftigte, schrieb: »Der Vater des Surrealismus ist Dada, seine Mutter war eine Galerie namens Passage«. Paris ist reich an Passagen. Diese Glas-Eisen-Konstruktion des Grand Cerf stammt noch aus der

Weiter auf S. 158

Die Arkaden des Palais Royal waren einst beliebter Treffpunkt von Künstlern und Kurtisanen.

NOSTALGISCHER CHARME 5

Enge Gassen und altehrwürdige Mauern, Markttreiben und Chansons. Im Quartier Latin wird Geschichte lebendig.

Im traditionellen Studentenviertel, dem Quartier Latin, kreuzen sich die Wege von Studenten und Lehrenden, von Touristen und Einheimischen, von Jung und Alt. Alles wirkt lockerer als anderswo in Paris, weniger steif, weniger konventionell. Es gibt einfach mehr krumme Ecken, schiefe Häuser, schmale Straßen, mehr coole Kneipen, schräge Typen, mehr entspannte Menschen als anderswo in der Hauptstadt.

LA MOUFFE

Idyllischen Charme bietet das 5. Arrondissement »en masse«, wie etwa bei der Rue de Mouffetard, »La Mouffe«. Die Römer haben die gepflasterte, steile Gasse einst angelegt, eine der ältesten von Paris, mit schmalen, windschiefen Häusern. Als billige Marktstraße für Gemüse, Fleisch, Käse und Fisch genoss »La Mouffe« lange weithin ihren Ruf. Der Markt ist kleiner und teurer geworden. Gerade deshalb, so scheint es, frequentieren ihn am Wochenende die Anwohner intensiver denn je. Sie kaufen ein, diskutieren über Politik, sie trinken Kaffee, tratschen auch mal über Nachbarn, schimpfen auf die Preise, darauf, dass nichts mehr so wie früher ist. Sie leben ganz bewusst ihr Dorfgefühl aus, als ob sie dadurch den unaufhaltsamen Vormarsch von Fastfood und Souvenirshops aufhalten könnten.

Métro: Censier-Daubenton

AUTORENTIPP Sonntags ist es dort besonders pariserisch, wenn auf der Rue de Mouffetard voller Betrieb herrscht und unten am Vorplatz der Kirche »St. Medard« Chansons geschmettert werden. Jeder kann mitsingen, die Texte werden verteilt, manchmal wird dazu auch Walzer getanzt.

COLLÈGE DES BERNARDINS

Die im Jahr 1200 gegründete Universität von Paris genoss einen exzellenten Ruf, was auch zahlreiche Studenten aus dem Ausland anzog. Latein wurde auch außerhalb der Hörsäle zur Universalsprache unter Studenten und Lehrenden, und deshalb heißt das traditionelle Pariser Studentenviertel Quartier Latin – sagen die Einheimischen. Die gelehrte Version lautet, dass »Quartier Latin« auf die römische Besiedlung zurückgeht.

Das Collège des Bernardins wurde 1247 von Étienne de Lexington, Abt von Clairvaux, gegründet. Zwischen dem 13. und 15. Jahrhundert studierten Tausende junger Studenten hier Theologie und Philosophie und prägten die europäische Kirchengeschichte des Mittelalters entscheidend mit.

Nach der Revolution fiel das Collège dem Staat zu. Kurzfristig brachte man dort Galeerenhäftlinge unter, ehe es als Lagerhaus und schließlich als Feuerwehrhaus genutzt wurde. 2001 erwarb das Pariser Bistum den völlig überalterten Bau. Heute kann man sich in dem sehr gelungen komplett renovierten vierstöckigen Gebäude einen Eindruck davon verschaffen, wie es einst im Universitätsviertel mit seinen mehr als 60 Collèges ausgesehen haben mag. Ende 2007 wird das Collège des Bernardins als Galerie für moderne Kunst, Weiterbildungszentrum und Stätte für Reflektion und Diskussion wieder eröffnet.

➤ 5. Arr. ➤ [H 5] **18–24, Rue de Poissy, www.collegedesbernardins.fr; Metro: Maubert-Mutualité; Mo–Sa 10–18, So 14–18 Uhr**

SAINT-ÉTIENNE DU MONT

Die Kirche, ein Stilmix aus Renaissance und Gotik, besitzt den einzigen noch existierenden Lettner, »Jubé«, in Paris. Er wurde zwischen 1521 und 1545 gebaut, misst neun Meter in der Breite und ist an beiden Seiten mit einer engen Wendeltreppe ausgestattet, die als Zugang zur Empore dient. Im Gegensatz zu den meisten Lettnern der Epoche, war dieser bereits von Anfang an so konzipiert, dass der Blick vom Schiff auf Altar und Chor frei bleiben sollte. Die Gemeindemitglieder hassten ihn trotzdem und wollten ihn 1735 unbedingt abreißen lassen. Dazu kam es glücklicherweise nicht.

In der Kirche befindet sich der Reliquienschrein der heiligen Genoveva, die heute noch immer zahlreiche Pilger anlockt. Der große Dichter Racine und der bedeutende Mathematiker und Physiker Blaise Pascal wurden in Saint-Étienne du Mont bestattet.

Im »Cloître« (Kreuzgang) sollte man die – besonders in der Nachmittagssonne – schönen Fenster aus dem frühen 17. Jahrhundert betrachten.

➤ 5. Arr. [G 6]
30, Rue Descartes, Metro: Cardinal-Lemoine

Zum Verweilen schön: Straßenmusiker prägen das Bild des Quartier Latin.

PANTHÉON

Als Ludwig XV. auf einer Reise schwer erkrankte, beschloss er im Fall seiner Genesung die baufällige Klosterkirche der Abtei Sainte-Geneviève durch eine prächtige Grabkirche für die Schutzpatronin von Paris, Sankt Genoveva, zu ersetzen. 1764 war Grundsteinlegung. Jacques-Germain Soufflot entwarf den Kuppelbau mit dem Grundriss eines griechischen Kreuzes. Technische und finanzielle Probleme verzögerten die Fertigstellung. Soufflot war bereits neun Jahre tot, als im Revolutionsjahr 1789, der Rohbau endlich vollendet war.

1791 bestimmte die Konstituierende Versammlung die Nutzung der Kirche als Panthéon, als letzte Ruhestätte für die großen Männer der Republik. Mirabeau wurde als Erster beigesetzt. Gefolgt von Voltaire, Rousseau und Marat. Doch Napoleon Bonaparte setzte mit einem Staatsstreich 1799 der Revolution ein Ende, und Mirabeau und Marat wurden wieder aus dem Panthéon verbannt. 1806 wurde aus dem Panthéon wieder die Kirche Sainte-Geneviève, dann folgte von 1831 bis 1852 wieder eine Panthéon-Phase, die mit einer dreijährigen Nutzung als Kirche Sainte-Geneviève unterbrochen wurde, ehe mit dem Tod von Victor Hugo die endgültige Bestimmung des Pantheons als Monument für große Männer der Nation festgelegt wurde. Mit einem riesigen Staatsbegräbnis, wie Frankreich es noch nie erlebt hatte, wurde der Schriftsteller Victor Hugo im Panthéon beigesetzt. Frauen waren nicht vorgesehen – und sind es offensichtlich immer noch nicht. Dass Jean Louis Berthollet mit seiner Frau gemeinsam in einer Gruft liegt, ist nur dem Umstand zuzuschreiben, dass das Ehepaar gemeinsam verunglückte. 1995 wurden die Nobelpreisträger Pierre und Marie Curie aus ihrer Familiengruft ins Panthéon umverlegt. Es wäre undenkbar gewesen, die zweifach mit einem Nobelpreis ausgezeichnete Marie Curie nicht gemeinsam mit ihrem Mann umzubetten.

Ruhmestempel: Das Panthéon ist die nationale Gedenkstätte für alle, die Rang und Namen hatten.

Von der Kuppel des Panthéon aus hat man einen wunderbaren Blick. Um in seinen Genuss zu kommen, muss man allerdings die 206 Stufen der engen Treppe erklimmen. Belohnt wird diese Anstrengung mit einem Direktblick auf die Sorbonne, die Elite-Schule Henri IV. und auf die Bibliothek Sainte-Geneviève. Allerdings kann man den Säulenrundgang der Kuppel nur zu festen Zeiten und nur in der Sommersaison besteigen (Eintritt 7,50 €).

➤ 5. Arr. ➤ [G 6] **Place du Panthéon, Tel. 44 32 18 00; www.pantheon.fr; Metro: Cardinal-Lemoine, tgl. (außer feiertags) April–Okt. 9.30–18.30 Uhr, Nov.–März 10–18 Uhr; Eintritt 6,40 €**

ARÈNES DE LUTÈCE

Als 1869 in der Rue Monge ein Depot für Tramwagen gebaut werden sollte, stieß man bei den Arbeiten durch Zufall auf die sehr gut erhaltenen Reste der Arena, was zunächst niemanden außer ein paar Archäologen interessierte. Man dachte pragmatisch und baute weiter. Erst nach 1893, als Victor Hugo und andere Gönner den Beginn der Ausgrabungsarbeiten finanzierten, die Untergrundbahn bereits gebaut und das Depot abgerissen war, kaufte die Stadt das Terrain. Nur ein kleiner Teil der einst 130 Meter langen und 100 Meter breiten Arena mit Platz für 18 000 Zuschauer ist zu sehen und sehr gut erhalten.

Die beste Zeit für einen Besuch der etwas versteckt liegenden Arènes de Lutèce ist zeitig morgens oder gegen Abend, wenn das Licht auf die Sitzreihen fällt und die Steine zum Leuchten bringt.

➤ 5. Arr. [H 6] **Zugang über die kleine Rue de Navarre und 49, Rue Monge; Métro: Place Monge, Jussieu, Cardinal-Lemoine; Mo–Fr 8–21, Sa, So 9–21 Uhr. Eintritt frei**

JARDIN DES PLANTES

Mit einem Heilkräutergarten, den Ludwig XIII. 1633 anlegen ließ, begann die Geschichte des **Botanischen Gartens** von Paris. Eine Schule für Botanik und Pharmazie wurde eingerichtet und 1794 die **Ménagerie**, ein Tiergarten, eröffnet, wo man damals wie heute exotische Tiere bewundern kann.

In dem riesigen Gebäude der **Galerie de l'Évolution** sieht man unter dem Glas-Eisen-Dach Tiere in Originalgröße auf einem Karawanenzug: Vorneweg die Elefantenkuh, gefolgt von ihren Jungen und einem Nilpferd, ziehen alle bis zum Bison und dem Löwenbaby hinterher. Zu sehen ist alles, was die Natur an exotischen Tieren zu bieten hat. Alles wird akustisch untermalt, sodass man sich der Illusion hingeben könnte, sich auf Fotosafari zu befinden.

In der **Galerie de Paléontolgie** sind Dinosauriernachbildungen zu sehen. (Zugang 2, Rue Buffon)

➤ 5. Arr. ➤ [H 6] **Galerie de l'Évolution: 36, Rue Geoffroy-Saint-Hilaire, www.mnhn.fr; Metro: Jussieu, Cardinal-Lemoine, Austerlitz; Mi–Mo 10–18, Sa bis 20 Uhr; Eintritt 8 € Service zum Jardin des Plantes: tgl. 7.30–20 Uhr, Irisgarten: tgl. 8–12 und 13–16 Uhr; Eintritt Garten frei; Weekend Pass: Ticket, das samstags verkauft wird und in allen drei Galerien und dem Zoo bis Sonntagabend gültig ist, 20 € /15 €**

Pionierzeit der modernen Industriearchitektur. Mit 11,80 Meter ist sie die höchste Passage von Paris. Sie beherbergt vornehmlich auf modernes Mobiliar und Design spezialisierte Boutiquen.

➤ 2. Arr. ➤ [H 4] 145, Rue Saint-Denis oder 10, Rue Dussoubs; Metro: Étienne Marcel; Mo–Sa 8.30–20.30 Uhr

PASSAGE DES PANORAMAS

Die 1799 von dem Amerikaner James Thayer konzipierte Passage verdankt ihren Namen zwei bemalten Rotunden, die beim Betrachter die Illusion eines Panoramas auslösten. Die Rotunden wurden 1831 zerstört. Bereits ab 1816 war sie die erste mit Gaslampen beleuchtete Passage. Briefmarkenhändler, Modegeschäfte, Cafés und Fastfoodläden reihen sich heute hier aneinander. Die Kupferstecher-Werkstatt »Stern« befindet sich hier seit Mitte des 19. Jahrhunderts. Während der Belle Époque gehörte die Passage zu den bevölkertsten Orten von Paris.

➤ 2. Arr. ➤ [G 3] 11, Boulevard Montmartre, 10, Rue Saint-Marc oder 151, Rue Montmartre; Metro: Grands Boulevard; tgl. 6–24 Uhr

PLACE DAUPHINE

Hier glaubt man sich überall, nur nicht in einer Weltstadt. Der Platz, westlich der Conciergerie, ist entzückend weltentrückt und einer der schönsten in Paris. Hier kann man sich bei einem Snack vom Sightseeing erholen oder beim Boule zusehen. Angelegt wurde die Place Dauphine von Heinrich IV., dem ersten Städteplaner von Paris. Benannt ist der Platz nach Heinrichs Thronfolger, »Le Dauphin«, Louis XIII. Ursprünglich handelte es sich um eine größere architektonische Einheit, doch bei der Erweiterung des Justizpalastes wurde der Platz stark verkleinert.

➤ 1. Arr. ➤ [G 5] Metro: Cité.

Place Vendôme: Umringt von Juwelieren, Justizministerium und »Hotel Ritz« ragt die Siegessäule auf.

PLACE VENDÔME 6

Ursprünglich Place des Conquêtes, dann Place Louis-le-Grand, während der Revolution Place des Piques und schließlich Place Vendôme genannt, nach dem gleichnamigen Adelspalast, der zum Bau dieses einst königlichen Platzes abgerissen wurde. Heute ist die Place Vendôme weltweit für das Palacehotel »Ritz« und die renommierten Edel-Juweliere legendär.

Als Ludwig XIV. einen ihm würdigen, architektonisch geschlossenen Platz wünschte, gab Louis Louvois, der Oberverwalter der königlichen Bauten, ein bronzenes Reiterstandbild des Königs in Auftrag. Es sollte den Mittelpunkt dieses zunächst quadratisch geplanten Platzes bilden, umsäumt von Stadtpalais, wo die königliche Münze, die Akademie der Schönen Künste und Residenzen für Botschafter und Vertreter des Hochadels errichtet werden sollten.

Architekt Jules Hardouin-Mansart wurde mit der Konzeption beauftragt, und 1687 begann man zunächst mit der Errichtung der Fassaden. Sie sollten völlig einheitlich erscheinen, was und in welcher Form dahinter gebaut wurde, blieb jedem Bauherrn selbst überlassen. 1699 wurde das Reiterstandbild von Girardon in der Mitte dieser Fassaden aufgestellt und mit einem Riesenfest in Anwesenheit des Königs eingeweiht.

Fast 100 Jahre später, am 2. August 1792 wurde es gestürzt und eingeschmolzen – bis auf das linke Bein, das sich nun im Musée Carnavalet (→ S. 188) befindet. Geld fehlte, Louvais war längst verstorben und Hardouin-Mansart wurde beauftragt, die Pläne zu verändern, um Käufer zu finden. Die ursprünglich streng quadratische Anlage wurde zu einem Rechteck mit abgeschrägten Ecken abgeändert, die, wie auch die Mitte der Längsseiten, durch Risalite betont wurden. Das Erdgeschoss wurde nun durch Arkaden gegliedert, die zwei Etagen von korinthischen Pilastern und Halbsäulen betonen. Ovale Gauben verliehen dem Mansardendach Struktur.

1720 war der Platz mit seinen Häusern endlich weitgehend bezugsfertig, und vor allem Vertreter der Hochfinanz ließen sich dort nieder.

Heute gehört dem Sultan von Brunei das Palais Nummer 1 bis 5.

In Nummer 10 befand sich einst der Sitz der »Compagnie de Suez« von Ferdinand de Lesseps. In Nummer 12 starb Frédéric Chopin. Dort wohnte wenig später Eugénie von Montijo, die künftige Frau von Napoleon III. Die beiden waren Nachbarn, denn Louis-Napoleon Bonaparte, der zweite Kaiser, wohnte im wunderschönen Hôtel du Rhin in der Nummer 6. In Nummer 12 zog 1907 der Hofjuwelier Chaumet ein. Boucheron war bereits Ende des 19. Jahrhunderts aus dem Palais Royal an die Place Vendôme gezogen. In der Nummer13 ist das französische Justizministerium untergebracht, links neben dem Eingang befindet sich dort einer der »Mustermeter«, eine Marmorplatte, die 1799 angebracht wurde, um die Pariser mit dem neu eingeführten metrischen System vertraut machen.

Im Nachbarhaus, **Palais Gramont**, wohnte von 1891 bis 1895 Theodor Herzl, damals Pariser Korrespondent der »Neuen Freien Presse«, woran eine Tafel erinnert. 1896 erwarb der Schweizer Bauernsohn Cäsar Ritz, der sich vom Tellerwäscher bis zum Besitzer mehrerer Hotels hochgedient hatte, das Gebäude und verwandelte es in ein Luxushotel, das 1898 in Anwesenheit der glanzvollsten Vertreter des »tout Paris« eröffnet wurde und so illustre Gäste wie Scott Fitzgerald und Hemingway beherbergte.

Für die Säule »De la Grande Armée« in der Mitte des Platzes, die Napoleon I. zu Ehren der Soldaten der siegreichen Austerlitz-Schlacht wünschte, wurden erbeutete österreichische Kanonenkugeln eingeschmolzen.

➤ 1. Arr. ➤ [F 4] **Metro: Pyramides, Tuilerien**

PONT NEUF

Bis zur Eröffnung des Pont Neuf, 1607, gab es in Paris vier Brücken. Die »Neue Brücke« ist die älteste, noch erhaltene Pariser Brücke und die erste aus Stein. Sie verbindet den Quai du Louvre auf der rechten Seine-Seite mit dem Quai de Conti und dem Quai des Grands Augustins am linken Seine-Ufer. In Auftrag gegeben wurde sie noch von Heinrich III., der 1577 den Grundstein legte. Dann schleppte sich der Bau aufgrund der Religionskriege und wegen Finanzproblemen hin und lag brach, bis Heinrich VI. die Bauarbeiten wieder aufnehmen ließ und die Brücke 1607 fertiggestellt war.

Man beachte die auf beiden Wasserseiten zu sehenden 385 Masken. Der Pont Neuf ist 278 Meter lang, mehr als 20 Meter breit und besteht aus zwölf Bögen. In Wirklichkeit handelt es sich um zwei getrennte, sich an der Westspitze der Île de la Cité berührende Brücken. 1985 hatte Christo den Pont Neuf verhüllt und damit die Schönheit seiner Struktur enthüllt.

➤ 1. Arr. u. 6. Arr. **Metro: Pont Neuf**

SACRÉ-CŒUR

(→ Spezial, S. 150)

SAINT-EUSTACHE

Als Franz I. erneut Paris zur Residenzstadt der Könige erklärte, beschloss er der Pfarrgemeinde von Saint-Eustache eine neue Kirche zu stiften, die in Schönheit und Größe mit Notre-Dame mithalten konnte. Der Grundstein wurde im Jahr 1532 gelegt. Saint-Eustache ist mit einer Länge von 88 Metern, einer Tiefe von 43 Metern und einer Höhe von 33 Metern

DIE LEBENSADER VON PARIS

Was wäre die Lichterstadt Paris, die legendäre »Ville Lumière« ohne die Seine und ihre 13 Kilometer langen Ufer?

Westwind jagt Wolken vom Meer ins Land. Sie spielen am Pariser Himmel mit der Sonne Katz und Maus und bieten am Seine-Ufer ein fesselndes Wechselspiel aus Licht und Farben. Mal wirkt die lang gestreckte Uferfassade des Louvre wie ein verschwommenes Bild, dann wieder wie ein haarscharf gestochener Stich. Künstler aus aller Welt haben das legendäre Licht und die Schönheiten am Seine-Ufer unendlich oft gemalt, besungen, bedichtet, beschrieben und fotografiert. Ein Blick auf den Stadtplan verdeutlicht, wie kompakt sich die zwanzig Arrondissements schneckenförmig im Uhrzeigersinn um die Seine winden. Stadt und Fluss gehören untrennbar zusammen.

BRÜCKEN

Der **Pont l'Archevêché**, in den 1820er-Jahren gebaut, bietet den schönsten Blick auf die Kathedrale. **Pont de Sully**, zwischen 1874 und 1876 als Verlängerung beziehungsweise Verbindung des Boulevards Henri IV und des Boulevards Saint-Germain errichtet, ist dem berühmten Minister unter Heinrich IV., Maximilien de Béthune, Duc de Sully geweiht. Die 1877 eröffnete Brücke besteht aus zwei Teilen, die sich an der Ostspitze der Île Saint-Louis trennen. Der **Pont Marie** hat nichts mit einer gleichnamigen Dame oder der Muttergottes zu tun, sondern mit Ingenieur Marie, der diese einst bebaute Brücke im 17. Jahrhundert konstruiert hat. Die Originalinschrift »Pont Marie construit sous le règne de Louis XIII - 1614-1635«, (Pont Marie unter der Herrschaft von Ludwig XIII von 1614-1635 errichtet), ist an den beiden Endpunkten der Brücke bis heute zu lesen.

BAUTEN AM UFER

Seit jeher, aber ganz besonders seit dem 17. Jahrhundert, haben die Mächtigen der Nation auf den Pariser Seine-Ufern Bauten errichtet und sich so ein Denkmal für die

<u>Bildlegenden</u>

Nächste Seite: Der Pont Neuf (S.160), die »neue Brücke«, wurde 1604 vollendet und ist heute die älteste Brücke von Paris.

Unten: Nach Paris der Liebe wegen? Auf der Pont des Arts treffen sich Verliebte vor der eleganten Kulisse des Institut de France.

Nachwelt gesetzt. Für die Weltausstellung 1900 wurde die Seine als Achse gewählt. Viele Anlagen besichtigte man damals vom Wasser aus, wie beispielsweise auch die Rekonstruktion eines mittelalterlichen Paris an der Cour de la Reine auf dem rechten Ufer. Gegenüber, am Quai d'Orsay, standen die türkischen, italienischen, britischen und belgischen Ausstellungspavillons. Die **Belle-Époque-Brücke Alexandre III.** ist, so wie **Grand Palais** und **Petit Palais** zur Weltausstellung 1900 errichtet worden.

Das neue **Musée du Quai Branly**, entstand während der Amtszeit Jacques Chiracs. Stararchitekt Jean Nouvel konzipierte.den modernen Museumstempel. Nouvel hatte bereits unter François Mitterrand am Quai Saint Bernard beim Pont Sully das **Institut du Monde Arabe** entworfen. Ein diskreter Bau am Fluss mit schöner Aussichtsterrasse.

AUF DEM WASSER

Tagsüber ist eine Bootsfahrt völlig entbehrlich, bei Nacht wird sie jedoch zum Erlebnis. In der Dunkelheit verschwindet am Ufer das Unwesentliche, um allem Schönen den großen Auftritt im Scheinwerferlicht des Boots zu überlassen. **Notre-Dame** wirkt dann noch erhabener und dem Irdischen entrückt. Bei der **Conciergerie** fällt einem das Schicksal Marie-Antoinettes ein, die dort bis zu ihrer Enthauptung in Haft saß. Am **Pont Neuf** stellt man sich die Drei Musketiere vor, die mit Säbelgerassel über die Brücke jagen. Am **Pont Alexandre III.** sieht man vielleicht gar einen Star, der hinter der Tür der angesagten Disko »Showcase« verschwindet. Und wenn dann noch der **Eiffelturm** zur vollen Stunde seine Funken sprüht, verliert man gerne für einen Moment jeden Bezug zur Wirklichkeit.

nach Notre-Dame die zweitgrößte Kirche der französischen Hauptstadt. Grundriss und Strebewerk sind noch gotisch, die Ausstattung entstammt der Renaissance. Der Bau beim Großmarkt Les Halles zog sich lange hin. Am 7. April 1637 wurde die neue Kirche geweiht, doch erst drei Jahre später waren die Bauarbeiten endgültig abgeschlossen.

In Saint-Eustache feierte Ludwig XIV. seine Erstkommunion. Richelieu, Molière oder Jeanne Poisson, die später als Madame de Pompadour in die Geschichte eingehen sollte, wurden hier getauft. In dem Gotteshaus wurden 1683 die Totenmessen für Ludwig XIV., Finanzminister und Erfinder des Merkantilismus Jean-Baptiste Colbert und 1764 für den Komponisten Jean-Philippe Rameau gelesen, ebenso wie 1778 für Mozarts Mutter.

AUTORENTIPP Wunderschön sind auch die Glasfenster der Kirche Saint Eustache. Werfen Sie bei der Besichtigung besonders einen Blick auf das Grab von Colbert und das Gemälde von Peter Paul Rubens in der fünften Seitenkapelle links vom Chor. 1985 wurde die einzigartige Orgel mit fünf Manualen, 146 Ranks und 8000 Pfeifen völlig neu gebaut. An Sonntagen bei der Großen Messe um 11 Uhr und abends zur Vesper um 18 Uhr wird sie gespielt.

Die Kirche Saint-Eustache ist legendär für ihre Akustik und ihre Orgel. Berlioz dirigierte hier 1855 die Uraufführung seines »Te Deum«, 1866 wurde die »Graner Messe« von Franz Liszt uraufgeführt. Daran, dass Saint-Eustache die Pfarrei der Arbeiter und Händler der Markthallen war, erinnert ein liebevoll kitschiges Pappmaschee-Werk in einer Seitenkapelle. Es zeigt den Umzug der Markthändler nach Rungis. Keith Haring schuf kurz vor seinem Tod für Saint-Eustache ein Triptychon, sein letztes Werk.

➤ 1. Arr. ➤ [G 4] Rue du Jour, www.saint-eustache.org; Metro: Les Halles; Mo–Fr 9.30–19, Sa 10–19, So 9–19.15 Uhr

SAINT PIERRE DE MONTMARTRE

(→ Spezial, S. 148)

SAINT-ROCH

Aufgrund der Bodenbeschaffenheit ist der Chor von Saint-Roch nicht nach Osten, sondern nach Norden ausgerichtet. Baubeginn war 1653. Die Kirche an der Rue Saint Honoré besitzt eine typisch französische, streng klassizistische Fassade aus dem Jahr 1740. Bei Künstlern und Intellektuellen des 18. Jahrhunderts war diese Pfarrei sehr beliebt. Der große Gartenplaner Le Nôtre sowie der Dramatiker Corneille fanden hier ihre letzte Ruhe. Denis Diderot wurde auf eigenen Wunsch in der Jungfrauenkapelle beigesetzt, doch bei den Verwüstungen während der Revolution verschwand sein Sarg. »Les Grandes Orgues«, die weltberühmte Orgel von Saint-Roch steht unter Denkmalschutz. 1825 wurde die »Messe solenelle« des erst 22 Jahre alten Hector Berlioz in St. Roch uraufgeführt.

➤ 1. Arr. ➤ [F 4] 24, Rue St. Roch oder 296, Rue St. Honoré, Tel. 42 44 13 26 (Infos Konzerte), Metro: Pyramides, Tuilerien, tgl. 8–19 Uhr

Mord(s)geschichte: Seit Dan Brown seinen Bestseller »Sakrileg« veröffentlichte, strömen die Besucher nach Saint-Sulpice.

SAINT-SULPICE

Einst befand sich an dieser Stelle eine Pfarreikirche aus dem 12. Jahrhundert, die von der Abtei Saint-Germain errichtet und dem Heiligen Sulpice dem Guten, Bischof von Bourges, geweiht worden war. Im 17. Jahrhundert wurde ein Neubau beschlossen. Die Kirche ist heute 115 Meter lang, 57 Meter breit und 33 Meter hoch, was den Ausmaßen von Notre-Dame nahekommt. Die beiden Türme sind ungleich, denn durch die Revolution konnte der Südturm nicht vollendet werden. Bis 1850 war auf dem rechten, unvollendeten Turm die Relaisstation des Telegrafen Paris-Toulon installiert.

Marquis de Sade und Charles Baudelaire wurden in Saint-Sulpice getauft. Victor Hugo heiratete dort seine Adèle, und 1841 gaben sich die Schuhverkäuferin Eugenie Crescentia Mirat und Heinrich Heine dort das Jawort.

In der Südkapelle gleich rechts neben dem Eingang sind zwei Fresken von Eugène Delacroix sehenswert.

1743 wurde ein sogenanntes Gnomon, auch Schattenzeiger genannt, in der Kirche installiert. Das astronomische Messgerät ermöglicht die exakte Bestimmung der Wintersonnenwende (21. Dezember) und daraus folgend des Ostersonntags. Zu Frühlings- und Herbstbeginn fällt der Lichtstrahl auf eine in den Boden eingelassene Kupferplatte in der Nähe des Altars. Entgegen der Beschreibung von Dan Brown in seinem Weltbestseller »Das Sakrileg« ist die Rosenlinie aus dem Roman nicht mit dem Pariser Nullmeridian identisch.
1754 wurde der weitläufige, halbrunde Kirchplatz angelegt, der harmonisch bebaut werden sollte, doch nur ein Haus wurde von dem Architekten Servandoni an der Ecke Rue des Canettes errichtet, ehe das Projekt abgebrochen wurde. Der große Brunnen in der Mitte des Platzes stammt von Louis Visconti. Wie ein Dorfplatz mit Brunnen, Rathaus und Café, dem berühmten »Café de la Mairie« (8, Place St. Sulpice), wirkt der Platz vor Saint-Sulpice.

➤ 6. Arr. ➤ [F 5] Place St. Sulpice; Metro: Saint-Sulpice; tgl. 7.30–19.30 Uhr; Café de la Mairie: Mo–Sa 7–1, So 9–21 Uhr

SAINTE-CHAPELLE 7

Ein absolut hinreißendes Juwel auf der Ile de la Cité ist diese Basilika aus der Zeit der Hochgotik. Ludwig IX. (1226–1270), auch Ludwig der Heilige (»Saint Louis«) genannt, hatte 1239 nach zweijährigen Verhandlungen mit Balduin II., Kaiser von Konstantinopel, Stücke des Kreuzes und der Dornenkrone als kostbare Reliquien erworben. Für diese, sowie in Byzanz hinzugekaufte Stücke, wollte er innerhalb der Anlage der Königsresidenz eine würdige Schlosskapelle errichten. Bereits sechs Jahre später, 1248, war sie fertiggestellt. Damals stand die Sainte-Chapelle noch frei in einem weitläufigen Schlosshof und war nur über einen Zugang zur Oberkirche mit der Königsresidenz verbunden. Die Unterkapelle war für das Gesinde und gemeine Hofbeamte bestimmt, die Oberkapelle ausschließlich Hofstaat und Königsfamilie vorbehalten. Die riesigen, unglaublich leicht und filigran wirkenden Farbfenster in der Oberkapelle schildern 1134 Szenen aus dem Evangelium. Hier waren die besten Glasmaler, die die Kathedrale von Chartres ausgeschmückt hatten, am Werk. Dass die 15 Meter hohen Glasfenster und das schlanke Strebewerk die Jahrhunderte unbeschadet überlebt haben, ist wirklich außergewöhnlich. In der Oberkapelle sollte man rechts auf das Reliquienfenster achten, das die Geschichte der nach Paris überführten Reliquien schildert.

➤ 1. Arr. ➤ [G 5] 4, Boulevard du Palais; Metro: Cité; tgl. April–Sept. 9.30–18.30 Uhr, Okt.–März 10–17 Uhr; Eintritt 5,50 €

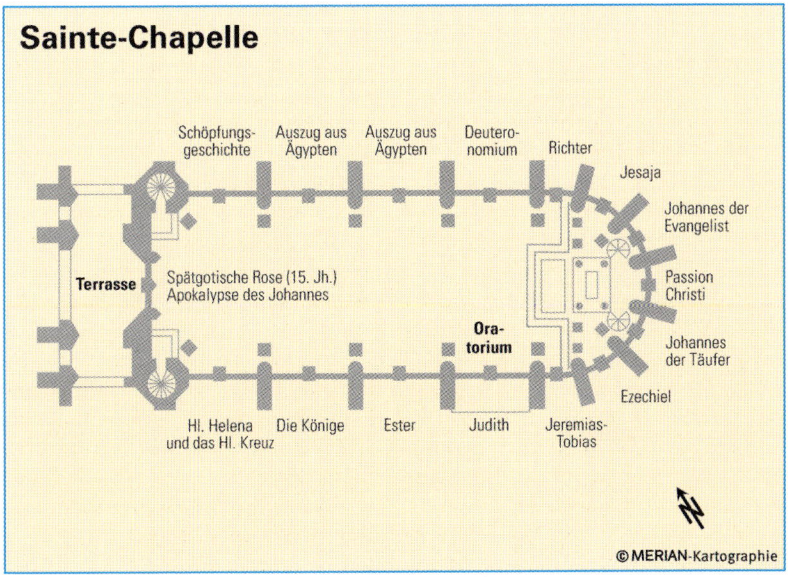

STATUE DE LA LIBERTÉ

Eine kleinere Version der New Yorker Freiheitsstatue, drei Jahre nach der »Statue of Liberty« von Frédéric Auguste Bartholdi geschaffen, befindet sich auf der Île des Cygnes bei der Grenelle-Brücke, einer künstlich mit Bauschutt angelegten 890 Meter langen und nur 20 Meter breiten Insel.

Zuerst hatte man die Freiheitsstatue an der Ostseite in Richtung Eiffelturm aufgestellt, doch dann wurde sie, Bartholdis Wunsch entsprechend, auf dem westlichen Ende des Inselstreifens, dem Meer zugewandt platziert, damit sie ihrer großen Schwester, der New Yorker Statue vor Ellis Island nicht den Rücken kehrt.

➤ 16. Arr. ➤ [B 5]
Île des Cygnes, über linkes Ufer RER C: André Javel oder rechtes Ufer, Metro: Passy

TOUR MONTPARNASSE

Der Blick von der 56. Etage auf Paris muss sein! Sechs Meter pro Sekunde legt der Aufzug zurück. Vom Montparnasse-Turm aus sieht man erstaunlicherweise nie die Seine, jedoch erscheint der Louvre übermäßig groß. Fantastischer Blick von der Terrasse in 210 Meter Höhe.

➤ 15. Arr. ➤ [E 6] 33, Avenue du Maine, Metro: Montparnasse-Bienvenue; So–Do April–Sept. 9.30–23.30, Okt.–März 9.30–22.30, Fr, Sa 9.30–23 Uhr; Eintritt 8,70 €

Einige Pariser Bauten im Höhenvergleich

1 Eiffelturm, 324 m
Architekt: Gustave Eiffel
2 Notre-Dame, 70 m (Türme)
Architekt: Maurice de Sully
3 Sacré-Cœur, 83 m (Glockenturm)
Architekt: Paul Abadie
4 La Grande Arche, 110 m
Architekt: Johan Otto von Spreckelsen
5 Tour Montparnasse, 210 m
Architekt: Raoul Dautry
6 Arc de Triomphe, 50 m
Architekt: Jean-François Chalgrin
7 Bibliothèque Francois Mitterrand, 78 m Architekt: Dominique Perrault

1
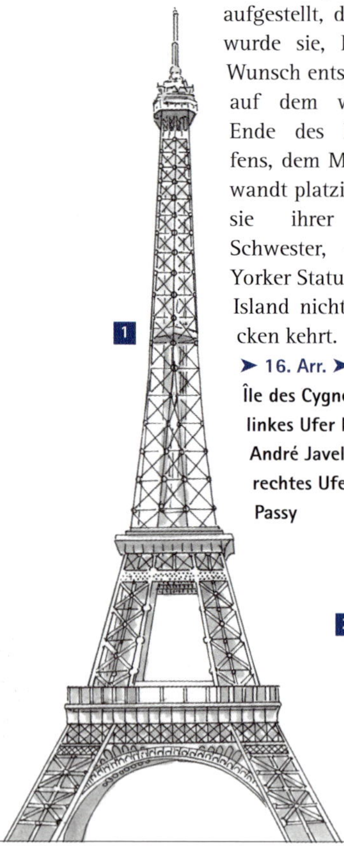

2

3

TUILERIEN

Der Tuileriengarten verkörpert den Prototypen eines »jardin à la française«. André Le Nôtre wollte seinen Gärten die Illusion verleihen, dass sie sich bis ins Unendliche erstrecken. Katharina de Medici ließ im 16. Jahrhundert westlich des Louvre auf dem Gelände einer ehemaligen Ziegelei, »tuilerie«, ein Schloss bauen. Es erstreckte sich, bis zu seiner Zerstörung beim Kommuneaufstand, 266 Meter lang, parallel zur heutigen Avenue du Général Lemonnier.

Katharina von Medici beauftragte den Florentiner Bernardo Carnesecchi mit der Gestaltung eines rund 15 Hektar großen Gartens mit Brunnen und Alleen. Lange galt er als der schönste Garten weit und breit. Heinrich IV. ließ ihn mit großen Wasserbecken ausstatten. Ein halbes Jahrhundert später setzte Le Nôtre im Auftrag von Ludwig XIV. sein ganzes Talent bei der Gestaltung des Tuilerienparks ein. Er öffnete die Perspektiven nach Westen, legte die Terrassen an der Seine und an der (heutigen) Rue de Rivoli an und erzeugte durch die geschickte Aufteilung die Illusion, der Garten sei vom Schloss aus gesehen.

Unter Ludwig XIV. wurde es still um Tuilerienschloss und Park, denn der Hof lebte in Versailles. Erst kurz vor dem Sturm auf die Bastille 1789, wurde Ludwig XVI. gezwungen, von Versailles ins Tuilerienschloss umzusiedeln. Nach der Revolution ließ sich dort das Revolutionskomitee nieder. Dies bewahrte das Tuilerienschloss vor Plünderungen. Napoleon III., der letzte Tuilerienschlossbewohner, ließ am Westende des Parks, 1853 eine Orangerie bauen und auf der anderen Seite, 1862, das schöne Ballhaus, Jeu de Paume (→ S. 144). Vom Louvre kommend gliedert sich der Garten in »Le Grand Carré« und Le Grand Couvert«. Unter den Bäumen des »Grand Couvert« befinden sich vier hübsche Cafés, wo man wunderbar im freien Kaffee trinken und Kleinigkeiten essen kann. Am allerschönsten ist es dort vormittags, wenn der Garten unter der Morgensonne ganz besonders unberührt wirkt.

➤ 1. Arr. ➤ [F 4] **Metro: Tuileries, Concorde; tgl. 8–19 Uhr**

4

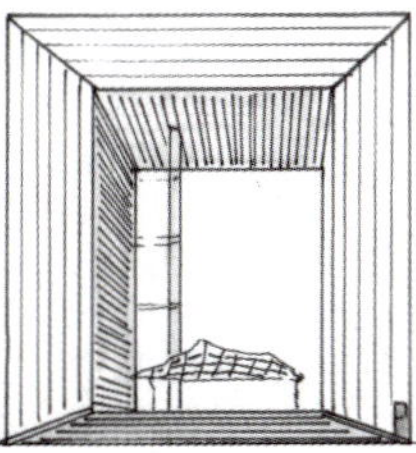

5

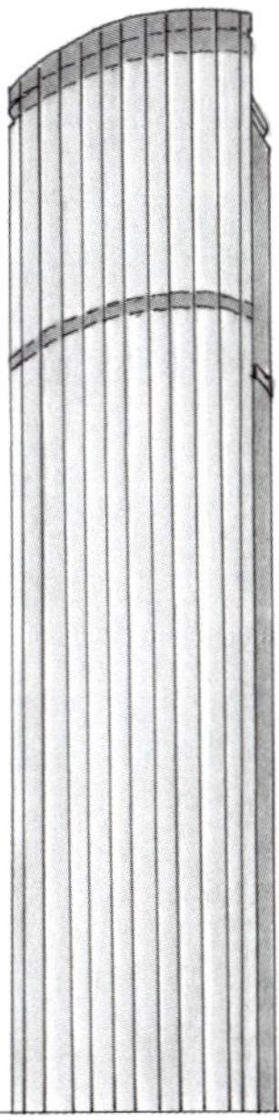

6

7

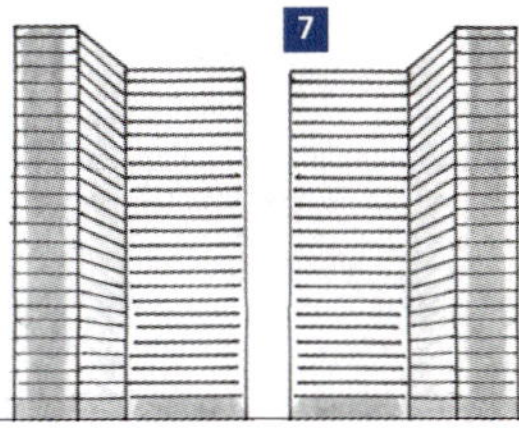

Im Louvre streben die Treppen unter der großen Glaspyramide des Architekten Ieoh Ming Pei schwungvoll ans Licht – und zu rund 35 000 Kunstwerken (S. 180).

KUNST UND KULTUR DER SUPERLATIVE

Ein Besuch im Louvre, dem lichten Schatzhaus von Weltruhm, ist ein Streifzug durch die gesamte Kunstgeschichte. Aber auch die anderen Museen und Sammlungen von Paris bieten Kunst von Weltrang.

Man kann in Paris Wochen in Museen verbringen, und vielleicht hat man dann immer noch nicht alles gesehen. Die Auswahl ist vielfältig und riesengroß. Wer sehr viele Museen besuchen und sich ausgiebig dem Sightseeing widmen möchte, sollte sich auf jeden Fall einen Museumspass besorgen. Er gewährt zu 60 Museen und Sehenswürdigkeiten in Paris und Umgebung, beispielsweise Versailles, direkten Zutritt, allerdings nur zu den Dauerausstellungen, nicht zu den Sonderausstellungen. Es gibt den Museumspass für zwei (30 €), vier (45 €) oder sechs Tage (60 €). Die Karte wird mit dem ersten Museumsbesuch aktiviert und ist bis zur ersten Nutzung unbefristet gültig. Sie gilt nur an aufeinanderfolgenden Tagen. Infos gibt es im Internet unter www.parismuseumpass.fr. In Anbetracht der hohen durchschnittlichen Eintrittspreise – zwischen 6 und 8 Euro für Erwachsene – kann sich der Pass schnell bezahlt machen. In der überwiegenden Mehrheit der Museen ist der Eintritt für Jugendliche bis 18 Jahre frei. Für 18- bis 26-Jährige gelten fast immer ermäßigte Preise.

AUTORENTIPP An jedem ersten Sonntag im Monat ist der Besuch in den großen staatlichen Museen kostenlos. Dann stürmen auch die Pariser in Scharen los. Wenn irgendwie möglich sollte man dann Louvre, Musée d'Orsay, Orangerie und Centre Pompidou meiden. **www.rmn.fr:** stellt die 15 wichtigsten staatlichen Museen in Paris in französischer und englischer Sprache vor.

Der Besuch der Dauerausstellungen in den städtischen Museen wie zum Beispiel im Stadtmuseum (Musée du Carnavalet), im Städtischen Museum für Moderne Kunst (Musée de l'Art moderne de la Ville de Paris), im Petit Palais oder im Cognacq-Jay-Museum (Musée Cognacq-Jay) ist immer kostenlos.

CARTIER-BRESSON-STIFTUNG

Die Fondation Cartier-Bresson ist nicht nur für Fotoliebhaber sehenswert. Der große Fotograf Henri Cartier-Bresson (1908–2004), der unter anderem die Befreiung von Paris fotografierte, hatte im Jahr 2000 gemeinsam mit seiner Frau, der ebenfalls berühmten Fotografin, Martine Franck, und seiner Tochter Melanie diese Stiftung gegründet. Noch zu seinen Lebzeiten wurde dieser Ort gewählt: ein für Montparnasse typisches Künstleratelier, das 1912 von Molinié gebaut wurde. Hier werden regelmäßig sehr gute Fotoausstellungen gezeigt.

➤ 14. Arr. ➤ [F 6] 2, Impasse Lebouis; www.henricartierbresson.org; Metro: Edgar-Quinet, Gaîté; Di–So 13–18.30, Mi 13–20.30, Sa 11–18.30 Uhr (außer Aug. und Feiertage); Eintritt 5 €

CENTRE GEORGES POMPIDOU

»Beaubourg«, so wird das Centre Pompidou in Paris genannt. Das heute immer noch avantgardistische Gebäude (166 Meter lang, 60 Meter tief und 42 Meter hoch) in der Innenstadt ist nun bereits mehr als dreißig Jahre alt und zieht pro Jahr fünf Millionen Besucher an, fast so viele wie der Eiffelturm. In dem bunt gestrichenen Glasröhrenbau fühlt man sich nie eingeengt, was äußerst angenehm ist.

Das Centre Georges Pompidou besitzt eine der weltweit führenden Sammlungen moderner und zeitgenössischer Kunst: 59 500 Werke von 5000 Künstlern. Das Museum für Moderne Kunst ist im fünften Stock untergebracht. 1500 bedeutende Werke wurden Anfang 2007 für die permanente Ausstellung völlig neu und chronologisch gehängt. Man beginnt nun im fünften Stock mit Kunst zwischen 1905 und 1960 und ihren verschiedenen Bewegungen und Epochen wie Kubismus, Fauvismus, Surrealismus, »Écoles de Paris« oder Neuer Realismus. Für Künstler nach 1930 ist der vierte Stock reserviert. Im sechsten Stock finden sehr sehenswerte Wechselausstellungen statt. Seit Frühjahr 2007 befindet sich dort »La Maison Tropicale«, ein Metallfertighaus von Jean Prouvé. Ein Projekt, das er in den 50er-Jahren für die Kolonien entwickelt hatte, das allerdings nur in dreifacher Ausführung produziert wurde. Der Besuch im »Beaubourg« lohnt sich auch für eine der kleinen, oft Industriedesign oder Architektur gewidmeten Ausstellungen in den unteren Etagen – oder schon allein für die fantastische Aussicht!

➤ 4. Arr. ➤ [H 4] Place Georges Pompidou; www.centrepompidou.fr; Metro: Châtelet, Les Halles; Mi–Mo 11–22 Uhr, Do–23 Uhr (nur Galerie 1), Ausstellungen schließen 21 Uhr; Eintritt 10 €; Ticket für alle Ausstellungen und das Museum gültig

CITÉ DE L'ARCHITECTURE ET DU PATRIMOINE

Nach der Verlagerung der Cinémathèque und des Filmmuseums in den Frank-Gehry-Bau in Bercy hat der linke Flügel des Palais Chaillot eine neue Bestimmung: 23 000 Quadratmeter sind ausschließlich Architektur und Stadtplanung gewidmet. Damit ist die Cité de l'Architecture et du Patrimoine die größte Architektureinrichtung dieser Art in Europa.

Das zuvor im rechten Chaillot-Flügel untergebrachte Museum für französische Monumente (Musée des Monuments Français) ist das Herzstück der in drei Abschnitte gegliederten Dauerausstellung. Zunächst durchwandert man die Galerie des Moulages, wo Gipsabgüsse von Bauwerken oder Teilen davon zu sehen sind. Der Architekt und Kunsthistoriker Viollet-Le-Duc hatte gemeinsam mit dem Bildhauer Geoffroy-Dechaume die Idee dazu und setzte sie ab 1882 um. Man kann hier Originalabdrücke von Fassaden, Grabstätten, Skulpturen oder Brunnen aller Epochen besichtigen. Der zweite Bereich ist den Originalkopien von Wandmalereien aus dem Mittelalter und der Renaissance gewidmet. Im drit-

Centre Pompidou: Seit 1977 Anziehungspunkt für Kunstinteressierte – und alle, die den besten Blick über die Stadt suchen.

ten Teil werden Besucher für Architektur und Urbanistik sowie ökologische Bauweisen sensibilisiert. Im Rahmen dieses im September 2007 eröffneten Projekts wird auch eine Musterwohnung in Originalgröße aus der Cité Radieuse in Marseille von Le Corbusier gezeigt. Wechselausstellungen stellen die Hauptströmungen der modernen Architektur vor. Angeschlossen sind Bibliothek, Mediathek, Buchhandlung und Konferenzräume.

➤ 16. Arr. ➤ [C 4] 1, Place du Trocadéro (Museum) u. 45, Avenue du Président Wilson (Wechselausstellungen); Tel. 58 51 52 00; www.citechaillot.fr; Metro: Trocadéro, Iéna, RER C: Champs de Mars-Tour Eiffel, Batobus: Tour Eiffel; Mo, Mi, Fr 12–20, Do 12–22, Sa, So 11–19 Uhr; Eintritt Museum 7 €, 1 Wechselausstellung 5 €, 2 Ausstellungen 8 €

Grandeur: Das Grand Palais bietet die passende Kulisse für glamouröse Events wie die Chanel Fashion Show 2006.

CITÉ NATIONALE DE L'HISTOIRE DE L'IMMIGRATION

Im 19. Jahrhundert war Frankreich das wichtigste Einwanderungsland in Europa. Seit der Aufklärung herrschte dort Toleranz, und besonders Paris war allgemein als Immigrantenstadt beliebt. Im Palais de la Porte Dorée, das für die internationale Kolonialausstellung (»Exposition coloniale internationale«) im Jahr 1931 entstanden war, wurde im Herbst 2007 das staatliche Zentrum für die Geschichte der Immigration eröffnet. Es ist Frankreich als Einwanderungsland und Frankreichs Immigranten gewidmet. Die Cité versteht sich als interdisziplinäres Projekt, das Fotografie, Humanwissenschaften, Soziologie, Film- und Kulturwissenschaften umfasst. Die Dauerausstellung gliedert sich in drei Themenschwerpunkte: Immigration, Leben in Frankreich und Kulturenvielfalt.

➤ 12. Arr. ➤ [M 7] 293, Avenue Daumesnil, www.histoire-immigration.fr; Metro: Porte Dorée; Di–Fr 10–17.30 Uhr, Sa, So 10–19 Uhr, Eintritt 3 € (bis Jahresende 2007 gültig)

CITÉ DES SCIENCES ET DE L'INDUSTRIE-LA VILLETTE

(→ Spezial, S. 198)

GRAND PALAIS 8

Wie das Petit Palais (→ S. 204) und der Pont Alexandre III wurde auch das Grand Palais als architektonische Einheit für die Weltausstellung 1900 gebaut und besteht ebenfalls aus einer Eisen-Glas-Struktur, die mit Mauerwerk verkleidet ist. Die monumentale Treppe unter der Glaskuppel war ursprünglich gleichzeitig als Konzertsaal vorgesehen. Im Grand Palais erregte Paul Gauguin 1906 auf dem für die damalige Zeit avantgardistischen »Salon des Indépendants«, einer Messe für Gegenwartskunst, große Aufmerksamkeit und erntete viel Kritik. Paul Cézanne erging es 1907 ebenso.

Bis 1937 wurde das Grand Palais als Messehalle genutzt. Dann wurden im Westteil des Gebäudes 25 000 Quadratmeter für das **Palais de la Decouverte** umgebaut, ein Wissenschaftsmuseum, wo man per Knopfdruck wissenschaftliche Versuche starten kann. In der Nordseite sind die Staatlichen Galerien für Kunst eingerichtet, wo ständig die großen Kunstausstellungen der Galeries Nationales du Grand Palais präsentiert werden.

Nachdem 1993 ein Eisenbolzen in 35 Metern Höhe gebrochen war und für die Sicherheit nicht mehr garantiert werden konnte, schloss man den Flügel unter dem Glaskuppeldach. Die äußerst kostspieligen Renovierungsarbeiten wurden 2007 abgeschlossen. Unter der magisch schönen Glaskuppel werden unterschiedliche Ausstellungen, Messen und Events organisiert. Grand Palais und Petit Palais sind durch die ansonsten unbebaute Avenue Winston Churchill getrennt.

➤ 8. Arr. ➤ [E 4] Staatliche Kunstausstellungen Grand Palais; Eingang: 3, Avenue du Général-Eisenhower; www.rmn.fr; Metro: Champs Élysées-Clemenceau, Franklin-D.-Roosevelt; Mi–Mo 10–20, Mi–22 Uhr (nur bei Ausstellungen geöffnet)

Palais de la Découverte; Eingang: Avenue Franklin Roosevelt; Di–Sa 9.30–18, So u. feiertags 10–19 Uhr; Planetarium: Mo, feiertags geschl.

Staunen: Die Meisterwerke im Louvre locken jedes Jahr über vier Millionen Besucher aus aller Welt an.

INSTITUT DU MONDE ARABE, IMA

Das IMA ist mit dem Projekt Grand Louvre eine der architektonisch gelungensten Realisationen der Ära Mitterrand. Architekt Jean Nouvel kombinierte arabische Ornamentik und modernste Bautechnologie. Der Blick von der Dachterrasse auf den neuen Osten ist absolut lohnenswert.

Die Besichtigung des Museums für arabisch-islamische Kunst beginnt in der siebten Etage mit vorislamischer Kunst. Eine Etage tiefer wird die Entwicklung der islamischen Kunst dokumentiert, und in der vierten Etage stellt man die Blütezeit der arabisch-islamischen Kunst vor. Gut ausgeleuchtete und luftige Szenografie. Das Museum ist nie überlaufen, die Sonderausstellungen dafür fast immer.

➤ 5. Arr. [M 7] **1, Rue des Fossées Saint-Bernard; www.imarabe.org; Metro: Jussieu, Sully-Morland; Di–So 10–18 Uhr; Eintritt 7 €, Sonderausstellungen kosten extra**

LOUVRE (MUSÉE DU LOUVRE) 9

Der Louvre ist eine Welt für sich, mit acht Sammlungen unter einem Dach. Kunstfreunde können sich tagelang auf den 60 600 Quadratmetern der Galerien verlieren. 35 000 Werke der klassischen Malerei, Skulpturen aus Frankreich und Italien, große Meister aus Holland sowie die legendären mesopotamischen, ägyptischen, griechischen und frühislamischen Antikensammlungen umfasst dieses weltgrößte Museum.

Die acht Sammlungen sind geografisch in drei »Regionen« mit jeweils direkten Zugängen unter der Glaspyramide aufgeteilt: **Denon, Richelieu und Sully.**

Der reiche Bestand der Antikensammlungen genießt Weltruf. In der Abteilung des Pharaonischen Ägyptens ist ganz besonders der thematische Rundgang (»Accès Sully«) zu empfehlen, der in 19 Sälen einen guten Überblick über Kultur und Alltagsleben im alten Ägypten bietet. Höhepunkt im ersten Stock ist der »Sitzende Schreiber« (2620–2500 v. Chr.).

Für die Gemäldesammlung in der ersten und zweiten Etage nimmt man in der Eingangshalle den Zugang »Denon«. Im Saal Nummer 6 hängen die weltberühmte **Mona Lisa** von Leonardo da Vinci und »Die Hochzeit von Kana« von Veronese. Die legendäre »Madonna in der Felsgrotte« von Leonardo da Vinci, die Ludwig XII. 1499 in Mailand so bewundert hatte und von der eine zweite Fassung in der National Gallery in London existiert, befindet sich ebenfalls in der italienischen Sammlung des Louvre. Ein weiteres Highlight ist »Das Floß der Medusa« von Théodore Géricault.

Wer es gern ruhiger hat und in Ruhe Schätze entdecken möchte, wie sie in keinem anderen Museum der Welt geboten werden, sollte sich im **Richelieu-Flügel** Zeit für die fantastische Sammlung französischer Malerei nehmen. Es handelt sich um die umfassendste Sammlung an französischer Malerei weltweit, mit mehr als 1000 Gemälden, die in 77 Sälen untergebracht sind. Seit 1993 befindet sich die Abteilung für französische Malerei in der obersten Etage des Louvre. Der Rundgang beginnt im Richelieu-Flügel, verläuft um die Cour Carré und endet im ersten Stock des Denon-Flügels, wo die Riesenformate von David, Géricault oder Delacroix hängen. Gleichzeitig sollte man auch auf die Decken und Wandgemälde achten, die noch aus der Zeit stammen, als der Louvre als Königsresidenz diente.

AUTORENTIPP Warteschlangen umgeht man, wenn man mit dem Museumspass den Louvre an der »Porte des Lions« an der Seineseite betritt. Sonntage sollte man möglichst meiden, ganz besonders den ersten Sonntag im Monat, wenn der Eintritt frei ist und die Pariser das Museum stürmen.

Die Exponate in der Abteilung für französische Malerei umfassen die gesamte Zeitspanne vom frühen Mittelalter bis ins frühe 19. Jahrhundert. Ganz besonders reichhaltig ist der Museumsbestand an Werken von Poussin, Le Sueur, Le Brun, Watteau, Chardin, Fragonard, David, Ingres, Delacroix und Corot.

In Saal 1 des »Aile-Richelieu« kann man das älteste noch erhaltene französische Porträt bewundern. Es zeigt Jean II. Le Bon und entstand um 1350. In Saal 4 ist die berühmte »Pietà de Villeneuve-les-Avignon« sehenswert. Die ersten Einflüsse der italienischen Renaissance und der in Frankreich vorübergehend lebenden Künstler Da Vinci und Rosso auf die französische Malerei findet man in den Gemälden der »École de Fontainebleau« in den Sälen 7 und 8. Dort befindet sich auch das »Portrait présumé de Gabrielle d'Estrées et de sa sœur la duchesse de Villars« (um 1594). Gabrielle war Geliebte Heinrich VI., und es wird vermutet, dass die Geste ihrer Schwester ein Hinweis auf die Mutterschaft Gabrielles sein soll. César Bourbon, später Herzog von Vendôme, war ein unehelicher, 1594 geborener und ein Jahr später legitimierter Sohn des Königs und Gabrielle d'Estrées.

Der Louvre

Untergeschoss (Empfang und Zwischengeschoss)

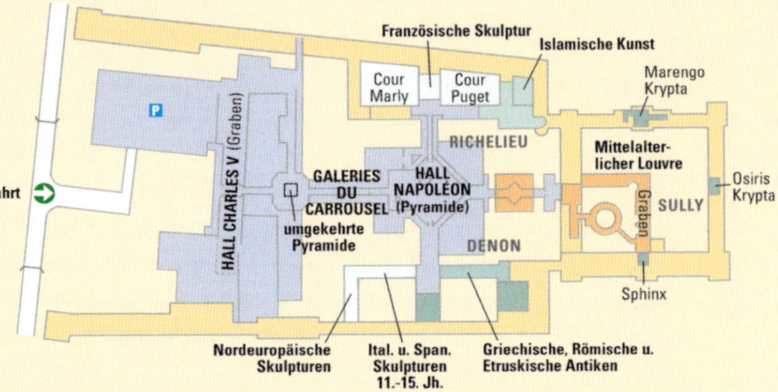

Erdgeschoss

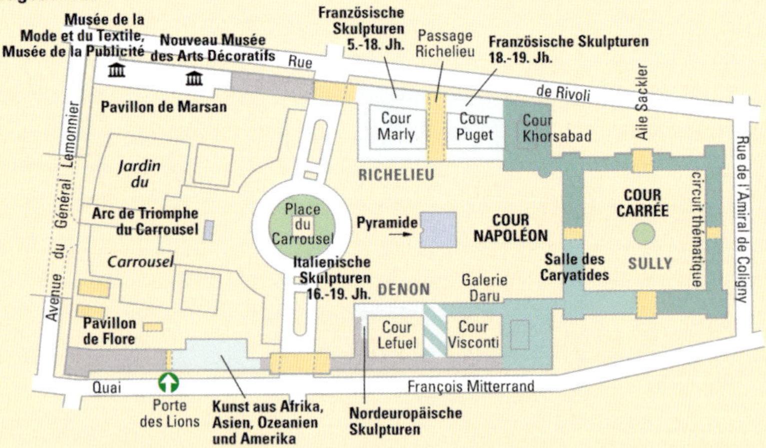

- Ägyptische Sammlung, Orientalische Sammlung
- Griechische, Römische und Etruskische Antiken
- Islamische Kunst
- Afrikanische, Asiatische und Ozeanische Kunst
- Skulpturen
- Service und Geschäfte
- Geschichte des Louvre, Mittelalterlicher Louvre
- Geschlossen

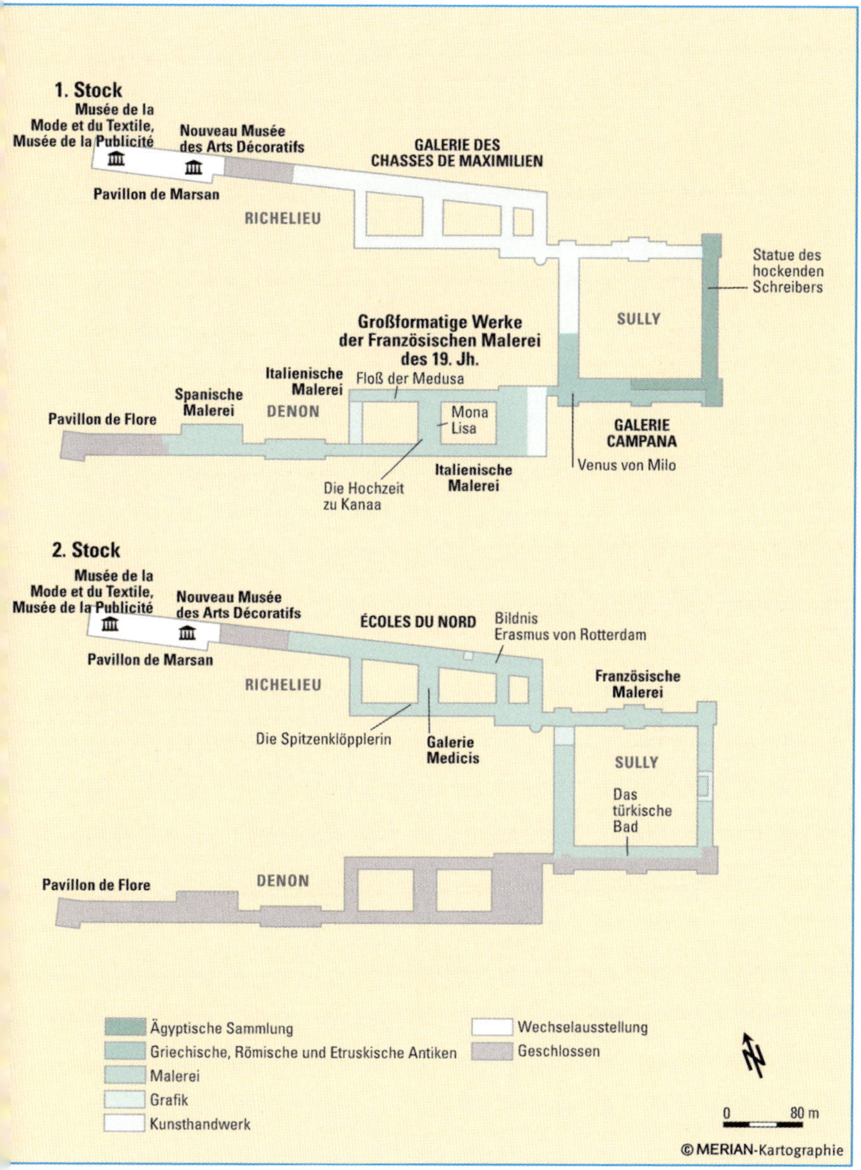
1. Stock
Musée de la Mode et du Textile, Musée de la Publicité
Nouveau Musée des Arts Décoratifs
GALERIE DES CHASSES DE MAXIMILIEN
Pavillon de Marsan
RICHELIEU
Statue des hockenden Schreibers
SULLY
Großformatige Werke der Französischen Malerei des 19. Jh.
Italienische Malerei
Floß der Medusa
Spanische Malerei
Pavillon de Flore
DENON
Mona Lisa
GALERIE CAMPANA
Venus von Milo
Italienische Malerei
Die Hochzeit zu Kanaa
2. Stock
Musée de la Mode et du Textile, Musée de la Publicité
Nouveau Musée des Arts Décoratifs
ÉCOLES DU NORD
Bildnis Erasmus von Rotterdam
Pavillon de Marsan
Französische Malerei
RICHELIEU
Die Spitzenklöpplerin
Galerie Medicis
SULLY
Das türkische Bad
Pavillon de Flore
DENON
Ägyptische Sammlung
Griechische, Römische und Etruskische Antiken
Malerei
Grafik
Kunsthandwerk
Wechselausstellung
Geschlossen
0
80 m

Fast ein Viertel des Gesamtwerks von Nicolas Poussin (1594–1665) befindet sich im Louvre (Säle 12, 13, 14, 16–19), darunter auch die berühmten »Les Bacchantes«.

➤ 1. Arr. ➤ [G 4] Metro: Palais-Royal-Musée du Louvre; Eingang Glaspyramide u. Galerie du Carrousel Mi–Mo 9–22 Uhr; Eingang Passage Richelieu Mi–Mo 9–18 Uhr; Eingang Porte des Lions Mi, Do, Sa, So, Mo 9–17.30 Uhr; (außer 15. August)

MAISON BALZAC

Honoré de Balzac lebte in diesem schlichten Haus in Hanglage in Passy von 1840 bis 1847 und schrieb dort sein Meisterwerk »Die menschliche Komödie«. Auch die Romane »La Cousine Bette« und »Le Cousin Pons« entstanden hier. Balzac war ständig hoch verschuldet und immer auf der Flucht vor Gläubigern, deshalb hatte er sich in der Gemeinde unter dem Namen »Monsieur de Breugnol« niedergelassen. Passy war im 19. Jahrhundert ein schicker Badeort mit Wochenendhäusern, großzügigen Gärten und Landhotels.

➤ 16. Arr. ➤ [C 5] 47, Rue Raynouard; Metro: Passy, La Muette, RER C: Boulainvilliers; Di–So 10–18 Uhr; Eintritt frei, Sonderausstellung kostenpflichtig

MANUFACTURE DES GOBELINS, GALERIE DES GOBELINS

Mehr als drei Jahrzehnte war die Galerie des Gobelins geschlossen, ehe sie im Mai 2007 wieder eröffnet wurde. Die historische Galerie wurde beim Kommuneaufstand zerstört, 1922 wurde die bestehende Galerie als Ausstellungsfläche für Bildwirkereien in der Manufacture Nationale des Gobelins eröffnet. Bei der jüngsten Komplettrenovierung entstanden zwei Ebenen mit je 500 Quadratmetern, wo primär Stücke aus den unglaublich reichhaltigen Sammlungen des Nationalen Möbeldepots (»Mobilier national«), das ständig auch mit Kreationen aus der benachbarten Gobelin-Manufaktur angereichert wird, zu sehen sind.

An den Ufern der Bièvre, einem Fluss, der in Paris in die Seine mündet (heute aber unterirdisch fließt), hatten sich ab dem frühen 15. Jahrhundert Müller, Färber und Gerber niedergelassen, darunter auch im Jahr 1433 ein gewisser Jean Gobelin, der schnell für seine tiefroten Stoffe legendär wurde. Flämische Teppichwirker zogen an die Bièvre und arbeiteten im Dienste von Heinrich IV. Unter Ludwig XIV. kaufte die Krone 1662 La Manufacture Royale des Tapisseries de la Couronne, die für die königlichen Gemächer prachtvolle Stoffe anfertigte. Ein paar Jahre später wurde die Manufacture Royale des Meubles angegliedert, wo die allerbesten ihrer Zunft – Kunstschreiber, Goldschmiede, Teppichknüpfer – ausschließlich für die Ausstattung der königlichen Schlösser arbeiteten. Heute noch arbeiten 30 Gobelinexpertinnen an der Restaurierung von Wandteppichen und Bezugsstoffen und stellen Auftragswerke für staatliche Schlösser oder historische Sehenswürdigkeiten her.

Das Erdgeschoss der Galerie des Gobelins ist Werken von 1997 bis 2007 gewidmet, mit riesigen modernen Bildwirkereien nach Zeichnungen von Garouste, Erro, Aki Kuroda oder Raymond Hains.

Im zweiten Stock werden historische Prachtstücke aus der 15-teiligen Artemis-Folge, die Heinrich IV. 1607 nach Zeichnungen von Antoine Caron von 1540 in Auftrag gegeben hatte, gezeigt.

➤ 13. Arr. ➤ [H 7] 42, Avenue des Gobelins; Metro: Gobelins, Galerie Di–So 12.30–18.30 Uhr; Manufaktur Di, Mi, Do 14–16.40 Uhr, nur geführte Besichtigung; Eintritt 6 €, Kombiticket Galerie/Manufaktur 10 €

MUSÉE DES ARTS DÉCORATIFS, DE LA MODE ET DE LA PUBLICITÉ

Das Badezimmer von Modeschöpferin Jeanne Lanvin, das Bett einer berühmten Kurtisane, die Émile Zola zu seinem Roman »Nana« inspirierte, dies und andere Einrichtungen und Deko-Objekte findet man im weitläufigen, völlig neu konzipierten **Kunstgewerbemuseum**. 6000 Exponate vom Mittelalter bis zum 21. Jahrhundert aus der insgesamt 150 000 Objekte umfassenden Sammlung werden in der Dauerausstellung im originalgetreu nach den Plänen von 1850 restaurierten Seitenflügel des Louvre gezeigt.

Direkt daneben befindet sich die Spielzeugabteilung, **Galerie des Jouets**. Zweimal im Jahr wechseln die meist thematisch ausgerichteten Ausstellungen, damit die 12 000 Teile reiche Sammlung nach und nach zur Exposition kommt.

Angegliedert sind die **Museen für Werbung und Mode**. Der Bestand des Modemuseums mit 19 000 Kleidungsstücken vom 17. Jahrhundert bis heute, 36 000 Accessoires und 31 000 Stoffmustern kann sich sehen lassen: Ebenso interessant sind die einem Thema oder Couturier gewidmeten Ausstellungen.

➤ 2. Arr. ➤ [F 4] 107, Rue de Rivoli (Seitenflügel Louvre); www.lesartsdecoratifs.fr; Metro: Palais Royal-Musée du Louvre, Tuilerien, Pyramides; Di–Fr 11–18, Do 11–21, Sa, So 10–18 Uhr; Eintritt 8 €, das Ticket ermöglicht den Zugang zum Musée de la Publicité und Musée de la Mode et du Textile

MUSÉES DES ARTS ET MÉTIERS

In der Kirche der einstigen Benediktinerabtei Saint-Martin-des-Champs wies der Physiker Léon Foucault 1855 erstmals die Erdrotation nach. Dieses Foucaultsche Pendel hängt im **Technikmuseum**, das mit der technisch-gewerblichen Hochschule (Conservatoire des Arts et Métiers), in der ehemaligen Klosteranlage untergebracht ist.

Im bereits 1794 gegründeten und 1994 grundlegend sanierten, 5000 Objekte reichen Museum startet man eine Zeitreise. Technische Erfindungen, wie zum Beispiel das wundersame Flugobjekt »Aquilon« von Clément Ader, stehen in diesem Museum im Mittelpunkt. Man verspürt Hochachtung vor all den Geistesgrößen, die den ersten Fotoapparat, die ersten Webstühle, Motoren und mehr erfunden und entwickelt haben. In der Kapelle ist auch das 1875 von Frédéric-Auguste Bartholdi geschaffene Grundmodell der Freiheitsstatue von New York zu sehen. Nur in enger Zusammenarbeit mit Gustave Eiffel konnte der Bildhauer dieses technisch hochkomplizierte Monument umsetzen.

➤ 3. Arr. ➤ [H 4] 60, Rue Réaumur; www.arts-et-metiers.net; Metro: Arts et Métiers, Réaumur-Sébastopol; Di–So 10–18, Do–21.30 Uhr; Eintritt 6,50 €

DIE KÜNSTLERMETROPOLE

Über hundert Jahre lang war Montparnasse eines der wichtigsten Zentren der europäischen Kunstavantgarde.

Wenn man heute durch Montparnasse schlendert, kann man sich kaum vorstellen, dass es noch vor rund 150 Jahren ländliches Gebiet war. Wie in den anderen, südlich von Paris liegenden Kommunen Montrouge und Monsouris wurde hier Kalkstein abgebaut, denn bis zum Beginn des 19. Jahrhunderts wurde in Paris ausschließlich mit Steinen aus Paris und den direkten Vororten gebaut.

CATACOMBES

Im späten 18. Jahrhundert waren die Friedhöfe in der Pariser Innenstadt so überfüllt, dass sie immer mehr zum gesundheitlichen Risiko für die Anwohner wurden. Daraufhin beschloss man, die Knochenreste in den wenig besiedelten, ländlichen Süden der Stadt in die unterirdischen Schächte der Kalksteingruben umzulagern. Das bewährte sich. Nach und nach wurden alle Innenstadtfriedhöfe auf diese Weise »geleert«. Grob geschätzt wurden so mit der Zeit sechs Millionen Knochenteile in die sogenannten **Katakomben,** umgelagert.

Ein kleiner Teil dieses unterirdischen Friedhofes ist heute zugänglich. Wenn man die Catacombes besuchen möchte, sollte man sich mit einem Pullover und einer Taschenlampe ausrüsten.

➤ 14. Arr. ➤ [F 7] 1, Avenue du Colonel-Henri-Rol-Tanguy (an der Place Denfert-Rochereau); Metro oder RER: Denfert-Rochereau; Di–So 10–17 Uhr (Kassenschluss 16 Uhr; Eintritt 7 €

Wie überall am Stadtrand entstanden auch in der 1790 gegründeten Kommune Montrouge, wozu Montparnasse gehörte, Gartenlokale (»guinguettes«), und Cabarets, wo zollfrei Wein ausgeschenkt und getanzt wurde. Einer der legendärsten Orte war das Garten-Tanzlokal »La Grande Chaumière«, das von 1780 bis 1855 existierte. Dort wurden Tänze wie Polka oder Cancan erfunden.

In den 1830er-Jahren zogen mehr und mehr klassische Maler in diese billige Gegend, wo in den ehemaligen Pferdeställen und Schuppen Künstlerateliers eingerichtet wurden. Delacroix, Pissarro, Cézanne oder Courbet nutzten diese Möglichkeit. Noch ehe Montparnasse zur Stadt Paris gehörte, lebten bereits rund 1500 Künstler dort. Bei der Ausweitung von Paris 1860 wurde auch Montparnasse eingemeindet und weitgehend dem 14. Arrondissement zugeordnet.

Nostalgisch: In den kleinen Künstlerhäusern von La Ruche wohnte Anfang des 20. Jahrhunderts die Kunstavantgarde.

Während der Belle Époque von 1890 bis 1914, als es der Kunstavantgarde in Montmartre zu eng und zu teuer wurde, strömten sie in Scharen gen Süden nach Montparnasse. Und jene, wie Utrillo, die nicht umzogen, konnten ab 1910 mit der Nord-Süd-Metrolinie problemlos und schnell ihre Freunde in Montparnasse treffen.

Aus recycelten Baumaterialien der Weltausstellung von 1900 entstanden in der Rue Campagne-Première Ateliers, wo sich Derain, Braque und andere Künstler niederließen. Der Bildhauer Alfred Boucher kaufte 1902 den »Pavillon des Vins« der Weltausstellung und baute ihn in der Rue Dantzig wieder auf. So entstand **La Ruche**, eine legendäre Künstlerkolonie, wo sich Léger, Zadkine, Soutine, Chagall oder Modigliani in einem der günstig zu mietenden 140 Ateliers niederließen. Da Boucher diese emsige Schar »meine fleißigen Bienen« nannte, kam es zu dem Spitznamen »La Ruche«, der Bienenstock. Heute beherbergt die Künstlerkolonie 60 Bewohner, kann aber nicht besichtigt werden.

Ab 1897 traf man sich auf dem Boulevard du Montparnasse im »Le Dôme«– damals ein einfaches Bar-Tabac, heute eine sündhaft teure Brasserie. Lenin und Trotzki waren Stammgäste im »Le Dôme«. Ab 1903 besuchten Dichter und Schriftsteller die »Closerie des Lilas«. Ab 1911 existierte auch »La Rotonde« an der Vavin-Kreuzung als beliebter, sonniger Treffpunkt, wo »Papa Libion« seine Gäste väterlich umsorgte.

Das alles kann man auch in dem kleinen, aber feinen, 1998 gegründeten **Musée du Montparnasse** nachlesen.

➤ 15. Arr. ➤ [E 6] **21, Avenue du Maine; www.museedumontparnasse.net; Metro: Montparnasse-Bienvenue; Di–So 12.30–19 Uhr; Eintritt 5 €**

MUSÉE D'ART ET D'HISTOIRE DU JUDAÏSME

Kaum 300 Meter vom Centre Pompidou entfernt, wurde 1998 das **Museum für Kunst und Geschichte des Judentums** im herrlichen Adelssitz Hôtel Saint-Aignan aus dem 17. Jahrhundert eröffnet. Links im Ehrenhof ist die Trompe-l'œil-Fassade beachtenswert. Die Scheinfassade sollte die Mauerreste der Philippe-Auguste-Befestigung kaschieren. Vor dem Zweiten Weltkrieg war das Hôtel Saint-Aignan wie viele vergleichbare Häuser im Marais marode und die Mieten billig. Daher ließen sich hier nach ihrer Flucht vor dem Pogrom arme Juden aus Osteuropa nieder. Viele von ihnen wurden deportiert.

Das schöne, übersichtlich gestaltete Museum zeigt die Kulturgeschichte der Juden in Europa und besonders in Frankreich und Paris. Es erläutert die Dreyfus-Affäre und stellt die Tageszeitung »Aurore« aus, in der 1898 Émile Zola sein berühmtes »J'accuse« veröffentlichte. Am Schluss des chronologisch und thematisch angelegten Rundgangs werden die Werke einiger jüdischer Künstler aus dem 20. Jahrhundert vorgestellt, wie Marc Chagall, Chaïm Soutine oder Modigliani.

➤ 3. Arr. ➤ [H 4] **71, Rue du Temple; Metro: Rambuteau, Hôtel-de-Ville; Mo–Fr 11–18, So 10–18 Uhr; Eintritt 6,80 €, Kombiticket Museum/Sonderausstellung: 8,50 €, inkl. Audioguide in dt. Sprache**

MUSÉE BACCARAT ET CRISTAL ROOM

Das Baccarat-Museum zeigt 1200 Kristallobjekte aus den Werkstätten des 1764 in Lothringen gegründeten Unternehmens. Die Exponate werden in einem prächtigen, von Philippe Starck atemberaubend durchgestylten Interieur präsentiert. Selbst die Toiletten von Starck mit dem Spiegel-Trompe-l'œil sind sehenswert.

➤ 16. Arr. ➤ [C 4] **11, Place des États-Unis; Metro: Iéna oder Boissière; Mo, Mi–Sa 10–18.30 Uhr, Eintritt 7 €**

MUSÉE DES BEAUX ARTS DE LA VILLE DE PARIS

(→ Petit Palais, S. 204)

MUSÉE CARNAVALET

Adelssitze wie das Hôtel de Carnavalet oder Hôtel Le Peletier de St. Fargeau sind im Marais hauptsächlich im 16. und 17. Jahrhundert entstanden, als das Quartier das Wohnviertel des Adels war. Berühmt sind die Salons, wo sich geistreiche Frauen und Männer, »honnêtes hommes«, zur verfeinerten Konversation versammelten. Eine der gebildetsten und intelligentesten Frauen war die Marquise de Sévigné, eine junge Witwe, die ab 1677 zwanzig Jahre lang im Hôtel de Carnavalet lebte, das heute gemeinsam mit dem Hôtel Le Peletier das **Pariser Stadtmuseum** beherbergt. Das weitläufige Museum sollte man sich als Paris-Besucher nicht entgehen lassen. Es vermittelt nicht nur einen guten Eindruck der vielfältigen Stadtgeschichte, sondern bringt einem auch die typische Architektur der Adelssitze des 17. Jahrhunderts nahe.

Die Stadtgeschichte von der galloromischen Epoche bis zur Aufklärung (»les lumières«) ist im Hôtel de Carnavalet illustriert. Sehr anschaulich ist im Erdgeschoss das Holzmodell der Île de la Cité aus dem 16. Jahrhundert. Zu den Höhepunkten gehört der Empfangsraum des Hôtel d'Uzès, 1761 von Claude Nicolas Ledoux gestaltet. In der Galerie Sévigné hängt ein hübsches Porträt der Marquise de Sévigné, die mit scharfem Blick und Verstand in zahlreichen Briefen an ihre Tochter das Leben am Hof von Versailles und in Paris schilderte und Liselotte von der Pfalz zu den wichtigsten Zeitzeuginnen dieser Epoche zählte. Ein Höhepunkt für Jugendstilfans befindet sich im ersten Stock des Hôtel Le Peletier: die Ausstattung des Juwelierladens Fouquet von Alfons Mucha, dem berühmten Prager Künstler.

➤ 3. Arr. ➤ [J 5] **23, Rue de Sévigné; Metro: Saint-Paul; Di–So 10–18 Uhr, Eintritt frei, Sonderausstellungen kostenpflichtig**

MUSÉE COGNACQ-JAY

Ernest Cognacq und seine Frau Marie-Louise Jay, Gründer des Warenhauses »La Samaritaine«, das im Juni 2005 endgültig seine Pforten schloss, haben diese Sammlung zusammengetragen. Nach Cognacqs Tod 1928 erbte die Stadt den kostbaren Nachlass. Schwerpunkte des Museums sind das 18. Jahrhundert und die Zeit zwischen 1900 und 1925. Wer »Boudoir«-Charme, edles Parkett, Stuck, Gold und Marmor, Rokoko-Spiegel, Kandelaber oder feines Porzellan liebt, ist hier am idealen Ort. Gemälde von François Boucher, Pastellzeichnungen von Maurice de La Tour, wundervolle Teppiche und imposante Lüster – dieses kleine Museum vermittelt das Flair eines großbürgerlichen Pariser Interieurs.

➤ 3. Arr. ➤ [H 5] **8, Rue Elzévir; Metro: Saint-Paul, Chemin-Vert, Rambuteau; Di–So 10–18 Uhr; Eintritt frei**

MUSÉE DE LA CONTREFAÇON

Nach Schätzungen der Europäischen Kommision handelt es sich bei zehn Prozent der im Welthandel angebotenen Waren um Fälschungen. Normalerweise denkt man beim Stichwort »Produktfälschung« sofort an Labelimitate, die in vielen Urlaubsparadiesen angeboten werden. Doch das bereits 1951 gegründete **Museum der Produktpiraterie** zeigt noch viel mehr, darunter auch Autoersatzteile, Putzmittel, Bücher, Spielsachen, Mode, Parfums oder Kosmetika. In eingängiger Weise werden nicht nur die wirtschaftlichen Schäden erklärt, die durch die Raubkopien entstehen, sondern auch die Konsequenzen für die Arbeitswelt, Gesundheit und Sicherheit.

➤ 16. Arr. ➤ [B 4] **16, Rue de la Faisanderie; Metro: Porte Dauphine; Di–So 14–17.30 Uhr, alle Aug.-Wochenenden und feiertags geschl.; Eintritt 4 €**

MUSÉE GUIMET UND GALERIE DU PANTHÉON BOUDDHIQUE

Der aus Lyon stammende Industrielle Émile Guimet (1836–1918) war passionierter Kunstsammler. Von der asiatischen Kunst und Kultur war er so fasziniert, dass er den Grundstock zu einer der weltweit umfassendsten Sammlungen weltlicher und religiöser Kunst aus allen Teilen Asiens und ursprünglich auch Ägyptens legte. Guimet wollte »ein Museum, um die Religionen zu vergleichen«, und so sind dem Buddhismus und dem

Die alten Schiffsmodelle, Seekarten und Gallionsfiguren im Marinemuseum zeugen von Frankreichs Seemacht.

Brahamismus große Bereiche gewidmet. Nach dem Zweiten Weltkrieg erhielt der Louvre die ägyptischen Objekte. Als Gegenleistung fielen dem **Musée National des Arts asiatiques-Guimet** die asiatischen Werke aus dem Louvre zu.

Am besten beginnt man den Museumsrundgang im Erdgeschoss links, wo Werke der indischen Kunst zu sehen sind. Wunderschön ist die Buddha-Büste aus rosafarbenem Granit aus der Gupta-Epoche. Im großen Saal, ebenfalls im Parterre, befindet sich die außergewöhnliche Khmer-Kunstsammlung mit fantastischen Darstellungen der Gottheiten. Eher bescheiden bestückt sind die Räume mit thailändischer und birmanischer Kunst, dafür aber verschafft der Vietnam gewidmete Bereich einen guten Überblick. In der ersten Etage sind Werke aus China, Zentralasien, Afghanistan, Pakistan, Nepal und Tibet zu sehen. Ganz besonders beachtenswert sind die Säle mit nepalesisch-tibetanischer Kunst, wo die tanzende Gottheit »Daikini dansante« zu den Höhepunkten zählt. China, Japan und Korea ist die zweite Etage gewidmet. Beachtenswert ist auch die Pagode aus Elfenbein aus dem 18. Jahrhundert, ein Geschenk des Kaisers von China an Frankreich, im dritten Stock. Von dort hat man Zugang zur Chinesischen Rotunde mit einer einzigartigen Paraventsammlung. Der Blick, der sich von der Rotunde aus auf Paris bietet, lohnt sich. Für die Besichtigung des Musée Guimet mit dem Audioguide sollte man mindestens 90 Minuten Zeit mitbringen.

Gleich um die Ecke, dem Musée Guimet angegliedert, befinden sich die **Galerie du Panthéon bouddhique** und der **Jardin japonais**, der Japanische Garten. Die Guimet-Buddha-Sammlung ist im einstigen Stadtpalais des Bankiers Alfred Heidelbach untergebracht, das 1991 vollständig renoviert wurde. In der Galerie du Panthéon bouddhique stehen all jene religiösen Exponate, die Émile Guimet seinerzeit zur Museumsgründung animierten. Höhepunkt ist eine Kopie des »Mandala du Toji«, des berühmten Tempels in Kyoto, wo 21 Buddhas in drei Reihen aufgestellt sind. Unbedingt einen Besuch wert ist der wunderbare japanische Zen-Garten.

➤ 16. Arr. ➤ [C 4] Musée Guimet: 6, Place d'Iéna; www.musee-guimet.fr; Metro: Iéna, Trocadéro; Mi–Mo 10–18 Uhr; Eintritt 8.50 €
Galerie du Panthéon bouddhique: 19, Avenue d'Iéna; Mi–Mo 9.45–17.45 Uhr;
Jardin japonais: Mi–Mo 13–17 Uhr, bei Regen geschl.; Tel. 40 73 88 00; Eintritt frei

MUSÉE JACQUEMART-ANDRÉ

Die Liebesgeschichte zwischen Nélie Jacquemart und Edouard André klingt wie aus einem Barbara-Cartland-Kitschroman. Sie, die künstlerisch begabte Tochter eines Hausdieners, er, ein steinreicher Erbe mit dem Ruf eines Frauenhelds. Sie verlieben sich, und er entwickelt sich aus Liebe zum Kunstliebhaber. Das Paar sammelt Kunst und schätzt sein rauschendes gesellschaftliches Leben, das eines passenden Rahmens bedarf. Der Architekt Henri Parent wird beauftragt, ein Stadtpalais zu planen, wo gewohnt, Kunst gesammelt und glänzende Feste gefeiert werden. Jacquemart-André lieben die Opulenz des Stils Ludwigs XV. und Ludwigs XVI., und ganz besonders lieben sie die italienische Renaissance. Henri Parent, der sich am Wettbewerb für den Bau der Oper beteiligt hatte und von Charles Garnier ausgestochen wurde, übertraf sich bei der Gestaltung des Treppenhauses, das sich ins Unendliche zu schwingen scheint und bei einem Tiepolo-Fresko endet. Sein ganz privates, intimes Museum, mit wertvoller italienischer Kunst angefüllt, öffnete das Paar nur ausgewählten Freunden. Edouard André starb 1894, seine Witwe 1912. Nachdem ihre Ehe kinderlos geblieben war, vermachten Jacquemart-André ihren Besitz als Museum dem Institut de France.

Ausgestattet mit einem Audioguide kann man dieses wunderbare Museum besuchen. Dabei bekommt man nicht nur die Exponate erklärt, sondern kann auch die Privatgemächer besichtigen und dabei über die Lieblingsmusik der ehemaligen Besitzer, ihren privaten Lebensstil und ihre Interessen Etliches erfahren

Der Teesalon des Musée Jacquemart-André ist das schönste Museumscafé in Paris. Man sitzt unter einem Tiepolo-Fresko, neben Wandteppiche aus dem 18. Jahrhundert. Der Teesalon ist unabhängig vom Museum zugänglich.

➤ 8. Arr. ➤ [E 3] 158, Boulevard Haussmann; www.musee-jacquemart-andre.com; Metro: St-Philippe-du-Roule; tgl. 10–18, Mo–21.30 Uhr; Eintritt 9.50 €

MUSÉE DE LA MARINE

Absoluter Hit unter den familienfreundlichen Museen ist das **Marinemuseum**, denn die Sammlung von Schiffen, Schiffsmodellen, Miniaturen und Spielsachen zum Thema Meer und Schifffahrt ist außergewöhnlich. 1999 hatte das Museum auch noch Riesenglück, als Jack

Remise, Journalist, Cineast und Spielzeugsammler 240 Objekte, darunter 160 Spielzeugboote zum Kauf anbot. Darunter ein U-Boot von Märklin aus dem Jahr 1925 oder »Le Rameur«, ein Spielautomat von 1900, der ein Paar beim Rudern zeigt. Im Museum wird auch das Paradeboot Napoleons gezeigt sowie die Werkstatt der Museumsrestauratoren für Segelschiffmodelle.

Am Mittwochnachmittag, wenn in Frankreich schulfrei ist, und sonntags sollte man das Marinemuseum lieber meiden, denn Pariser Kinder und ihre Väter lieben dieses Museum.

➤ 16. Arr. ➤ [C 4] 17, Place du Trocadéro (rechter Seitenflügel des Palais Chaillot); www.musee-marine.fr; Metro: Trocadéro; tgl. Mi–Mo 10–18 Uhr; Eintritt 8 €, inkl. Audioguide, auch in dt. Sprache

MUSÉE MARMOTTAN-MONET

Jules Marmottan erwarb 1882 das ehemalige Jagdschloss eines Hochadligen. Bereits ein Jahr nach dem Kauf starb Marmottan und hinterließ seinem Sohn Paul das Anwesen und eine Renaissance-Sammlung. Paul Marmottan war leidenschaftlicher Sammler von Mobiliar und Kunstobjekten aus der Empirezeit und ließ den Besitz zu einem eleganten Stadtpalais ausbauen. Nach seinem Tod 1932 erbte die Akademie der Schönen Künste, Académie des Beaux Arts Marmottans gesamten Besitz, auch die kostbare Renaissance-Sammlung.

1934 eröffnete die Akademie dieses Museum, doch die große Impressionisten-Sammlung wurde erst 1957 mit der Stiftung von Victorine Donop de Monchy begründet, der Tochter von Georges de Bellio, dem Arzt von Monet, Picasso, Sisley und Renoir. Er hatte als einer der Ersten an die jungen Künstler geglaubt und zahlreiche Werke erworben.

Höhepunkt unter den Exponaten bildet Monets »Impression, soleil levant«, das einst den Begriff Impressionismus prägte und das Michel Monet mit zahlreichen anderen Arbeiten seines Vaters der Académie des Beaux Arts gestiftet hat. Die weltweit größte Monet-Sammlung, zu der unter anderem auch »La Cathédrale de Rouen« (1893) oder »Le Parlement« (1900/01) zählen, hängt in einem speziell dafür geschaffenen Ausstellungsbereich im Untergeschoss.

➤ 16. Arr. ➤ [A/B 5] 2, Rue Louis-Boilly; www.marmottan.com; Metro: La Muette, RER C: Boulainvilliers; Di–So 10–18 Uhr, feiertags geschl.

MUSÉE DE MONTMARTRE

(→ vordere Tasche, Tour 5)

MUSÉE NATIONAL EUGÈNE DELACROIX

In einer Straße, die nach einem Kardinal de Furstenberg benannt wurde, hatte der Maler Eugène Delacroix sein Atelier. Dort, in der Nummer 6, verbrachte er auch seine letzten Lebensjahre. Heute beherbergen die Räume das Delacroix-Museum. Sowohl Gemälde und Zeichnungen als auch Korrespondenz des wohl bekanntesten Vertreters der französischen Romantik sind hier zu besichtigen.

➤ 6. Arr. ➤ [F/G 5] 6, Rue Furstenberg; www.musee-delacroix.fr; Metro: Saint-Germain-des-Prés, Mabillon; Mi–Mo 9.30–17 Uhr

MUSÉE NATIONAL DU MOYEN ÂGE UND THERMES DE CLUNY

Am Boulevard Saint-Michel sieht man hinter Eisengittern die gut erhaltenen Reste der Thermen von Cluny, die ins **Nationalmuseum für mittelalterliche Kunst** integriert sind. Nur das Kaltwasserbad, Frigidarium, ist großenteils erhalten geblieben. Mit einer Länge von 21 Metern galt es als größtes Kaltbad in der römischen Provinz Gallien. Die Bögen in dem 15 Meter hohen Saal waren mit Schiffsschnäbeln verziert, deshalb geht man davon aus, dass die reichen Pariser Schiffer diese Thermen zumindest mitfinanziert haben. Robert Altman hat in den Thermen, die um 200 n. Chr. gebaut wurden, übrigens die große Modenschau als Finale für seine bissige Filmkomödie »Prêt-à-Porter« gedreht.

Gegen 1330 hatte die Benediktinerabtei aus Cluny in Burgund die Überreste der Thermen erworben, um auf dem Gelände eine Pariser Residenz für ihre Äbte zu errichten. Im 15. Jahrhundert wurde das Gebäude von Jacques d'Amboise restauriert und ist bis heute eines der ganz wenigen erhaltenen Privathäuser aus dem Mittelalter in Paris. Wie aus dem Bilderbuch wirkt das hochgotische Hôtel mit seinen Zinnen und Türmchen, geschnitzten Dachgauben und seinem fünfeckigen Treppenturm.

Bereits seit 1844 ist hier das Mittelaltermuseum untergebracht. Grundlage dazu bildete die einzigartige Kollektion mittelalterlicher Gebrauchsgegenstände, Kunstobjekte und Teppiche, die der letzte Bewohner des Stadtpalais, der Archäologe Alexandre du Sommerard zusammengetragen hatte. Nach seinem Tod kaufte der Staat Sammlung und Anwesen.

Im Museum befinden sich unter anderem Teile der ältesten in Paris gefundenen Skulptur »Pilier des Nautes«, der Pfeiler der Schiffer, auf der zugleich keltische und römische Gottheiten dargestellt sind. Unter der Regierung des Tiberius hatte die Vereinigung der Seine-Schiffer, »Nautes«, diese Säule Jupiter zu Ehren aufgestellt. Anhand des Modells lässt sich nachvollziehen, wie das Original ausgesehen haben mag, das man im frühen 18. Jahrhundert unter dem Chor von Notre-Dame gefunden hat.

Als Hauptattraktion der 2300 Exponate gilt der sechsteilige Wandbehang »La Dame à la licorne«, die Dame mit dem Einhorn. Dieses Meisterwerk der Bildwirkerei des 15. Jahrhunderts stammt aus den Niederlanden und gehört mit seinem spätgotischen Streublumen-Ornament zu den sogenannten »Millefleurs«-Wandbehängen. Der Wandteppich ist in einem runden, fensterlosen Raum bei spärlicher Beleuchtung ausgestellt, was die subtilen Farben besser zur Geltung bringt.

Seit September 2000 ist neben dem Hôtel de Cluny ein **Jardin médiéval**, ein Mittelaltergarten angelegt, der im Frühjahr und Herbst am schönsten ist. Zugang zum Garten hat man über das Museum oder an der Ecke Boulevard Saint-Michel und Boulevard Saint-Germain (tgl. 9–17.30 Uhr im Winter, bis 21.30 Uhr im Sommer; Eintritt frei)

➤ 5. Arr. ➤ [G 5] 6, Place Paul-Painlevé; www.musee-moyenage.fr; Metro: Cluny-La Sorbonne, St.-Michel; Mi–Mo 9.15–17.45 Uhr; Eintritt 6,50 €

Mit viel Licht von oben werden »Die Seerosen« von Claude Monet in der Orangerie perfekt in Szene gesetzt.

MUSÉE DE L'ORANGERIE

Im Musée de l'Orangerie herrscht Massenandrang! Seit der Wiedereröffnung 2006 zieht es im Durchschnitt täglich 3500 Besucher in die **Orangerie in den Tuilerien**, wo das Museum seit 1927 »Les Nymphéas«, die weißen Seerosen von Claude Monet beherbergt. 1918 schenkte der damals 78-jährige Monet auf Drängen des damaligen Staatspräsidenten Georges Clemenceau dem Staat zwei große Seerosengemälde. Doch es konnte kein passender Ort für die riesigen Bilder gefunden werden. Schließlich entschloss man sich, die Gemälde in der 1852 gebauten Orangerie, einem zur Seine hin mit Fenstern ausgestatteten Nutzbau, unterzubringen. Noch zu Monets Lebzeiten und unter seinen Anweisungen wurden die Gemälde installiert. Knapp ein halbes Jahr nach Monets Tod wurde das Musée de l'Orangerie im Mai 1927 eingeweiht. Doch die Pariser interessierten sich zunächst kaum dafür. Erst nachdem Jackson Pollock, Mark Rothko oder Sam Francis den Impressionismus und ganz besonders Claude Monet als Wegbereiter der Abstrakten Kunst feierten, entdeckte auch das breite Publikum Monets Malerei. Acht Jahre lang war die Orangerie wegen Renovierungsarbeiten geschlossen. Nun sind »Les Nymphéas« im Erdgeschoss bei Tageslicht zu bewundern.

Die großartige Sammlung des Kunsthändlers Paul Guillaume und des Architekten Jean Walter befindet sich im Westteil, an der Place de la Concorde, auf einer tiefer gelegenen Ebene der Orangerie. Guillaume und Walter waren beide mit Juliette Lacaze, auch »Domenica« genannt, verheiratet. Guillaume starb

1934, Walter 1957, und Domenica führte die Sammlung der beiden mit sicherem Gespür weiter. So verkaufte sie beispielsweise die Picassos aus der »Phase nègre« und der kubistischen Periode und erwarb für 33 Millionen Francs im Jahr 1952 das berühmte Werk von Paul Cézanne »Pomme et Biscuits«. Noch zu ihren Lebzeiten veräußerte die zweifache Witwe die Gemäldesammlung an den Staat. 140 Werke, darunter 29 von Derain, 22 von Soutine, 12 von Picasso, 24 von Renoir, 10 von Matisse, 19 von Utrillo, außerdem Gemälde von Modigliani, Gauguin oder van Dongen umfasst diese unbedingt sehenswerte Sammlung. Für den Gang durchs Museum empfiehlt es sich, einen Audioguide zu leihen.

➤ 1. Arr. ➤ [F 4] In den Tuilerien an der Place de la Concorde; Metro: Concorde; Mi–So 9–19, Fr–22 Uhr; Eintritt 6,50 €; Audioguide in dt. Sprache 5 €

MUSÉE D'ORSAY

Chronologisch schließt sich das 1986 im ehemaligen Orsay-Bahnhof eingerichtete Museum mit seinem in Industrie, Kunsthandwerk, Malerei und l'Art pour l'Art gefächerten Ausstellungspanorama dem Louvre an.

Der von Victor Laloux in einer Rekordzeit von nur zwei Jahren erbaute Orsay-Bahnhof war bei seiner Eröffnung am 14. Juli 1900 das Modernste, was man in Sachen Bahnhof bis dato kannte. Die Gleise verliefen unterirdisch, die riesige Wandelhalle war hochelegant, ein Luxushotel ergänzte dieses Paradestück der französischen Industriearchitektur. Die moderne Eisen-Glas-Konstruktion war hinter Steinfassaden versteckt, um die Schönheit und Harmonie des Seine-Ufers und des Stadtbezirks nicht zu stören. Jüngst wurde die Fassade nach den Originalplänen restauriert.

Im Museum sollte man Gustave Caillebotte (1848–1894) eine Gedenkminute widmen. Der reiche Kunstsammler und Maler studierte in Paris an der Kunstakademie und zeigte sich stets als großzügiger Mäzen. Caillebotte lebte wie ein Dandy, frönte seiner Leidenschaft für Segeln und Bootsbau, und doch malte er viel und hinterließ 500 eigene Werke. Besonders sehenswert von ihm sind »Die Parkettverleger« (Rabotteurs de Parquet, 1875) oder sein »Selbstbildnis« (Autoportrait, 1889), die beide in der zweiten Etage, Sektion 30, hängen. Caillebotte vermachte dem Staat seine fantastische Gemäldesammlung, **Collection Caillebotte**, mit der Auflage, sie in einem Museum unterzubringen. Bei der Gründung des

Musée d'Orsay wurde die auf Louvre und Luxembourg-Museum verteilte Caillebotte-Sammlung wieder zusammengelegt. Sie beinhaltet wesentliche Werke wie »Die Schaukel« oder »Frauenakt im Sonnenlicht« von Auguste Renoir oder Claude Monets »Gare Saint-Lazare« und »Das Frühstück« oder »Regatta in Argenteuil«. »Der Balkon« von Édouard Manet, »Die roten Dächer« von Camille Pissarro, »L'Estaque« von Paul Cézanne, Pastelle von Edgar Degas und viele weitere nennenswerte Kunstwerke hängen in der obersten Etage bei den Impressionisten.

AUTORENTIPP Es gibt einen Ticketvorverkauf am Ticketkiosk Orsay, Zugang über den Museumsvorplatz, beim Eingang A, Di–Fr 9–17 Uhr.

Interessant ist auch die Geschichte des Courbet-Gemäldes »Der Ursprung der Welt« (L'Origine du Monde), das in Sektion 7 im Erdgeschoss des Orsay-Museums zu sehen ist. Gustave Courbet hatte es 1866 als Auftragsarbeit für den ottomanischen Botschafter Khalil-Bey für dessen ganz persönliche Sammlung erotischer Bilder geschaffen. Khalil-Bey besaß bereits von Courbet »Der Schlaf« (Le Sommeil) und von Ingres »Das Türkische Bad« (Le Bain turque). »Der Ursprung der Welt« hing in seinem Badezimmer hinter einem Vorhang, vor unbefugten Blicken verborgen. Spielschulden ruinierten Khalil-Bey und er musste sich von seiner Kunstsammlung trennen. Das Courbet-Bild wechselte oft den Besitzer, bis es 1955 der französische Psychoanalytiker Jacques Lacan erwarb und in seinem Landhaus aufhängte, nachdem er einen Rahmen mit doppeltem Boden hatte fertigen und von André Masson ein Bild darüber hatte malen lassen. Nach Lacans Tod wurde das Gemälde verkauft und erst 1988, das allererste Mal überhaupt, in den USA öffentlich gezeigt. Seit 1995 hängt das Gemälde, das so lange als sittenwidrig galt, im Musée d'Orsay.

➤ 7. Arr. ➤ [F 5] 1, Rue de la Légion d'Honneur; www.musee-orsay.fr; Metro: Solférino; Di–So 9.30–18, Do–21.45 Uhr; Eintritt 7.50 €, inkl. Sonderausstellung 9 €

MUSÉE PICASSO

Nach Picassos Tod im Jahr 1973 überschrieben seine Erben 3500 Werke, Objekte, Keramiken und Skizzen von Picasso sowie seine Privatsammlung – Werke von Georges Braque, Paul Cézanne, Henri Matisse, Joan Miró oder Modigliani – dem Staat zur Begleichung der Erbschaftssteuer. Dieser umfassendste, öffentlich zugängliche Bestand von Picassos Nachlass ist in dem eleganten Adelssitz Hôtel Salé aus dem 17. Jahrhundert untergebracht. Sein Erbauer, Pierre Aubert de Fontenay, war der damalige Eintreiber der Salzsteuer, daher der Spitzname Salé (dt. gesalzen).

Nicht verpassen sollte man Picassos Selbstporträt von 1901 aus der Zeit, als er noch weitgehend unbekannt und mittellos war. 1906 malte er bei einem Aufenthalt in seiner Heimat Katalonien das Meisterwerk »Die beiden Brüder«. Alle Exponate in den 20 Sälen sind in chronologischer Reihenfolge angeordnet,

Weiter auf S. 200

Musée d'Orsay

Architektur
Kunstgewerbe
Malerei
Skulptur
Zeichnungen, Pastelle

Erdgeschoss: Vor dem Impressionismus

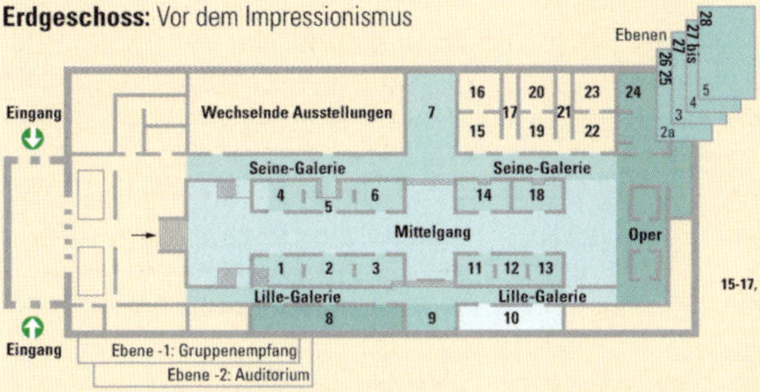

1 Lille-Galerie, Ingres, Gérôme
2 Barye, Chassériau, Delacroix
3 Cabanel, Gérôme, Akademismus
4 Daumier
5 Corot, Schule von Barbizon, Millet, Chauchard
6 Corot, Schule von Barbizon, Millet
7 Courbet
11 Puvis de Chavannes
12 Moreau
13 Degas
14 Manet
15 Fantin-Latour
15-17, 19-23 Im Umbau
18 Bazille, Monet
19 Personnaz
20 Mollard
25 Viollet-Le-Duc
27 Morris
27a Wright
28 Moser

Lille-Galerie Carpeaux

Zwischengeschoss: Akademismus, Naturalismus, Symbolismus, Art Nouveau

51 Akademismus
52 Historismus
53 Japanismus
54 Orientalismus
55 Naturalismus, Detaille
56 Naturalismus, Dalou
57 Boldini
58 Naturalismus
59 Carrière, Burne-Jones, Böcklin, Homer, Klinger, Symbolismus
60 Amiet, Hodler, Klimt, Munch, Symbolismus
61-66 Art Nouveau
61 Guimard
62 Symbolismus
63 Gallé
65 Gaudi
70 Denis
70-72 Nabis
71 Vuillard
72 Bonnard
Lille-Terrasse Bourdelle, Maillol, Pompon
Seine-Terrasse Claudel
Seine- und Rodin-Terrasse Rodin

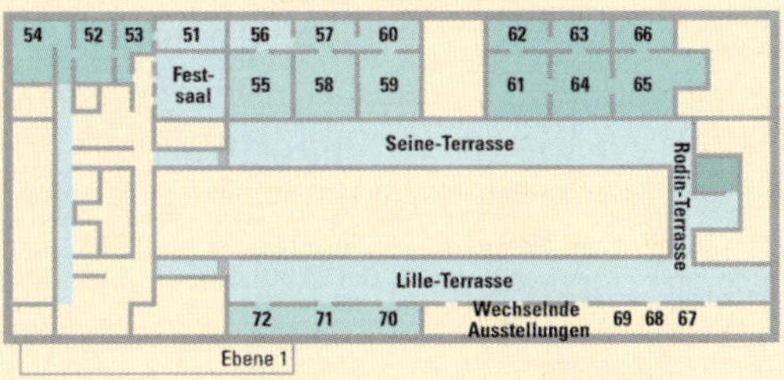

Obergeschoss: Impressionismus, Post-Impressionismus

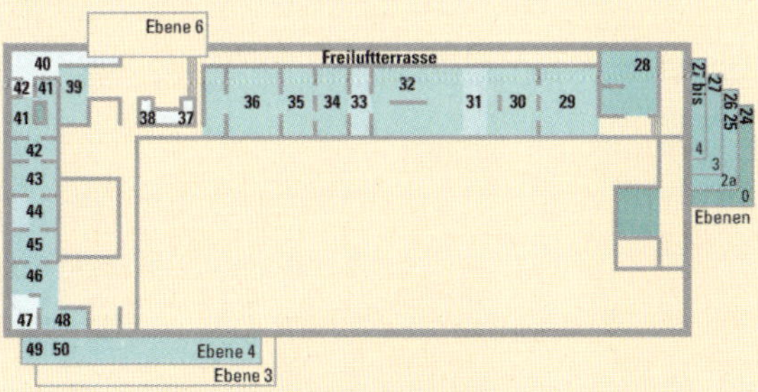

29 Moreau-Nélaton, Manet, Monet
30 Caillebotte, Degas, Whistler
31 Manet, Degas
32 Monet, Pissarro, Sisley
33 Degas
34 Monet
35 Van Gogh
36 Cézanne, Toulouse-Lautrec
37 Degas
38 Degas
39 Renoir
40 Redon
41 Cézanne, Gachet
42 Douanier Rousseau
43 Gauguin, Pont-Aven
44 Gauguin, Pont-Aven
45 Seurat, Signac
46 Matisse, Signac
47 Toulouse-Lautrec
48 Nabis
50 Kaganovitch

KULTURSTADT IM GRÜNEN

Auf dem Areal der einstigen Großmarkthallen bietet La Villette heute ein abwechslungsreiches Kultur- und Freizeitangebot.

Unter Ludwig XIV. konstruierte der königliche Baumeister Claude Nicolas Ledoux 1784 die Mauer der Generalpächter mit 57 Zollhäusern, darunter »La Rotonde« in **La Villette**. Unter Napoleon I. entstand das »Bassin de la Villette«, eine Promenade am Wasser, damals auch »Klein-Venedig« genannt. 1867 wurde unter Napoleon III. in La Villette ein großer Viehmarkt und Schlachthof angelegt. Erst im März 1974 wurde in der »Cité du Sang«, der blutigen Stadt, so der Volksmund, das letzte Rind geschlachtet. Im Anschluss dachte die Stadtverwaltung über die neue Nutzung dieses insgesamt 55 Hektar großen Geländes nach. Der aus der Schweiz stammende Architekt Bernard Tschumi gewann 1983 den Architekturwettbewerb für die Gestaltung von La Villette.

Heute ist am nordöstlichen Stadtrand von Paris eine eigene Kulturstadt entstanden, wo man problemlos einen Tag verbringen kann.

CITÉ DES SCIENCES ET DE L'INDUSTRIE

Das weithin sichtbare **Museum für Technik, Industrie und Wissenschaft** ist 270 Meter lang, 110 Meter breit und 49 Meter hoch und von Wasser umgeben. Eigentlich wurde es ab 1964 als neue Vieh- und Fleischversteigerungshalle gebaut, doch niemals fertiggestellt. Darin sind nun die Dauerausstellung »Explora«, die ständig überlaufenen Kinder-Technikmuseen, »Techno Cité« und »Cité des Enfants«, untergebracht, ein Planetarium, ein Riesenaquarium und das Kino »Louis-Lumière«. Das Kugelkino »La Géode« (→ Spezial, S. 218) außerhalb des Baus gehört auch dazu.

➤ 19. Arr. ➤ [K 1] 30, Avenue Corentin-Cariou, www.cite-sciences.fr; Di–Sa 10–18, So 10–19 Uhr; Eintritt 7,50 €; Tageskarte für Dauerausstellung Explora, Wechselausstellungen, Planetarium, Cinéma Louis-Lumière und Kindermuseum 25 € (Erwachsene), Familienkarte 65 € (2 Erw./2 Kinder), Espace Explora u. Planetarium 10,50 €

L'ARGONAUTE

Unweit des Museumskomplexes, ist in einem der 26 roten Tschumi-Häuser, »Folies« genannt, der beliebte »L'Argonaute« untergebracht, das U-Boot, das bei seiner Einweihung 1957 der ganze Stolz der Marine war und nun en détail besichtigt werden kann.

➤ 19. Arr. ➤ [K 1] Di–Sa 10.30–17.30, So 11–18 Uhr; Eintritt 3 €

LE ZÉNITH

Was aus der Ferne wie ein Zirkuszelt wirkt, ist eine der modernsten Pariser Konzerthallen für große Pop- und Rockkonzerte., die Platz für 6400 Besucher bietet.

➤ 19. Arr. ➤ [K 1] **211, Avenue Jean-Jaurès; Tel. 42 40 08 00; www.le-zenith.com; Metro: Porte de Pantin**

LA GRANDE HALLE

2007 wurde die Komplettsanierung der ehemaligen Rinderauktionshalle, La Grande Halle, vollendet. Das 240 Meter lange, 82 Meter breite und zehn Meter hohe Meisterwerk aus Glas und Eisen war 1867 von Jules de Merindol konzipiert worden. Der moderne Glaspalast bietet Platz für Ausstellungen, Kolloquien, Konzerte oder Festivals.

Gleich beim Eingang zur Grande Halle liegt das **Café de la Musique**, mit einer sehr schönen Terrasse. Sonntags ist der französisch-amerikanische Brunch (24 €) sehr beliebt.

➤ 19. Arr. ➤ [K 1] **13, Avenue Jean Jaurès (Place de la Fontaine aux Lions); Tel. 48 03 15 91; Metro: Porte de Pantin, Di–Sa 8–2, So 11–16 Uhr**

CITÉ DE LA MUSIQUE

Auf dem Parkgelände wurde 1994 die Cité de la Musique von Christian de Portzamparc eröffnet. Dazu gehören Musikhochschule, Konzertsäle, ein Musikmuseum, Mediathek und ein Infozentrum zum Thema Musik. Bis zum Jahr 2012 soll hier auch der größte Pariser Symphoniesaal entstehen, als festes Haus für das »Orchestre de Paris«.

➤ 19. Arr. ➤ [K 1] **221, Avenue Jean-Jaurès, www.cite-musique.fr; Metro: Porte de Pantin; Di–Sa 12–18, So 10–18 Uhr; Eintritt 7,50 € Audioguide inkl.**

PARC DE LA VILLETTE

Im Park selbst kann man sich auf Stühlen und Bänken von Stardesigner Philippe Starck ausruhen, kann im Spiegelgarten herumspazieren, im großen Drachen rutschen und noch viele andere vergnügliche Dinge tun.

➤ 19. Arr. ➤ [K 1] **Eingang bei Metro: Porte de Pantin od. Porte de la Villette; www.villette.com; immer geöffnet**

Futuristisch: Adrian Feinsilbers »Stadt der Wissenschaften und Industrie«

was dieses Museum so sehenswert und anschaulich macht.

Nach dem Rundgang lohnt es sich, sich im wunderschönen Garten mit Cafébetrieb, eine seltene Ruheinsel im Marais, eine Weile niederzulassen.

➤ 3. Arr. ➤ [H 4/5] 5, Rue de Thorigny; Metro: St. Paul, St. Sébastien-Froissart; April–Sept. Mi–Mo 9.30–18, Okt.–März 9.30–17.30 Uhr; Eintritt 6.50 €

MUSÉE DU QUAI BRANLY 10

Wer vom benachbarten Eiffelturm oder vom Palais de Chaillot auf das Museum am Quai Branly blickt, ist sofort davon bezaubert, wie behutsam es der Stararchitekt Jean Nouvel in die Stadtlandschaft integriert hat. In diesem 2006 eröffneten Kulturkomplex sind afrikanische, amerikanische und ozeanische Masken, Werkzeuge, Gerätschaften, Statuetten, Skulpturen, Stoffe, Statuen, Schmuck und Gewänder ausgestellt. Die meisten Exponate stammen aus der ehemaligen Sammlung des Völkerkundemuseums, Musée de l'Homme und des zugunsten von Quai Branly aufgelösten Musée National des Arts d'Afrique et d'Océanie an der Porte Dorée.

Die nicht unbedingt alten Ausstellungsstücke hängen teils geografisch, teils thematisch in zwei je 160 Meter langen Parcours angeordnet. Sie werden meist in Augenhöhe, perfekt »von innen« ausgeleuchtet präsentiert. Infosysteme mit Bildschirmen bieten die Möglichkeit, das Gesehene zu vertiefen.

Unter dem bunten »Pfahlbau« von Jean Nouvel hat Landschaftsplaner Gilles Clément einen 18 000 Quadratmeter großen, sehr gelungenen Stadtgarten mit Kletterrosen, Ahornbäumen, Bambus, Glyzinien, Magnolien und diversen exotischen Gräsern angelegt – allerdings nur als Augenweide, denn Sitzgelegenheiten sucht man vergeblich. Nach Sonnenuntergang besticht der Garten durch die raffinierte indirekte Beleuchtung von Yann Kersalé.

Wer sich von der Seine-Seite dem Museum nähert, sollte die 800 Quadratmeter große »Pflanzenfassade« mit insgesamt 15 000 Pflanzen und 150 Arten beachten, ein Konzept von Patrick Blanc.

➤ 7. Arr. ➤ [D 4] Eingang 51, 37 oder 27, Quai Branly oder 206 oder 218, Rue de l'Université, www.quaibranly.fr; Metro: Iéna, Alma-Marceau, Bir-Hakeim oder RER C: Pont-de l'Alma; Di–So 10–18.30, Do–21.30 Uhr; Eintritt 8.50 €, Kombiticket Museum/ Sonderausstellung 13 €

MUSÉE RODIN

Auguste Rodin war ein paar Jahre lang Mieter des hochherrschaftlichen Hôtel de Biron. Zwischen 1728 und 1730 war der Prachtbau von Abraham Peyrenc, der erfolgreich vom Perückenmacher zum schwerreichen Financier und Sieur de Moras aufgestiegen war, errichtet worden. Im Gegensatz zu der damals im Faubourg Saint-Germain üblichen Bauweise für Hôtels setzte der Architekt das Gebäude in die Mitte eines drei Hektar großen Parks, wie es eigentlich sonst nur für Schlösser üblich war. Peyrenc starb kaum zwei Jahre nach der Vollendung. Das Hôtel de Biron durchlief eine wechselvolle Geschichte, diente unter anderem als Mädchenpensionat für katholische Adelstöchter. Zu dieser Zeit wurde jeglicher Luxus wie Spiegel, Holzschnitzereien, Gemälde oder Kunstschmiedearbeiten entfernt. Die Kapelle, wo heute Wechselausstellungen organisiert werden, wurde erst um 1875 errichtet.

1905, als in Frankreich Staat und Kirche ganz offiziell getrennt waren, fiel das Anwesen dem Staat zu. Man richtete günstige Künstlerwohnungen in dem inzwischen ziemlich heruntergekommenen Palais ein. Jean Cocteau, Henri Matisse, Isidora Duncan oder Rainer Maria Rilke gehörten zu den Bewohnern. Erst 1908, und nur auf Rilkes Drängen hin, zog auch Auguste Rodin im Erdgeschoss des Seitenflügels ein, behielt aber gleichzeitig Atelier und Haus in Meudon bei. Bis zu seinem Tod 1917 hatte Rodin dafür gekämpft, im Hôtel de Biron ein Museum für sein Lebenswerk einrichten zu dürfen. Ein zäher Kampf, denn Rodin genoss damals noch keine breite Anerkennung. 1919 wurde das Rodin-Museum schließlich eröffnet. Zu den Höhepunkten des Museums und des angrenzenden Parks gehören »Der Kuss«, »Der Denker« und »Die Bürger von Calais«. Im Erdgeschoss sind Arbeiten der Rodin-Schülerin und Geliebten, Camille Claudel, ausgestellt. Im Café »Jardin de Varenne«, im Museumsgarten, kann man wunderbar pausieren.

➤ 7. Arr. ➤ [E 5] 77, Rue de Varenne; Metro: Varenne; tgl. April–Sept. 9.30–17.45, Okt.–März 9.30–16.45 Uhr; Park im Winter bis 17, im Sommer bis 18.45 Uhr geöffnet; Eintritt 7 €, nur Park 1 €

MUSÉE DE VICTOR HUGO

(→ Spezial, S. 143)

MUSÉE DE LA VIE ROMANTIQUE

Das **Romantik-Museum**, das sich, wie der Name verrät, ganz dem romantischen Zeitalter verschrieben hat, ist seit 1987 in diesem hinreißenden Landhaus im Herzen des Viertels »La Nouvelle Athènes« untergebracht. Der Begriff »Neues Athen« wurde 1823 von dem Journalisten Dureau de la Malle geprägt, als er im »Journal des Débats« einen Artikel über das Neubaugebiet im ehemaligen Vergnügungsviertel am Fuß von Montmartre, zwischen Wald, Reben und Weinstuben schrieb. Die neuen Häuser spiegelten das damals grassierende Faible für die Antike. Sehr viele Schriftsteller, Musiker, Philosophen und Künstler zogen zwischen 1820 und 1850 nach »Nouvelles Athènes« und bildeten so etwas wie eine romantische Künstlerkolonie.

Der gebürtige Holländer Ary Scheffer, der Eigentümer des Hauses, das heute als Museum dient, war zwar kein genialer Maler, aber ein beliebtes Mitglied der Künstlerszene. Bei ihm traf sich das »tout Paris« der Kunst und Intelligenz zum Freitagssalon. Géricault lebte um die Ecke; George Sand, Chopin, Liszt, Rossini, Tourgueniev und Dickens ebenfalls. Delacroix arbeitete und lebte von 1844 bis 1857 in der 58, Rue Notre-Dame-de-Lorette in einem handtuchbreiten Haus. In der Nummer 56 kam 1848 Paul Gauguin zur Welt. In der Nummer 49 lebte Pissarro ein Jahr lang. Nach dem Bildhauer Jean-Baptiste Pigalle, der selbst von 1756 bis 1782 in Nummer 17 wohnte, wurde die Straße benannt.

Im Erdgeschoss des kleinen Museums hat man einen historischen Rahmen für die kleine Sammlung an Memorabilia der Schriftstellerin George Sand geschaffen: Porträts, Möbel und Schmuck aus dem 18. und 19. Jahrhundert, eine Schenkung der George-Sand-Enkelin Aurore Lauth-Sand. Im ersten Stock sind Gemälde des Malers Ary Scheffer und einiger seiner Zeitgenossen ausgestellt. Charmant ist dort auch die Rekonstruktion des Atelier-Salons mit einer reich bestückten Bibliothek. Besonders romantisch ist das Gartencafé.

➤ 9. Arr. ➤ [F 2] **16, Rue Chaptal; Metro: Saint-Georges, Pigalle, Blanche, Liège; Di–So 10–18 Uhr; Eintritt frei, Sonderausstellungen kostenpflichtig**

PALAIS DE LA DÉCOUVERTE

(→ Museen, S. 179)

PALAIS DE TOKYO

Hier stand einst die weltberühmte Teppichmanufaktur »Savonnerie«, die 1826 der Gobelin-Manufaktur angeschlossen wurde. Das Palais de Tokyo wurde für die Weltausstellung 1937 errichtet und besteht aus zwei Flügeln mit zwei unterschiedlichen Museen.

Im Ostflügel ist das **Städtische Museum für Moderne Kunst** (Musée d'Art Moderne de la Ville de Paris) untergebracht. Die sehr umfangreiche Sammlung besteht nicht unbedingt nur aus einzigartigen Meisterwerken moderner Kunst, doch sie vermittelt mit ihrer chronologischen Hängung einen sehr anschaulichen Überblick über Kunst und Kunstströmungen im 20. Jahrhundert. Bestaunen kann man dort unter anderem das flächenmäßig größte Gemälde der Welt – 60 Meter breit und 10 Meter hoch – »La Fée Electricité« von Raoul Dufy. Dieses Auftragswerk für die Weltausstellung 1937 schildert auf 250 miteinander verbundenen Panelen die Geschichte der Elektrizität. Sehr schön ist der Matisse-Saal mit »La Danse inachevée« und »La Danse de Paris«.

Im Westflügel des Palais de Tokyo war bis zum Umzug ins Centre Pompidou die **Staatliche Moderne Kunstsammlung** untergebracht. Erst 2002 wurde es der neuen Bestimmung als Museum für zeitgenössische Kunst übergeben. Das Palais de Tokyo besitzt keinen eigenen Fundus, deshalb gleicht keine Ausstellung der

anderen. Es finden meist mehrere Installationen, Events, Happenings oder Ausstellungen gleichzeitig statt, die fast immer bis Mitternacht geöffnet sind.

Beim Zirkuswagen (Kasse) am Eingang sollte man unbedingt den kostenlosen Orientierungsplan mitnehmen, um zu sehen, was gerade wo los ist. Die jungen Pariser Szenefamilien lieben diesen Ort, der daher besonders sonntags extrem bevölkert ist. Daher sollte man besser einen anderen Tag wählen.

Von der poppig eingerichteten Caféteria mit Selfservice genießt man einen schönen Blick. Zum Einsatz der Kreditkarte verführt die Boutique »Black Block«, wo man meist aus Japan stammende Gadgets findet sowie Krimskrams mit Kultstatus und Vintageklamotten. Gegenüber befindet sich im Übrigen eine exzellente Buchhandlung für moderne Kunst, Architektur und Kulturphilosophie. (→ Tokyo Eat, S. 95)

➤ 16. Arr. ➤ [D 4] Ostflügel: 11, Avenue du Président Wilson; Metro: Iéna, Alma-Marceau; tgl. Di–So 10–18, Mi–22 Uhr Westflügel: 13, Avenue du Président Wilson, www.palaisdetokyo.com; tgl. Di–So 12–24 Uhr; Eintritt 6 €

PAVILLON DE L'ARSENAL

Der Hit im Pavillon de l'Arsenal« ist das Riesenmodell der Stadt Paris im Maßstab 1:2000. Es wird ständig aktualisiert. Schon allein dafür lohnt sich der Besuch unter dem Glasdach dieser Halle aus dem 19. Jahrhundert, die einst ein reicher Kunstsammler als Privatmuseum geplant hatte.

1988 wurde in dem Bau auf dem rechten Seine-Ufer zwischen dem Pont Sully und Bastille das damals erste europäische Informationszentrum für Urbanistik eröffnet. Die Dauerausstellung im Erdgeschoss zum Thema »Paris, Führung durch Stadt, Geschichte und Aktualität« ist besonders für Architekturfans sehenswert.

➤ 4. Arr. ➤ [J 5] 21, Boulevard Morland; www.pavillon-arsenal.com; Metro: Sully-Morland; Di–Sa 10.30–18.30, So 11–19 Uhr, Eintritt frei

Zeitgenössische Kunstwerke: Das Palais Tokyo zeigt die aktuellen Trends der Szene.

PETIT PALAIS 8

Für die Weltausstellung im Jahr 1900 entstanden nach Plänen von Charles Girault das Petit Palais und das Grand Palais. Bereits 1902 wurde das Petit Palais zum **Städtischen Kunstmuseum**, Palais des Beaux-Arts de la Ville de Paris, bestimmt. Hier sollten all jene Gemälde und Skulpturen ausgestellt werden, die die Stadt Paris seit 1870 direkt bei den Künstlern oder auf Kunstmessen, den sogenannten Salons, gekauft hatte. Diese reichhaltige Sammlung französischer Kunst aus der Zeit zwischen 1870 und 1920 stellt mit 45 000 Objekten den Grundbestand des heutigen Museums.

Bei der Renovierung des riesigen Gebäudes wurden alle Zwischendecken und Stellwände abgerissen und die Ausstellungsfläche von 15 000 auf 22 000 Quadratmeter vergrößert. Durch die riesigen Fenster auf den weitläufigen Innenhof und auf den baumbestandenen Teil (»La Contre-Allée«), der Champs-Élysées ist das Petit Palais wunderbar lichtdurchflutet und wirkt trotz seiner Dimensionen unglaublich leicht.

In der Nordgalerie, die man bereits vom Haupteingang aus sieht, fallen einem sofort die Dimensionen und die bemalten Decken auf, die von Besnard, Humbert oder Maurice Denis stammen. Große Steinmetze und Bildhauer wie Leon Fagel oder Hector Lemaire waren für die Decken und Wandreliefs zuständig.

Zu den Meisterwerken in der Abteilung der »Großformate«, werden in einem Saal die »Bacchante couchée« von Jean-Baptiste Clésinger vor »Le Sommeil« (Der Schlaf) und »Demoiselles des bords de la Seine« (Die Mädchen am Seine-Ufer) von Gustave Courbet präsentiert. In den neu geschaffenen Ausstellungssälen im Untergeschoss gibt es überall Raritäten und Kostbarkeiten von der Antike bis zum Anfang des 20. Jahrhunderts zu entdecken.

Auch wer gar keine Lust auf Museum hat, wird sich im Petit Palais bezaubern lassen, denn dieser wunderbare, perfekt restaurierte und im Dezember 2005 neu eröffnete Ort lädt geradezu zum Flanieren und Verweilen ein. Der Cafébetrieb bei schönem Wetter im begrünten Innenhof mit Mosaiken und Säulenhalle lockt auch viele Büroangestellte aus der Umgebung zur Mittagszeit an. Die sehr gut sortierte Buchhandlung und Boutique mit attraktivem Angebot an Objekten aller Art lädt zum Stöbern ein.

➤ 8. Arr. ➤ [E 4] Avenue Winston Churchill; www.petitpalais.fr; Metro: Champs-Élysées-Clemenceau; Di 10–20, Mi–So 10–18 Uhr; feiertags geschl.; Eintritt frei; Sonderausstellungen kostenpflichtig

PINACOTHÈQUE DE PARIS

Im Juni 2007 wurde dieses ganz neue Pariser Pinakothek-Projekt direkt an der Place de la Madeleine mit einer großen Roy-Lichtenstein-Hommage eröffnet. In den wunderschönen Räumen sind pro Jahr zwei bis drei Ausstellungen geplant.

➤ 8. Arr. ➤ [F 4] 28, Place de la Madeleine; www.pinacotheque.com; Metro: Madeleine; tgl. 10.30–18.30 Uhr; Eintritt 8 €

Das Musée Rodin (S. 200) zeigt Skulpturen von Auguste Rodin sowie seiner Geliebten und Schülerin Camille Claudel.

A. Rodin

FOKUS

Paris zeigt die gelungene Integration der Moderne in eine über Jahrhuderte gewachsene Stadt. Es hat sein Gesicht tiefgreifend verändert und dennoch scheint in manchen Vierteln die Zeit stehen geblieben zu sein. Wie es Paris schafft, die Tradition zu bewahren und dennoch in Bewegung zu bleiben, erfahren Sie in unseren Porträts und Hintergrundgeschichten zu Kultur, Architektur und Handel.

Bouquinisten 209
Cité Universitaire 209
La Défense 210
SPEZIAL Die Docklands von Paris 212
Moderne Architektur 214
SPEZIAL Kinostadt Paris 216
Pariser Design 219
Auktionshaus Drouot 220

Futuristisch: Das Finanzviertel La Défense mit der monumentalen Grande Arche (S. 210)

Kunst aus der Kiste: Bei den Bouquinisten am Seine-Ufer findet man mit ein bisschen Glück noch kleine Schätze.

DIE WANDELBARE SCHÖNE

Weltoffen und stets à la mode – das ist Paris. Doch die Metropole hat auch eine charmante, nostalgische Seite, die sich manchmal erst auf den zweiten Blick erschließt.

BOUQUINISTEN

Wenn ein »Bouquiniste« meist gegen 12.00 Uhr mittags zu seinem Arbeitsplatz am Seine-Ufer kommt, löst er das Vorhängeschloss an der grün gestrichenen Holzkiste und klappt den Deckel auf. Fertig ist der Laden. Die »Fliegenden Buchhändler« gab es in Paris bereits im 16. Jahrhundert. Sie handelten mit »bouquins«, alten, zerfledderten Büchern und unterstanden keiner Obrigkeit. Sie waren Freidenker und standen regelmäßig unter Verdacht, an der Verbreitung subversiver, politischer Schriften beteiligt zu sein. Im Second Empire wurden präzise Verhaltensregeln für Bouquinisten aufgestellt. 1891 erteilte die Stadtverwaltung das Recht, Holzkisten an bestimmten Ufermauern zwischen Île Saint Louis und Pont Neuf fest zu installieren. Nicht mehr alle der exakt 250 Holzkisten haben heute noch Pächter. Der Beruf ist hart und nur für Menschen mit ausgeprägter Leidenschaft für Unabhängigkeit geeignet, denn man steht bei Wind und Wetter im Freien und wartet, oft auch vergeblich, auf Kundschaft. Wenn man gern in alten Ausgaben französischer Klassiker oder Kunstbücher schmökert oder alte Stiche sucht, kann man mit ein bisschen Geduld durchaus etwas erstöbern. Doch davon lebt kaum ein Bouquinist. Vielmehr sichern Postkarten und Paris-Souvenirs heute die Existenz der »Bouquinistes«.

CITÉ UNIVERSITAIRE

Die Idee zu einem Campus, einer Stiftung im Geist der Völkerverständigung, wo Studenten aus aller Welt zusammenleben sollten, entstand mit Ende des Ersten Weltkrieges. Der aus Lothringen stammende Industrielle Émile Deutsch de la Meurthe trat als Mäzen auf, die Universität und der damalige Minister für öffentliches Erziehungswesen, André Honnorat, unterstützten dieses heute noch einzigartige Projekt. Auf dem 34 Hektar großen Gelände wurde 1923 der Grundstein für das erste Wohnheim, die »Stiftung Louise und Émile Deutsch de la Meurthe« gelegt. Zwei Jahre später wurde das Gebäude eingeweiht. Im Oktober 1925 zogen die ersten Studenten ein. 1926 wurde das kanadische Haus fertiggestellt. 1927 war die belgische Stiftung bezugsfertig. 1928 folgte das Argentinienhaus, kurz darauf das Japanhaus. Insgesamt entstanden 38 Wohnheime, in denen heute mehr als 5600 Studenten aus 125 verschiedenen Staaten leben.

Architektonisch interessant ist das Schweizer Haus, der »Pavillon Suisse«, von Le Corbusier und Pierre Jeanneret zwischen 1929 und 1932 konzipiert, sowie das Brasilien-Haus (1954), auch ein Entwurf von Le Corbusier. Der von Willem Marius Dudok stammende holländische Pavillon gilt bis heute als architektonisches Paradestück. Johannes Krahn

Hinter den hyper-modernen Glasfassaden der Bürotürme von La Défense arbeiten täglich 150 000 Menschen.

und Paul Maître waren die Architekten des 1956 fertiggestellten deutschen Hauses, »Maison Heinrich Heine«. Zentrum der riesigen Anlage ist das »Maison Internationale«, eine 1935 eröffnete Rockefeller-Stiftung mit Schwimmbad, Bibliothek, Restaurant und Aufenthaltsräumen für alle Studenten des Campus. Der große Park ist frei zugänglich, es werden auch regelmäßig Führungen angeboten.

2007 eröffnete die »Cité Internationale« erstmals eine »Außenstelle«, ein Studentenheim am anderen Ende der Stadt, im Norden am Canal de L'Ourq.

LA DÉFENSE

Mit diesem Bürohochhausviertel beweist Frankreich, dass es den Aufbruch in die Architektur des 21. Jahrhunderts keineswegs verpasst hat. Die Idee, im Westen der Stadt ein Büroviertel zu bauen, auf einem Brachland bei der leichten Anhöhe, dort wo sich 1870 die Grande Armée wacker gegen die preußischen Attacken zur Wehr gesetzt hatte – daher der Name »La Défense« –, keimte bereits in den 50er-Jahren. Grund und Boden waren in Paris damals schon knapp, das Geschäftsviertel zwischen Oper und Triumphbogen platzte aus allen Nähten, Büros und Firmensitze mussten ausgelagert werden. Heute gilt »La Défense« mit einer Fläche von 130 Hektar als Europas größtes Geschäftszentrum.

Auf der 1,2 Kilometer langen und 250 Meter breiten, verkehrsfreien Esplanade sind grüne Oasen angelegt, dazwischen stehen teils monumentale, teils kleinere Skulpturen. Zwischen Touristen und Geschäftsreisenden hetzen wie in einer modernen Choreografie Männer in Schlips und Kragen und Frauen im Businessoutfit hin und her. In La Défense sind drei Millionen Quadratmeter Bürofläche entstanden, wo 150 000 Menschen für 1500 ortsansässige Unternehmen tätig sind, darunter befinden sich 14 der 20 größten französischen und 15 der 50 weltgrößten Konzerne. Hier wird hart gearbeitet, hier sind Bilanzen wichtig, das spürt man sofort. Um in diese Landschaft aus Glas- und Betonmonumenten etwas Menschlichkeit zu bringen, wurde jüngst ein Multiplexkino mit 16 Sälen eröffnet. Sonntags ist nun das Quartier nicht mehr wie ausgestorben, und auch die zahlreichen Straßencafés sind bevölkert. Einige der Bürotürme sind architektonisch höchst interessant. Bislang wurden nur Gebäude mit einer Höhe von 200 Metern gebaut, doch bis voraussichtlich 2012 soll der 300 Meter hohe Turm »Morphosis« des Amerikaners Thom Myne fertiggestellt sein.

Gleich wenn man in La Défense ankommt, sollte man das **Museé de la Défense** (15, Place de la Défense) besuchen, das anhand von Modellen, Plänen und Fotos einen sehr guten Eindruck der 50-jährigen Geschichte des Büroviertels vermittelt. Von dort kann man auch zum Skulpturenrundgang mit insgesamt 60 Werken von Calder, Miró, César oder Moore starten.

Die weithin sichtbare **Grande Arche de la Défense** wurde am 14. Juli 1989 anlässlich des 200. Jahrestages der Französischen Revolution eingeweiht. Aufgrund seiner mit weißem Carrara-Marmor und Glas verkleideten Oberfläche verändert der große Bau des dänischen Architekten Johan Otto von Spreckelsen mit den wechselnden Lichtverhältnissen im Lauf des Tages mehrmals sein Gesicht. 110 Meter hoch und 300 000 Tonnen schwer ist das monumentale Betonbauwerk. Um sich ein Bild von der Größe des Hohlkörpers der Grande Arche zu machen, muss man sich vorstellen, dass Notre-Dame spielend darin Platz hätte. Der fast quadratische Bogen gehört zu den von François Mitterand geförderten Projekten. In diesem modernen Gebäude sind Behörden und Verwaltungen sowie französische und internationale Unternehmen untergebracht. Auch die Internationale Stiftung für Menschenrechte hat hier ihren Sitz. Das weiße, in der Höhe regulierbare, wolkenähnliche Segel unter dem Bogen mit dem Namen »Les Nuages« (die Wolken), soll einen Kontrast zum monumentalen Torwürfel darstellen.

Über transparente Aufzüge, die an Rohrpostdosen erinnern, gelangt man in Sekundenschnelle auf die 110 Meter

Weiter auf S. 214

DIE DOCKLANDS VON PARIS

Wer glaubt, Paris sei nur eine traditionsreiche Museumsstadt, wird sich wundern. Im Osten der Stadt tut sich was.

Zwischen der Gare d'Austerlitz und dem im Osten angrenzenden Ivry-sur-Seine entsteht am 2,7 Kilometer langen Ufer die »ZAC Paris Rive Gauche«. Den Plan für den südöstlichen Bereich hat Christian de Portzamparc (→ S. 214) entworfen. Wenn das Projekt fertiggestellt sein wird, werden hier 15 000 Menschen wohnen, 30 000 Menschen studieren und 60 000 Menschen arbeiten.

Die 130 Hektar große Baustelle ist die größte seit Haussmanns Stadtumgestaltung im 19. Jahrhundert. Am Quai d'Austerlitz überrascht der totale Kontrast. Zur Seine hin werden die Magasins Généraux, einst 280 Meter lange marode Betonfassaden, von dem Architekten-Duo Jakob + MacFarlane (→ S. 219) in ein konsequent durchgestyltes Zentrum für Mode und Design umgebaut. Auf der anderen Straßenseite die modernen, funktionalen Bürohäuser in meist überschaubaren Dimensionen. Die tagsüber fast langweilig wirkende Glasfassade der neuen »Caisse des Dépôts« gewinnt mit Einbruch der Dunkelheit an der Uferseite durch die Beleuchtung des amerikanischen Künstlers James Turrell an Transparenz und Tiefe.

NATIONALBIBLIOTHEK

Am Quai François-Mauriac liegt die **Bibliothèque François Mitterrand**, eine von vier gläsernen Büchertürmen eingefasste Anlage mit einem schönen Wald im Innenhof, der zum Betrachten, aber nicht zum Begehen bestimmt ist. Dominique Perrault (→ S. 219) ist der Architekt dieses ökologisch umstrittenen Baus. Er ist umgeben von Wohn- und Bürogebäuden von Philippe Chaix und Jean-Paul Morel, Philippe Gazeau, Franck Hammoutène oder Francis Soler. Man sollte unbedingt die Esplanade der Bibliothek besteigen und von dort den Panoramablick genießen.

➤ 13. Arr. ➤ [J 7] **11, Quai François-Mauriac; Metro: Quai de la Gare; Sonderausstellungen Di–Sa 10–19, So 13–19 Uhr; Eintritt 7 €; Zutritt zum Gebäude kostenlos**

LES FRIGOS

Im Osten sieht man einen etwas klobigen Bau mit Graffiti an den Wänden und einem skurrilen Turm. Ein UFO zwischen den neuen Gebäuden. »Les Frigos« wurden nach dem Ersten Weltkrieg als Kühlhäuser und Eisfabrik für den Großmarkt Les Halles geplant. 1921 war das von Georges Wybo entworfene Gebäude fertiggestellt. Mit Wegzug der Hallen nach Rungis verwaiste der Bau, bis sich in den frühen 1980er-Jahren Künstler dort niederließen. Seit 2006 ist die Zukunft des Gebäudes als Künstlerkolonie gesichert.

➤ 13. Arr. ➤ [K 7] **19, Rue des Frigos; www.les-frigos.com; freier Zutritt zu den Galerien**

UNIVERSITÄT

Seit Herbst 2006 befindet sich die Université Paris 7–Denis Diderot hier. Damit entstand auch ein neues Studentenviertel. Entlang des heutigen Quai Panhard-et-Levasseur waren die »Grands Moulins« noch bis 1996

Die L-förmigen Türme der Nationalbibliothek sollen die Form eines aufgeschlagenen Buches symbolisieren.

in Betrieb. Diese Mehlfabrik hat Rudy Ricciotti sehr gekonnt in eine Unibibliothek umgebaut. Gleich daneben hat Nicolas Michelin die ehemalige Mehllagerhalle, »Halle aux Farines« in ein Unigebäude mit Hörsälen, Seminarräumen und Mensa umgestaltet. Den östlichen Abschluss bildet die Hochschule für Architektur »École d'architecture de Paris – Val de Seine von Frédéric Borel (→ S. 219). Im Erdgeschoss werden regelmäßig Ausstellungen zum Thema Architektur und Urbanistik gezeigt.

➤ 13. Arr. ➤ [K 7] **École nationale supérieure d'architecture de Paris-Val de Seine, 15, Quai Panhard et Levassor; bei Ausstellungen: Di–So 14–19 Uhr**

SCHIFFE

Um sich ein Bild dieser neuen und lebendigen Pariser Docklands zu verschaffen, sollte man auf die Fußgängerbrücke »Simone-de-Beauvoir« des Österreichers Dietmar Feichtinger gehen. Sie verbindet seit 2006 den Parc de Bercy und die Nationalbibliothek. Von hier aus sieht man flussaufwärts das ehemalige Feuerschiff »Batofar«, Kultstätte für Anhänger elektronischer Musik (www.batofar.org). Flussabwärts liegt das Schwimmbadschiff »Josephine-Baker« mit Sonnendeck am Quai, Spa, Fitnesscenter und Pool.

➤ 13. Arr. ➤ [K 7] **Quai de la Gare; Metro: Quai de la Gare, Bercy; Tel. 56 61 96 50, Sa, So 10–20 Uhr, unter der Woche unterschiedlich geöffnet, Eintritt 5 € (2 Std.)**

hoch gelegene Dachterrasse. Der Blick auf die legendäre »axe royale«, die fast acht Kilometer lange Sichtachse über Avenue de La Grande Armée, Triumphbogen, Champs-Élysées, Tuilerien bis zum Louvre ist auf jeden Fall lohnenswert. Auf der Höhenterrasse im 35. Stockwerk kann man im Café/Brasserie »Ô 110« Rast machen (Tel. 49 07 27 32).

In der Etage unter der Aussichtsterrasse sind immer wieder wechselnde Kunstausstellungen zu sehen.

Es werden verschiedene Führungen angeboten, um die Grande Arche oder das Geschäftsviertel La Défense besser kennenzulernen (www.grandearche.com und www.ladefense.fr).

MODERNE ARCHITEKTUR

Christian de Portzamparc, Jahrgang 1944, spielt in der modernen Pariser Architektur eine bedeutende Rolle. Als erster Franzose bekam er 1994 für seine Konzeption der Cité de la Musique in Paris im Parc de la Villette den international renommierten »Pritzker Architekturpreis« sowie den französischen Architekturpreis »L'Équerre d'Argent« verliehen. Zu diesem Gebäudekomplex gehören Musikhochschule, Musikmuseum und Studentenwohnheim.

Nicht ganz einfach war sein Auftrag in den späten 1990er-Jahren, das ästhetisch eher problematische Kongressgebäude an der Porte de Maillot am westlichen Stadtrand in einen zeitgemäßen, ansehnlichen Bau zu verwandeln. 1999 konnte das von Christian de Portzamparc gelungen rehabilitierte Kongresszentrum an der Porte de Maillot wiedereröffnet werden. Ebenfalls von Portzamparc stammt das neue Verlagsgebäude von »Le Monde« im 13. Arrondissement am Boulevard Auguste Blanqui. Spätestens 2008 soll im Büroviertel »La Défense« die Tour Granite für die Société Générale bezugsfertig sein. In Deutschland ist Portzamparc vor allem als Architekt der Französischen Botschaft in Berlin bekannt.

Preisgekrönter Musiktempel: Die Cité de la Musique von Christian de Portzamparc in La Villette

Als Städteplaner genießt der Professor am Collège de France internationalen Ruf. Portzamparc entwickelte das urbane Konzept des »îlot ouvert«. Während Haussmann (→ S. 234) die einheitliche, nach allen Seiten geschlossene Bebauung eines Häuserblocks forderte, einen sogenannten »îlot fermé«, plädiert Christian de Portzamparc für den »îlot ouvert«, eine offenere Struktur. In einem präzise festgelegten Straßennetz dürfen die Häuser zwar eine zuvor definierte Höhe nicht überschreiten, doch die Gebäude können ansonsten die unterschiedlichsten Formen, Fassaden und Höhen haben, dürfen sich allerdings nie berühren, damit die Wohnungen oder Büroräume von allen Seiten Licht bekommen und Ausblick bieten. Im Neubauviertel Paris Rive Gauche konnte Portzamparc im Bauabschnitt östlich der Bibliothèque François Mitterrand sein Konzept des »îlot ouvert« als verantwortlicher Städteplaner umsetzen.

Jean Nouvel gelang der internationale Durchbruch mit seinem Entwurf für das Institut du Monde Arabe (→ S. 180), das 1987 eröffnet wurde. An der Südfront hat Nouvel als Zitat aus der arabischen Architektur 240 »Moucharabiehs«, raffiniert strukturierte Gitterfenster konzipiert, die wie der Verschluss einer Kamera den Lichteinfall regeln. In Berlin entwarf Nouvel zwischen 1991 und 1995 das Gebäude für die Galeries Lafayette in der Friedrichstraße. Sehr subtil konzipierte der Stararchitekt den neuen Cartier-Sitz am Boulevard Raspail. Ein transparenter Bau, in dessen Planung auch die von Chateaubriand im 19. Jahrhundert gepflanzte Zeder integriert wurde. 1994 wurde das Gebäude, das auch die Cartier- Kunststiftung beherbergt, eingeweiht. Jüngstes Œuvre von Nouvel in Paris ist das 2006 eröffnete Musée du Quai Branly (→ S. 200). 2006 erhielt das

Weiter auf S. 219

KINOSTADT PARIS

Paris ist ein Paradies für Cineasten: von anspruchsvoller Filmkunst über vergnügliches Sonntagskino bis zum 3-D-Simulator.

Als die Bilder laufen lernten, versammelten sich am 28. Dezember 1895 einige neugierige, zahlende Gäste im »Grand Café« am Boulevard des Capucines zur Weltpremiere des ersten Films der Brüder Lumières. Es war die erste öffentliche Filmvorführung der Geschichte und die Geburt der Kinostadt Paris.

Zwar stöhnt man auch in Frankreich über schwindende Zuschauerzahlen, doch bildet Paris eine Ausnahme. Kinobesuche sind ein beliebtes Freizeitvergnügen. Rund 90 Kinos mit insgesamt 383 Kinosälen bieten Sitzplätze für 75 100 Zuschauer.

Klassische Kinoviertel wie Montparnasse, Champs-Élysées oder die Grands Boulevards erleben einen Kinoschwund, während in Quartiers, die bisher in puncto Kino wenig zu bieten hatten, neue Lichtspielpaläste aus dem Boden schießen. Das »UGC Ciné-Cité« in Les Halles hält mit jährlich fast drei Millionen Besuchern den Zuschauerrekord, gefolgt vom »Ciné-Cité« in Bercy (2,5 Mio.). Erst auf Platz drei folgt die Champs-Élysées, die noch bis in die 80er-Jahre alle Zuschauerrekorde schlug. Der größte Saal – mit Platz für 862 Zuschauer – ist die »Salle Prestige« im »Le Normandie« auf den Champs-Élysées.

Das Kinoprogramm in Paris wechselt immer mittwochs. Das Angebot der etwa 500 Filme kann man in »L'Officiel des Spectacles«, »Pariscope« oder in der Mittwochsbeilage der Tageszeitung »Le Figaro« nachschlagen. In Paris ist es üblich, ausländische Filme mit Untertiteln anzusehen, diese sind mit »vo« im Programm vermerkt. Synchronfassungen sind mit »vf« gekennzeichnet. Sehr interessant ist auch das Angebot der **Cinémathèque Française** (40 000 Filme), im Frank-Gehry-Bau im Quartier Bercy, wo auch das französische Filmmuseum untergebracht ist (Infos: www.cinematheque.fr).

LE BALZAC

Eine wahre Legende und ein Symbol des Widerstands von David gegen Goliath ist das Balzac. Der »Tempel für Autorenfilme«, der

Paradies für Cineasten: Das »MK2« am Quai de la Seine ist eines von 90 Kinos in Paris.

immer anspruchsvolles Programm bietet, wurde 1935 von einem russischen Emigranten erbaut. Einer seiner Enkel, Jean-Jacques Schpoliansky, leitet heute mit Engagement und Passion dieses Haus. Noch überlebt »Le Balzac« trotz Immobilienspekulation auf der Avenue. Oft besteigt Jean-Jacques Schpoliansky vor einer Vorstellung selbst die Bühne und begrüßt mit einigen Worten zum angekündigten Film die Zuschauer.

➤ 8. Arr. ➤ [D 3] **1, Rue Balzac, Ecke Champs-Élysées; www.cinemabalzac.com; Metro: George V**

LE GRAND REX

Der imposante Filmpalast ist von weitem sichtbar und nicht nur Kino- und Konzertsaal, sondern auch eine Pariser Sehenswürdigkeit. Als er gebaut wurde, hatte man bewusst als Standort die Nähe zu Oper und »Grand Café« gewählt. Zur Eröffnung am 8. Dezember 1932 erschienen 3300 Gäste zum gesellschaftlichen Event des Jahres und sahen sich die Filmpremiere von »Die Drei Musketiere« von Henri Diamant-Berger an. Damals waren im Untergeschoss für die Kinogäste eine Krankenstation, ein Hundezwinger und ein Polizeiposten untergebracht. Es gab auch Künstlerlogen und Proberäume, da ja die Zuschauer in den Vorführpausen unterhalten werden wollten. Noch heute gilt das Rex mit seinen 2750 Plätzen als größtes Lichtspielhaus der Welt. Die Rolltreppe wurde übrigens 1957 von Gary Cooper eingeweiht.

Das nach amerikanischem Vorbild gebaute Kino an den Grands Boulevards steht unter Denkmalschutz und kann besichtigt werden. »Les Étoiles du Rex« nennt sich der Rundgang, den man mithilfe eines Audioguides (auch deutschsprachig) in rund 50 Minuten zurücklegt. Ausgangspunkt ist der Künstlereingang, rechts an der Hauptfassade. Man steigt über eine Steiltreppe in

Großes Kino: Zum »Festival de Cinéma en plein air« im Parc de la Villette trifft man sich vor dem Film zum gemeinsamen Picknick.

einen Saal hinunter, wo die Tour beginnt. Wer mehr erfahren möchte, kann an einer Gruppenführung teilnehmen und hört dann allerlei Anekdoten, wie zum Beispiel, dass die Filme von Charlie Chaplin in Frankreich erstmals im »Le Grand Rex« gezeigt wurden und die Pariser Chaplin seither liebevoll »Charlot« nennen.

➤ 2. Arr. ➤ [G 3] 1, Boulevard Poissonnière, Tel. 45 08 93 58; www.legrandrex.com; Metro: Bonne-Nouvelle; »Les Étoiles du Rex«, Mi–So 10–19 Uhr, während der franz. Schulferien tgl.; Eintritt 8 €, Audioguide in dt. Sprache inkl.

LA PAGODE

Mit dem Bau dieses japanisch geprägten roten Gebäudes wurde der Architekt Alexandre Marcel 1895 von François-Émile Morin beauftragt, einem Direktor des »Le Bon Marché«. Es sollte ein Geschenk von Morin für seine Frau sein. Diese liebte es nämlich, große Feste zu geben und dazu war die Pagode gedacht. Doch dann nahm sich Madame Morin einen Liebhaber und verlor ihr Interesse an Mann und Pagode. Morin verkaufte den Bau, der fast einmal Sitz der Chinesischen Botschaft geworden wäre. 1931 wurde hier ein Kino eröffnet, bis heute das einzige im 7. Arrondissement, das zugleich Regierungsviertel ist. Im Pagode hatten die Filme von Jean Epstein, Luis Buñuel und Jean Renoir Premiere. Nach langen Kämpfen gegen Immobilienprojekte steht »La Pagode« nun endlich unter Denkmalschutz. Sehr angenehm bei schönem Wetter ist das hübsche Gartencafé.

➤ 7. Arr. ➤ [E 5] 57, Rue de Babylone; Metro: St. François-Xavier

LA GÉODE

Die glänzende Metallkugel sieht man schon aus weiter Ferne. Adrien Fainsilber und Félix Chamayou haben diesen aus 6433 Einzelteilen zusammengebauten Kugelbau mit einem Durchmesser von 36 Metern konzipiert. Seit seiner Einweihung 1985 hat er nichts an Modernität eingebüßt. Auf einer 1000 Quadratmeter großen Omnimax-Projektionsfläche bietet »La Géode« perfekte Illusion. Man glaubt sich als Zuschauer mittendrin. Gezeigt werden Natur-, Wissenschafts- und Tierfilme. Es herrscht Massenandrang. Am Wochenende ist das Kino ausgebucht!

➤ 19. Arr. ➤ [K 1] Parc de la Villette, 26, Avenue Corentin-Cariou.; www.lageode.fr; Metro: Porte-de-la-Villette; tgl. stdl. 10.30–20.30 Uhr; Eintritt 9 €

CINAXE

Unweit von La Géode befindet sich das Cinaxe, ein Simulator der Spitzenklasse. Hier kann einem schon mal das Herz in die Hose rutschen, denn die 56 Sessel bewegen sich synchron zu den Bildern, das heißt, man erlebt dieselben Sensationen von Druckabfall oder Beschleunigung wie ein Formel-1-Pilot oder Astronaut. Diese nur zehn Minuten dauernden Vorführungen schütteln richtig durch. Sie sind nichts für Zartbesaitete und grundsätzlich für Kleinkinder und Schwangere verboten.

➤ 19. Arr. ➤ [K 1] 30, Avenue Corentin-Cariou Cité des Sciences et de l'Industrie; Tel. 40 05 70 00; Metro: Porte de la Villette; Di–So 10–18 (So 19) Uhr, Vorstellungen alle 15 Minuten; Reservierung: Tel. 40 05 12 12, Eintritt 5,40 €

Büro von Jean Nouvel den Zuschlag für die Planung der neuen Pariser Philharmonie, die bei der Cité de la Musique entstehen soll. Die ersten Konzerte sollen dort 2012 gegeben werden.

Dominique Perrault war kaum dreißig Jahre alt und noch ziemlich unerfahren, als er in den 1980er-Jahren den internationalen Architekturwettbewerb für den Bau der neuen französischen Staatsbibliothek gewann. Doch er hatte Ideen und konnte mit seinem auf Ästhetik setzenden Entwurf begeistern, obwohl dieser Bau vom ökologischen Standpunkt aus irritierend ist. Die Bücher werden in vier Glastürmen gelagert und in den Untergeschossen wird gelesen und geforscht. Ein bisschen verkehrte Welt. Doch alle, die in dem Bau tätig sind, sind sehr angetan. Perrault erhielt 1990 einen »Equerre d'Argent« für das Hôtel Industriel Jean-Baptiste Berlier in Paris, einen Glasbau im 13. Arrondissement (26, Rue Bruneseau).

Seinen ganz eigenen Stil vertritt **Frédéric Borel**, der seine Gebäude wie Events in die Stadtlandschaft setzt. In Paris konzipierte der seit 1984 niedergelassene Architekt, 1993 in der Rue Oberkampf (Nr. 113) oder 1998 in der Rue Pelleport (Nr. 129) viel beachtete und diskutierte Wohnblöcke, die das Stadtbild anhaltend prägen. Im Neubaugebiet Paris Rive Gauche verdient die Architekturhochschule »École d'Architecture Paris-Val de Seine« Beachtung. Hier hat Borel ein aus dem Jahr 1891 stammendes Fabrikgebäude umgebaut und einen Neubau angefügt.

PARISER DESIGN

Die beiden Architekten Dominique Jakob und Brendan MacFarlane als Designertandem **Jakob + MacFarlane** bekannt, haben einige spektakuläre Innenausstattungen gemacht, wie beispielsweise das Restaurant »Georges« (2000) auf dem Dach des Centre Pompidou. Das Duo ist

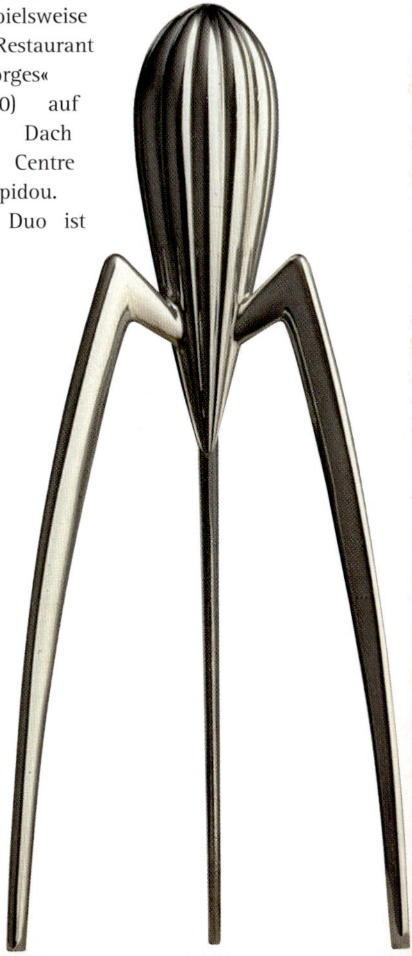

Sammlerobjekt: Die kultige Zitronenpresse von Philippe Starck gab es im Jahr 2000 als limitierte Jubiläumsausgabe mit Goldauflage.

mit dem Ausbau der ehemaligen Magasins Géneraux am Seine-Ufer in eine Cité de la Mode et du Design beauftragt, die 2008 eröffnet wird.

Einer der wichtigsten und vielseitigsten Designer ist **Philippe Starck**. Viele seiner Entwürfe, wie die Zitronenpresse »Juicy Salif« (→ S. 219), sind Klassiker. Starck soll beim Anblick eines Tintenfischs in einem Restaurant auf die Idee dazu gekommen sein. Seit 1990 wird die Kultpresse erfolgreich produziert. In jedem Designmuseum der Welt steht mindestens ein Philippe-Starck-Objekt. Auch als Innenarchitekt ist der Designer tätig. In Paris konzipierte er das grandiose Interieur des »Cristal Room Baccarat«. Starck propagiert in allen Bereichen seine »Ethik des Weglassens« und ist sicherlich der international bekannteste Designer Frankreichs mit dem höchsten ökologischen Anspruch.

AUKTIONSHAUS DROUOT

Mitten in Paris liegt Drouot, das große, auch in internationalen Kennerkreisen berühmte Versteigerungshaus, wo sich täglich rund 6000 Händler, Sammler und Neugierige tummeln. Pro Jahr kommen bei Drouot auf 2000 Auktionen zwischen 600 000 und 800 000 Gegenstände unter den Hammer.

In den 16 Sälen im Stammhaus Richelieu-Drouot (9, Rue Drouot) werden Möbel, Gemälde, Objekte, Schmuck und Teppiche versteigert. Jeder kann mitbieten, solange respektiert wird, dass immer in Zehn-Prozent-Quoten geboten wird und Drouot zwischen 15 und 20 Prozent Zuschlag zum Verkaufspreis bekommt. Immer mehr Interessierte bieten per Telefon mit. Am Vortag jeder Auktion werden von 11 bis 18 Uhr alle Versteigerungsobjekte für den nächsten Tag ausgestellt. Alles darf betrachtet, angefasst, probiert und geprüft werden. Überall bei Drouot sieht man die sogenannten »cols rouges«, rote Krägen, sie gehören zu den 110 »Commissionnaires de Drouot«. Das heißt, sie sind Mitglied der 1834 gegründeten Zunft der Commissionnaires und stammen aus der Region Savoyen. Die Rotkrägen sind für den praktischen Ablauf zuständig, transportieren und präsentieren Objekte, und sie dürfen mitbieten. Für Auftraggeber oder für sich selbst. Zu Drouot gehören mehr als 100 Kunstexperten und Auktionatoren, die auch kostenlos Expertisen oder detaillierte Schätzungen von Sammlungen oder Nachlässen erstellen.

Seit 1851 befindet sich am heutigen Standort ein »hotel de ventes«, Versteigerungshaus. Der heutige, ziemlich unschöne Bau stammt von 1980. Rund um das »Hôtel Drouot« haben sich zahlreiche Kunst- und Antiquitätenexperten niedergelassen sowie Spezialisten für Numismatik und Briefmarken.

Außergewöhnliche und wertvolle Sammlungen werden seit Ende der 80er-Jahre zweimal pro Jahr in »Drouot Montaigne« (15, Avenue Montaigne) ausgestellt – »Les Temps forts« – und dort versteigert. Informationen gibt es auf der Internetseite www.gazette-drouot.com.

Im Auktionshaus Drouot-Montaigne kommen jährlich bis zu 800 000 wertvolle Objekte unter den Hammer.

DELLA
RAFFAE

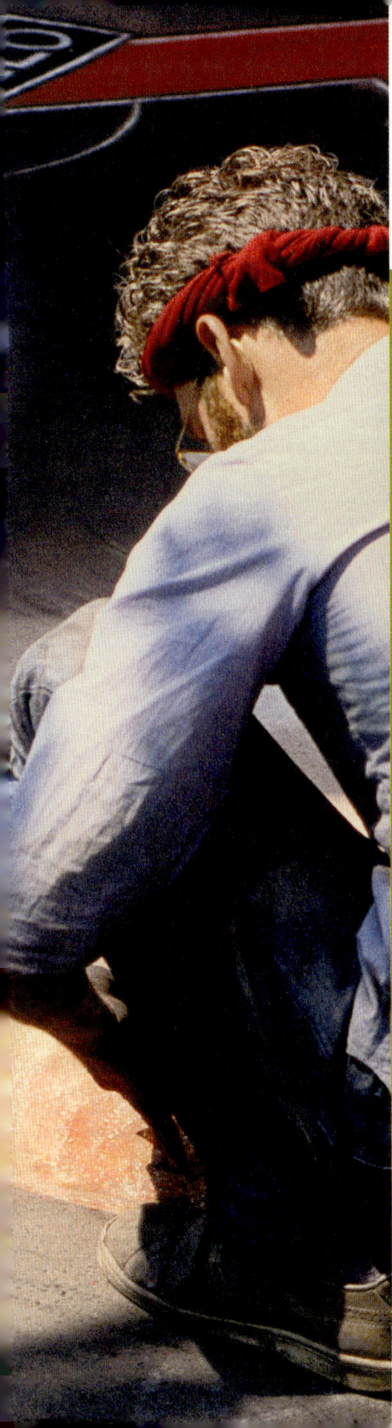

GESTERN UND HEUTE

Römische Ruinen zeugen von der einstigen Siedlung Lutetia, den Anfängen der heutigen Millionenmetropole Paris. Die jahrtausendealte Vergangenheit erschließt sich auf Schritt und Tritt. Zwischen gotischen Kirchen, prunkvollen Stadtpalästen und barocken Parkanlagen entstehen heute moderne Glasbauten, die die Pariser Stadtgeschichte von morgen erzählen.

Geschichtstabelle 226

Straßenmaler geben dem geschichtsträchtigen Pflaster von Paris ein neues Gesicht.

Das größte Rathaus Europas: das Pariser Hôtel de Ville, 1874–1882 von Theodore Ballu und Pierre Deperthes erbaut

MONUMENTE EINER GLANZVOLLEN ZEIT

Eleganz, Prunk und repräsentatives Flair machen den ganz besonderen Charme von Paris aus. Könige, Kaiser und Präsidenten haben mit ihren Monumentalbauten architektonische Spuren hinterlassen.

Auf eine annähernd 4000-jährige Geschichte kann Paris heute zurückblicken. Funde aus der Bronze- und Eisenzeit weisen auf eine keltische Siedlung an der Stelle der heutigen Île de la Cité hin. Erste Bauten der sogenannten »Cité Neuve«, Neustadt, später lange nur »La Ville« genannt, entstanden auf dem rechten Seine-Ufer ab der Jahrtausendwende. Eine erste Blüte erlebte Paris, oder »Lutetia«, wie man die antike Niederlassung auf der Île de la Cité in der Römerzeit nannte, bereits 52 v. Chr. Nachdem Cäsar Gallien erobert hatte, ließ er dort und auf dem linken Seine-Ufer eine Stadt ganz nach römischem Vorbild errichten mit Thermen, Tempeln, Wohngebäuden und einem Forum. Reste des römischen Amphitheaters, der Arènes de Lutèce, sind heute noch im Quartier Latin zu sehen.

LICHT UND SCHATTEN

Im fünften Jahrhundert eroberten die Merowinger Paris. Mit Karl dem Großen (768–814), der Aachen zu seiner Residenzstadt und zum Zentrum des Fränkischen Reiches machte, verlor Paris zunächst an Bedeutung. Wikingerüberfälle verwüsteten mehrfach große Teile der Stadt. Als der letzte Karolingerkönig starb, wurde Hugo von Capet, der das Geschlecht der Kapetinger gründete, 987 zum König gewählt. Eine gute Wahl für Paris, denn nun kam wieder Leben in die Stadt. Die Bautätigkeit auf der Seine-Insel kam wieder in Gang. Am Ufer des heutigen Rathauses entstand ein erster Handelshafen, die Place des Grèves. Der politische und wirtschaftliche Aufschwung war in vollem Gange. Als es Bürgertum und Adel auf der Cité-Insel zu eng wurde, ließen sie sich auch auf dem rechten, bisher weitgehend unbebauten Ufer nieder. 1137 wurde der Markt von der Place des Grèves an einen neuen Standort verlegt, uns heute als Les Halles ein Begriff. 1163 wurde unter der Herrschaft von König Philipp II.-Auguste mit dem Bau der Kathedrale Notre-Dame begonnen. Ab 1190 begann der König eine riesige Stadtmauer, die zur Sicherheit von Paris während der Kreuzzüge dienen sollte, anzulegen. Zunächst wurde die Mauer auf dem rechten Ufer errichtet, 1213 waren die Arbeiten auf beiden Uferseiten fertiggestellt. Zum Schutz gegen Eindringlinge vom Westen wurde die Schutzburg Louvre errichtet. Von dieser einst sechs Kilometer umfassenden Philipp-II.-Auguste-Befestigung kann man heute noch Mauerreste sehen, beispielsweise in der Rue Clovis hinter dem Panthéon oder hinter der Kirche Saint-Paul im Marais.

Unter Ludwig dem Heiligen (1226–1270) wurde die Sainte-Chapelle eingeweiht und 1257 wurde die erste

Weiter auf S. 230

GESCHICHTSTABELLE

Von der keltischen Siedlung über die barocke Prachtstadt hin zur modernen Millionenmetropole

➤ 3. Jh. v. Chr.
Der keltische Stamm der Parisii besiedelt die Île de la Cité.

➤ 53 v. Chr.
Cäsar erwähnt im »Gallischen Krieg« Paris als »Lutetia Parisorium«.

➤ 451
Die Hl. Genoveva rettet Paris vor den Hunnen.

➤ 508
Merowingerkönig Chlodwig erhebt Paris zur Residenzstadt.

➤ 8. Jh.
Karl der Große verlagert seinen Sitz nach Aachen, der neuen Hauptstadt des Frankenreichs. Paris verliert an Bedeutung.

➤ 885
Fünfte Belagerung durch die Wikinger. Graf Odo verteidigt erfolgreich Paris und wird 888 in Compiègne zum König gewählt.

Ludwig der Heilige (1214–1270) – König und Bauherr.

➤ 987
Hugo Capet aus dem Geschlecht der Kapetinger wird erster König Frankreichs (987–996). Paris wird Hauptstadt.

➤ 1180–1223
Philipp II.-Auguste befestigt Paris und baut die Schutzburg Louvre.

➤ 1226
Ludwig IX. der Heilige (Saint-Louis) wird König, Bauherr von Sainte-Chapelle.

➤ 1337
Beginn des Hundertjährigen Krieges zwischen Frankreich und England.

➤ 1364–1380
Karl V. baut Bastille und neuen Befestigungswall auf dem rechten Ufer.

➤ 1527
Franz I. macht Paris wieder zur Residenz.

➤ 1572
Hugenotten-Morde in der Bartholomäusnacht. Beginn der Religionskriege.

➤ 1594
Heinrich IV. konvertiert zum Katholizismus und kann in Paris einziehen.

Heinrich IV., der erste Stadtplaner von Paris: Er legte die Place des Vosges an und baute Tuilerien und Louvre aus.

➤ 1610
Ravaillac ermordet Heinrich IV.

➤ 1648–1653
La Fronde, der Aufstand der Adeligen gegen den Absolutismus Mazarins, erschüttert Paris.

➤ 14. Juli 1789
Sturm auf die Bastille.
Beginn der Französischen Revolution.

➤ 10.8.1792
Einnahme der Tuilerien und Sturz der Monarchie.

➤ 21.9.1792
Die Republik wird ausgerufen.

➤ 21.1.1793
Hinrichtung Königs Ludwig XVI.

➤ 1793–1794
Die Schreckensherrschaft von Robespierre.

➤ 9./10.10.1799
Sturz des Direktoriums.

➤ 2. 12.1804
Kaiserkrönung Napoleons in Notre-Dame.

➤ 1806–1814
Napoleon erweitert den Louvre, lässt den Triumphbogen errichten und stellt Siegessäule auf der Place Vendôme auf.

➤ 27–29.7.1830
Julirevolution, »Les Trois Glorieuses« führt zum Sturz von Karl X.
Louis Philippe wird Bürgerkönig.

➤ 1832
Cholera fordert 19 000 Todesopfer in Paris.

➤ 1837
Erste Eisenbahnlinie verbindet Paris mit Saint-Germain-en-Laye.

➤ 1841–1845
Bau neuer Befestigungsanlagen durch Minister Thiers.

➤ Februar 1848
Sturz von König Louis-Philippe.
Die Zweite Republik wird proklamiert.

➤ 1852
Gründung des 2. Kaiserreiches unter

Am Fuße des Eiffelturms: Das zur Weltausstellung 1889 errichtete Monument erfreute sich anfangs keiner großen Beliebtheit.

Napoleon III. Bis 1870 umfassende Stadtsanierung unter Baron Haussmann: Durchbruch zahlreicher Boulevards und Avenuen, Bau der Baltard-Markthallen, der Bahnhöfe, Parks wie Buttes-Bois de Chaumont, Bois de Boulogne und Vincennes, Oper, Kanalisationen, Fertigstellung des Louvre. Paris wird vergrößert und in 20 Arrondissements aufgeteilt.

➤ 1855, 1867
Weltausstellungen.

➤ 4. Sept. 1870
Im Rathaus von Paris wird die Dritte Republik ausgerufen.

➤ Winter 1870–1871
Preußen besetzen Paris.

➤ März–Mai 1871
Der Volksaufstand der Pariser Kommune wird niedergeschlagen. Brände verwüsten Tuilerienschloss und Pariser Rathaus. Die Vendôme-Säule wird gestürzt.

➤ 1889
Weltausstellung und Eröffnung des Eiffelturms

➤ 1900
Erste Metrolinie (heute Linie 1) Maillot-Vincennes wird in Betrieb genommen. Grand- und Petit Palais, Orsay-Bahnhof, Alexandre-III-Brücke werden eröffnet. Baubeginn von Sacré-Cœur.

➤ 1914–1918
Paris bleibt von der Besetzung durch deutsche Truppen verschont. Bomben treffen die Kirche Saint-Gervais.

➤ Juni 1940
Paris wird bombardiert und von der deutschen Armee besetzt.

➤ 19.–25.8.1944
La Libération, die Befreiung von Paris.

➤ 1946–1958
Die Vierte Republik.

➤ 1958
Beginn der V. Republik. UNESCO-Gebäude und der Sitz von Radio France werden gebaut. Baubeginn in La Défense.

➤ 1965
Die Grundzüge der Pariser Stadtplanung werden festgelegt.

➤ Mai 1968
Studentenunruhen, besonders im Quartier Latin.

➤ 1970
Eröffnung der Schnellbahn RER. 13 selbstständige Hochschulen werden in Paris und nächster Umgebung gegründet.

➤ 1973
Vierspuriger Stadtring, Boulevard Périphérique, wird eröffnet, ebenso der Montparnasse-Turm.

25. März 1977
Erstmalig wählen die Pariser ihren Bürgermeister direkt: Jacques Chirac wird zwölfter Bürgermeister von Paris.

➤ 1977
Eröffnung des Centre Georges-Pompidou.

➤ 1986
Eröffnung des Technikmuseums Cité des Sciences et de l'Industrie im Park de la Villette. Einweihung des Orsay-Museums.

➤ 1989
Zweihundertjahrfeier der Revolution. Einweihung der Glaspyramide von Ieoh Ming-Pei als neuer Louvre-Haupteingang. Eröffnung der neuen Oper an der Bastille, des »Kubus« Grande Arche in La Défense und des Finanz- und Wirtschaftsministeriums in Bercy.

➤ 1992
Seine-Ufer werden zum UNESCO-Weltkulturerbe erklärt.

➤ März 1995
Eröffnung Nationalbibliothek François Mitterrand.

➤ 1998
Inbetriebnahme der automatischen Metrolinie Meteor (Nr. 14)

➤ 2006
Eröffnung der Trambahn T3, Porte d'Ivry – Pont de Garigliano, Eröffnung des Museums am Quai Branly.

Bevor er Staatspräsident wurde, war Jacques Chirac Bürgermeister von Paris (1977–95).

Universität gegründet. Paris entwickelte sich zu der damals größten und glanzvollsten Stadt Europas, die aus allen Nähten zu platzen drohte, weil die bestehende Befestigung, obwohl beim Bau sehr großzügig bemessen, alsbald schon zu eng wurde. Das mittelalterliche Paris teilte sich in drei Stadtbereiche: Auf »La Cité« verblieben der Sitz der königlichen Verwaltungen und die Diözese. In »La Ville« wurde Handel betrieben und gewohnt und auf dem linken Ufer wurde in Klöstern, in Kollegien und an der Universität gebetet und gedacht.

Mit Beginn des Hundertjährigen Kriegs 1338, der durch Erbansprüche nach dem Wechsel des Königsgeschlechts von den Kapetingern zu den Valois zwischen dem englischen und französischen Thron ausgelöst wurde, brachen unsichere Zeiten an. Zum Schutz vor den Engländern ließ Karl V. flussaufwärts an der Seine die Bastille errichten. Pest, Hungersnöte und Kriege setzten Paris zu. Karl VII. ließ sich in seinem Schloss Ambroise an der Loire nieder, nur der Verwaltungssitz blieb in Paris.

EPOCHE DER STADTPLANER

Erst Franz I. erhob Paris 1528 offiziell wieder zur königlichen Residenzstadt. Unter ihm wurde die ehemalige Schutzburg Louvre erweitert und verschönert. Franz I. war es auch, der erste Gemälde der damals schon berühmten italienischen Maler Michelangelo, Tizian und Raffael kaufte und somit den Grundstein für die heute weltgrößte Gemäldesammlung legte. Das Rathaus und die Kirche Saint-Eustache wurden gebaut, das heute noch bestehende Collège de France gegründet. Franz I. ließ außerdem Schloss Fontainebleau in der Nähe von Paris erweitern, das bald zu seinem beliebtesten Aufenthaltsort wurde. Doch kaum hatte man mit all diesen Projekten begonnen, brachen die blutigen Religionskriege aus. Luthers Reformation fand bei den Intellektuellen im Universitätsviertel, den Buchdruckern, den gebildeten Bürgern und Kunsthandwerkern ein großes Echo. Die kleinen Leute blieben dem Papst und der Universität treu. Nach der »Affaire des Placards«, bei der antikatholische Plakate einen Skandal auslösten, sah sich Franz I. gezwungen, seinen katholischen Glauben zu beweisen, und erteilte der Universität und dem Stadtparlament alle Handlungsfreiheiten. Scheiterhaufen wurden im Universitätsviertel aufgehäuft, überall wurden Protestanten ermordet und verbrannt. Der mörderische Höhepunkt der Religionskämpfe zwischen dem Gründer des Jesuitenordens in Montmartre, Ignatius von Loyola, und dem Protestanten Calvin ist als Bartholomäusnacht von 1572 in die Geschichte eingegangen. In Paris wurden dabei 3000 Hugenotten grausam ermordet.

Heinrich von Navarra (1589–1610), ein Bourbone und Hugenotte aus der Pyrenäengegend, erbte 1589 den französischen Thron und trat aus politischem Kalkül zum katholischen Glauben über. Er sicherte 1598 im »Edikt von Nantes« den Protestanten Religionsfreiheit zu. Heinrich IV. betätigte sich als erster Monarch aktiv als Stadtplaner und brachte das noch mittelalterlich geprägte Paris auf Zukunftskurs. Im Louvre wurden

Katharina von Medici, Königin von Frankreich, galt lange als Drahtzieherin für die Massaker der Bartholomäusnacht.

Seitenflügel angebaut. Die Anlage eines großen Platzes, die Place Royale (heute Place des Vosges) wurde beschlossen. Außerdem hatte man Pläne für einen weiteren Platz der Provinzen, die jedoch nicht verwirklicht wurden. Nur einige Straßen im Oberen Marais waren bereits angelegt wie die Rue Saintonge, die Rue de Poitou oder Rue de Bretagne. Heinrich IV. ließ die Bauarbeiten für den Pont Neuf wieder aufnehmen und die Place Dauphine anlegen. Er war es auch, der die ersten Hygieneregeln in der Stadt einführte, so ließ er auf dem Pont Neuf Trottoirs anlegen, damit Passanten nicht im Dreck der Zugtiere waten mussten. 1610 wurde die neue Dynamik schlagartig unterbrochen, als der König von dem Religionsfanatiker Ravaillac ermordet wurde. »Le Dauphin«, der Thronfolger, Ludwig XIII., war erst neun Jahre alt.

GLANZ DES SONNENKÖNIGS

Als Grand Siècle wird das 17. Jahrhundert, die Zeit des Absolutismus, bezeichnet. Es wurde von den zwei einflussreichen Kardinälen, Richelieu (1624–42) und Mazarin (1643–61), sowie Ludwig XIV. geprägt. Richelieu führte die Regierungsgeschäfte, als Ludwig XIII. noch zu unerfahren dazu war. Unter ihm entstand 1624 eine vom Adel unabhängige Ministerialverwaltung. Um die Zentralmacht durch eine Einheitssprache zu festigen, gründete Richelieu 1635 die »Académie Française«. Nach Ludwigs XIII. Tod führte der vom Volk verhasste Jules Mazarin gemeinsam mit Königinmutter Anna von Österreich die Regierungsgeschäfte. Um 1650 war Paris immer wieder Ort

blutiger Auseinandersetzungen der Fronde – einem Bündnis des französischen Adels, des Parlaments und Teilen des Volkes – gegen Kardinal Mazarin und den Hof. Doch die Fronde, die das Ziel hatte, ihre Feudalrechte und die Rechte des Parlaments wieder zu stärken, scheiterte.

Mit dem Tod Mazarins 1661 übernahm Ludwig XIV., der »Sonnenkönig«, die Macht. Unter Finanzminister Colbert, dem Schöpfer des Merkantilismus, wurde die absolute Herrschaft des Königs noch erweitert. Die Staatsdruckerei, die Akademien, die Gobelinmanufaktur und die Münze wurden gegründet. Das Kunsthandwerk genoss Weltruf. Dies alles rückte Paris in den Mittelpunkt der barocken Welt. Ende des 17. Jahrhunderts lebten bereits 500 000 Menschen hinter der von Karl V. erweiterten Stadtmauer. Im Norden wurden die Mauern abgetragen und die »Grands Boulevards« angelegt. Ludwig XIV. verlegte den Hof 1680 in seinen neuen prächtigen Palast nach Versailles, wo er seinen absolutistischen Anspruch (»l'état c'est moi«) noch besser geltend machen konnte. Doch in Paris ordnete er weiterhin große Bauvorhaben an. Er ließ den Invalidendom errichten, den Tuileriengarten anlegen, veranlasste die Verlängerung der Reiterpromenade Champs-Élysées nach Westen, den Bau der Place de la Conquête (heute Place Vendôme), sowie der Place des Victoires. Außerdem wurde die erste Sternwarte, »L'Observatoire«, gebaut, die heute noch benutzt wird. Auch das geistige Leben der Stadt blühte: Cafés wurden eröffnet, literarische Zirkel gegründet, und in den zahlreichen Salons traf man sich zu philosophischen Diskussionen. Paris galt als kulturelles Zentrum Europas. Als 1715 Ludwig XIV. starb, war Paris eine prächtige Stadt – und die Staatskassen leer.

Ludwig XV., der schon als Kind den Thron erbte, war ein innenpolitisch schwacher Herrscher. Zwar wurden einige Baumaßnahmen von ihm vorangetrieben wie die Place de la Concorde und die Errichtung der Kirche Sainte Geneviève, des späteren Panthéon, aber von dem einstigen Glanz des Sonnenkönigs war schon bald nichts mehr spürbar.

Sein Nachfolger, Ludwig XVI., zeigte sich noch bei seiner Thronbesteigung 1774 reformbereit, aber es fehlte ihm an Erfahrung. Außerdem stand der Staat vor dem Bankrott. Die Schleifung der alten Befestigungen machte es mehr oder weniger unmöglich, Einfuhrzölle zu kassie-

1792: Der Sturm auf das Tuilerienschloss in einem Stahlstich aus dem 19. Jahrhundert

ren. Deshalb wurde zwischen 1784 und 1791 eine 24 Kilometer lange neue Mauer mit 57 Zollhäuschen von Nicolas Ledoux gebaut, die sogenannte »Mur des Fermiers généraux«, die Mauer der Generalpächter.

FRANZÖSISCHE REVOLUTION

Der Unmut unter der Bevölkerung gegen Ende des 18. Jahrhunderts nahm zu. Die Idee der Aufklärung hatte sich in den Salons verbreitet. Jean-Jacques Rousseaus »Zurück zur Natur« und Kants »Kritik der reinen Vernunft« wurden in den Cafés diskutiert. Der Wunsch sich von den starren Herrschaftsstrukturen zu befreien, dem Absolutismus ein Ende zu setzen, wurde immer lauter. Am 14. Juli 1789 stürmte das Pariser Volk die Bastille – der Beginn der Französischen Revolution und der Zusammenbruch des Ancien Régime. Die Königsfamilie musste ins Tuilerienschloss zurückkehren. 1791 verabschiedete man eine neue Verfassung für eine konstitutionelle Monarchie. 1792 wurde das Tuilerienschloss gestürmt und die Flucht des Königs von den »Sansculotten«, so die französische Bezeichnung des arbeitenden Volkes, vereitelt. Die Republik wurde ausgerufen. Am 21. Januar 1793 wurde Ludwig XVI. vor den Augen der Öffentlichkeit auf der heutigen Place de la Concorde durch die Guillotine hingerichtet. Mit der Französischen Revolution war Robespierre an die Macht gekommen. Der radikale Jakobiner forderte, alle »Gegner der Republik« zu töten. Während seiner Schreckensherrschaft rollten Tausende von Köpfen unter der Guillotine. Am 27. Juli 1794 wurde Robespierre gestürzt und starb wenige Tage später selbst unter dem Fallbeil.

Die »Freiheit, Gleichheit und Brüderlichkeit«, die bis heute ein wesentlicher Teil des französischen Selbstverständnisses ist und seit 1958 in der Verfassung verankert, forderte man nun überall.

Die Unruhen und das politische Chaos hatten die Stadtentwicklung von Paris um die Wende zum 19. Jahrhundert im Wesentlichen zum Erliegen gebracht. 1799 gelangte Napoleon Bonaparte, der sich im Schatten der Revolution vom kleinen Leutnant hochgedient hatte, an die Macht. Am 2. Dezember 1804 ließ er sich in Notre-Dame zum Kaiser krönen. Seine Herrschaft prägte das Stadtbild nur wenig: Der Kaiser gab den Bau des großen Triumphbogens und der Pariser Börse in Auftrag und ließ den Louvre erneut erweitern.

Paris bot zu Beginn des 19. Jahrhunderts kein schönes Bild. Es drohte buchstäblich im eigenen Dreck zu versinken. Regelmäßig wüteten Krankheiten und Seuchen, und die Lebenserwartung der Pariser lag bei knapp 40 Jahren.

Nach der Verbannung Napoleons und der Julirevolution 1830 wurde das Großbürgertum zur politischen Kraft. Ministerpräsident Thiers, der 1841–45 während der Regierungszeit des Bürgerkönigs Louis Philippe tätig war, ließ einen neuen Befestigungsgürtel, der die erst später eingemeindeten Kommunen Belleville, Charonne, Bercy, Montrouge oder Vaugirard miteinfasste, bauen. Gaslaternen beleuchteten seit 1834 die bereits geteerten Boulevards, die erste Eisenbahnlinie wurde gebaut.

1847, als eine schwere Wirtschaftskrise das Land erschütterte, hatte Paris etwa eine Million Einwohner. 1848 war es vorbei mit dem Frieden. Die sozialen Missstände führten schließlich zur Februarrevolution 1848, in deren Folge König Louis Philippe gestürzt wurde. Napoleon III., ein Neffe Napoleon I., wurde zum Präsidenten gewählt. In jenem Jahr der sogenannten Zweiten Revolution waren 65 Prozent der Paris-Bewohner zu arm, um Steuern zu zahlen, und 80 Prozent der Armen kamen nach ihrem Tod in ein Massengrab. Am 2. Dezember 1851 putschte Napoleon III. gegen sich selbst und ließ sich 1852 zum Kaiser krönen.

BARON HAUSSMANN

Napoleon III. wollte Paris grundlegend sanieren. Machtpolitische Gesichtspunkte standen dabei im Vordergrund, denn in der unübersichtlichen Innenstadt mit den engen, verwinkelten Straßen und den maroden Häusern, sollten weitere Aufstände der Bevölkerung unterbunden werden. Napoleon III. beauftragte Baron George Eugène Haussmann mit der Errichtung breiter Boulevards. Haussmann war nicht nur ein treuer Staatsdiener, sondern entpuppte sich auch als genialer Visionär. Er konzipierte eine Stadt für mindestens zwei Millionen Menschen. Es entstanden Prachtstraßen, Grünflächen, Parks, Markthallen, Bahnhöfe so schön wie Kathedralen und das damals modernste Kanalisationssystem der Welt. Haussmann liebte die Symmetrie und geradlinige Achsen: Vom Arc de Triomphe aus ließ er sternförmig große Boulevards bauen, um die Stadt für den Verkehr zu öffnen. Bahnhöfe und Eisenbahnlinien sorgten für die Mobilität der Bevölkerung. Die Höhe der Gebäude wurde auf 22 Meter limitiert, was das heute noch weitgehend einheitliche Stadtbild prägt. Prachtbauten wie die Garnier-Oper wurden unter Haussmann gebaut. 28000 Häuser wurden abgerissen, um Paris nach seinen Plänen umzugestalten. Alles, was vom mittelalterlichen Paris übrig war, wurde fast völlig vernichtet. Die gesamte Stadt war eine Großbaustelle.

Nach den Eingemeindungen im Jahr 1861 zählte die Stadt zwanzig Arrondissements und zwei Millionen Einwohner. Das Zweite – für das heutige Pariser Stadtbild so entscheidende – Kaiserreich, endete mit der Niederlage in Sedan im Deutsch-Französischen Krieg, 1870/71. Der Versuch der Pariser Kommune, sich als Gegenregierung zu etablieren, endete in einem Bürgerkrieg. Tausende von Kommunarden wurden hingerichtet oder in die Kolonien deportiert.

BELLE ÉPOQUE

Frankreich hatte seine politische Führungsrolle in Europa verloren, doch Paris erstrahlte im Glanz der Belle Époque von 1871 bis 1914. Mit drei großen Weltausstellungen 1878, 1889 und 1900 löste Paris mit neuen Statusbauten weltweit Furore aus. Der Eiffelturm, für die Weltausstellung 1889 gebaut, blieb bis zur Einweihung des Empire State Buildings 1937 das höchste Gebäude der Welt. 1900 verblüffte Paris die Welt mit der Eröffnung der Untergrundbahn, »Métropolitain« genannt, mit dem Grand Palais und dem Petit Palais, mit dem Orsay-Bahnhof oder der Alexandre-III.-Brücke. 1901 wurden bereits 2,71 Millionen Einwohner registriert, und Einwanderer aus aller Welt suchten hier eine Bleibe. Paris entwickelte sich zu einem Zentrum von Mode, Kunst, Kunstgewerbe und Art déco. Die Stadt wurde zur Drehscheibe für die Bohème und politische Immigranten aus aller Welt.

Keine andere Metropole prägte die Kunst des beginnenden 20. Jahrhunderts so wie Paris. Am 15. April 1874 wurde hier der Impressionismus geboren. Claude Monets Gemälde »Impression soleil levant« wurde im Atelier Nadar gezeigt und von einem Kunstkritiker abwertend als »impressionistisch« betitelt. Diese neuartige Freilichtmalerei, wo Licht, Farbe und Struktur sich zu leichten, atmosphärischen Bildern formen, inspirierte unter anderem Camille Pissarro, Auguste Renoir und Alfred Sisley. Heute erzielen ihre Bilder Millionenbeträge bei Auktionen und sind in allen Gemäldesammlungen dieser Welt vertreten. Knapp 30 Jahre später, im Jahr 1905, erging es dem Fauvismus wie einst dem Impressionismus: Für die farbenfrohen Bilder von Henri Matisse und Maurice de Vlaminck fand ein strenger Kritiker nur den Ausdruck »Fauves«, wilde Tiere, und gab damit der Stilrichtung einen Namen. Auch der Kubismus und der Surrealismus fanden in Paris ihren Anfang.

Mit seinen Theatern und Cafés bot Paris Künstlern und Literaten reichlich Inspiration. Abend für Abend saß Henri de Toulouse-Lautrec in den Kabaretts und Bordellen des Montmartre und porträtierte die Halbwelt. Seine Plakatentwürfe für das Moulin Rouge sind weltbekannt. Schriftsteller wie Ernest Hemingway und Henry Miller ließen sich vom Pariser Flair mitreißen. Josephine Baker bereitete 1925 mit ihrer »Revue Nègre« den Durchbruch des Jazz in Paris vor.

AUFBRUCH IN DIE MODERNE

Der Versailler Friedensvertrag 1919 dokumentiert den Sieg über das Deutsche Reich. 1921 lebten mehr als drei Millionen Menschen in Paris. Unzufriedenheit gärte, denn die Weltwirtschaftskrise hinterließ auch in Paris ihre Spuren.

Von 1936 bis 1938 bildeten Sozialisten und Kommunisten, die »Front populaire«, die Volksfrontregierung von Léon

Blum. Am 14. Juni 1940 besetzten deutsche Truppen Paris und marschierten auf den Champs-Élysées auf. Hitler ließ sich vor dem Eiffelturm fotografieren – und ordnete die systematische Zerstörung der Viertel an, in denen Widerständler agierten. Nach außen blieb Paris auch unter der Besatzung beliebt, denn die Nazis wollten die Heile-Welt-Fassade wahren, doch hinter den Kulissen ging die Gestapo erbarmungslos gegen jeglichen Widerstand und die jüdische Bevölkerung vor. Tausende Juden wurden deportiert. Hitler forderte 1944 vom deutschen Stadtkommandanten General von Choltitz die Zerstörung von Paris. Choltitz verweigerte den Befehl und kapitulierte am 25. August. Anderntags zog General de Gaulle durch den Triumphbogen über die Champs-Élysées in die Stadt.

Charles de Gaulle (1958–1969) fällt in Paris nicht als Bauherr auf. Zwar fallen die Errichtung des Gebäudes, in dem Radio France untergebracht ist, und der Bau des UNESCO-Sitzes in seine Regierungszeit, doch Charles de Gaulle stellte mit Konrad Adenauer die Weichen für Europa und hatte mit den immer größer werdenden Problemen in den Kolonien genügend zu tun, sodass für städteplanerische Mußestunden keine Zeit blieb. Sein Nachfolger Georges Pompidou (1969–1974) war ein kultivierter Staatsmann mit ausgeprägter Leidenschaft für die Moderne. Er plante bereits in den 50er-Jahren das neue Büroviertel La Défense und ließ größere, aus heutiger Sicht nicht immer glückliche städtebauliche Veränderungen durchführen. Sein Meisterwerk war sicher das Centre Pompidou. An den Seine-Ufern ließ er die teilweise unterirdisch verlaufende Schnellstraße Voies sur berges Georges Pompidou bauen, deren Schließung heute von Umweltschützern regelmäßig gefordert wird. Tatsächlich jedoch staut sich ohne diese Schnellstraße der Verkehr ins Unerträgliche, wie man immer dann feststellt, wenn bei Hochwasser die Voies sur berges geschlossen werden. Unter Pompidou bestanden bereits Pläne für den Abriss des Orsay-Bahnhofs, an dessen Stelle man einen modernen, rechteckigen Hotelplattenbau setzen wollte. Pompidous Nachfolger Valéry Giscard d'Estaing konnte dies verhindern. Doch das Musée d'Orsay wurde erst unter Mitterrand inhaltlich konzipiert und ausgebaut.

François Mitterrand ist bisher der Staatspräsident, der in seiner Amtszeit (1981–1996) die meisten architektonischen Spuren in der Hauptstadt hinterlassen hat. La Cité des Sciences et de l'Industrie in La Villette entstand unter ihm, ebenso das Musée d'Orsay und das Institut du Monde Arabe. 1989 wurde in der »Cour Napoeleon« des Louvre die Glaspyramide eingeweiht. Die Bastille-Oper, die Grande Arche in La Défense, das monumentale Finanzministerium in Bercy sowie die Nationalbibliothek gehören zu den mitterrandschen Monumenten.

Jacques Chirac, der ein Vierteljahrhundert Bürgermeister von Paris war, ehe er 1986 zum Staatspräsidenten gewählt wurde, hat das Musée du Quai Branly als kulturelles Erbe seiner Amtszeit hinterlassen.

Das Musée du Quai Branly (S. 200) mit seiner Pflanzenfassade wurde von Jean Nouvel erbaut und 2006 eröffnet.

Sortie

REISE-SERVICE

Die Begegnung mit einer fremden Großstadt kann manchmal ganz schön verwirrend sein, zumal dann, wenn man der Landessprache vielleicht nicht oder nur wenig mächtig ist. Damit Sie nicht wertvolle Zeit mit der Suche nach Informationen verlieren und Ihren Urlaub voll und ganz genießen können, finden Sie hier Wichtiges, Nützliches und Tipps in aller Kürze.

Wissenswertes von A–Z 240
Glossar 252
Sprachführer 256
Essdolmetscher 257

Fast rund um die Uhr im Einsatz: Die Pariser Metro verkehrt täglich von 6 Uhr bis 0.30 Uhr.

WISSENSWERTES VON A–Z

ALLGEMEINES

Paris ist Frankreichs Hauptstadt und Sitz des Staatspräsidenten, der Regierung und des französischen Parlaments sowie Zentrum der französischen Wirtschaft.

Fläche: Die Stadt erstreckt sich über eine Fläche von 105 Quadratkilometern.

Einwohner: Innerhalb der Stadtgrenze hat Paris 2,2 Millionen Einwohner, mit den Vororten sind es elf Millionen.

Bevölkerungsdichte: Am höchsten im 11. Arr. 40 000 Einwohner pro Quadratkilometer, am geringsten im 7. Arr. mit weniger als 10 000 Einwohner pro Quadratkilometer.

Luftqualität: Die Pariser Luft wird seit 1954 konstant überwacht. Die Luftqualität wird täglich auf elektronischen Anzeigetafeln in der Stadt veröffentlicht, im Rahmen eines Index von 1 (sehr gut) bis 10 (sehr schlecht), was den internationalen Normen der Weltgesundheitsorganisation und der Europäischen Kommission Rechnung trägt. www.airparif.asso.fr.

Konfessionen: Seit 1901 sind Staat und Kirche getrennt. Die römisch-katholischen Christen bilden die größte Glaubensgemeinschaft gefolgt von den Muslimen.

Verwaltung: Paris ist in 20 Arrondissements aufgeteilt. Jedes davon ist in vier Quartiers untergliedert und hat sein Bezirksrathaus und seinen Bezirksbürgermeister, der in Direktwahl gewählt wird. Außerdem gibt es einen Bürgermeister für Gesamt-Paris, der mit seinem Kabinett im Pariser Rathaus sitzt. Seit März 2001 ist Bertrand Delanoë Bürgermeister von Paris, Neuwahlen 2008.

Paris in Zahlen: 2 internationale Flughäfen, 6 internationale Bahnhöfe, 27 Millionen Besucher jährlich, 1500 Hotels, 297 Metrostationen, 37 Brücken, 143 Museen, 150 Theater, 22 Monumente, 450 Parks und Grünflächen, 200 Kirchen, 17 500 Boutiquen, 10 000 Bars und Restaurants, 87 Kinos mit insgesamt 378 Sälen; breiteste Straße: Avenue Foch mit 120 Metern, längste Straße: Rue de Vaugirard: 4,36 Kilometer

ANREISE

Mit dem Auto

Reisende aus dem Norden nehmen die Autobahn über Aachen und Belgien, aus dem Süden kommend die Autobahn Straßburg-Metz-Reims oder Saarbrücken-Metz-Paris.

Höchstgeschwindigkeit: Auf Autobahnen 130 km/h. Vorsicht, viele Radarkontrollen! Auf Landstraßen herrscht ein Tempolimit von 110 km/h, in Ortschaften von 50 km/h.

Straßenzustandsbericht: Tel. 48 49 33 33

Mit der Bahn

Seit Juni 2007 gibt es eine TGV-Verbindung zwischen München/Stuttgart-Paris und Frankfurt-Paris. Diese TGV-Est-Hochgeschwindigkeitsverbindung wird, wenn sie voll ausgebaut sein wird, die Fahrzeiten stark verkürzen.

Reisende aus Norddeutschland kommen in der französischen Hauptstadt am Nordbahnhof an, der Gare du Nord, aus Süddeutschland, der Schweiz und Österreich am Ostbahnhof, der Gare de l'Est.

Unbegrenzt fahren: Für Touristen empfiehlt sich das Ticket »Paris-Visite«.

Mit dem Flugzeug

Die Auswahl an Linienflügen ist sehr groß und wird durch ständig neue Low-Cost-Verbindungen erweitert. Die Maschinen landen entweder am Flughafen Roissy-Charles-de-Gaulle, 23 Kilometer nordwestlich von Paris, oder im Süden am Flughafen Orly. Vor dem Rückflug sollte man sein Ticket auf den richtigen Terminal überprüfen, das ist wichtig, da sie weit auseinanderliegen.

Von Roissy aus kann man entweder mit dem Air-France-Bus oder mit der Schnellbahn RER B in die Innenstadt fahren (in der Rushhour eher unangenehm), Fahrpreis 7,50 Euro. Der Roissybus fährt vom Flughafen zur Opéra (Fahrpreis 8,50 €).

Von und nach Flughafen Orly verkehrt ein Air-France-Shuttlebus (Halt in Montparnasse und Invalides) für 6 Euro oder ein RATP-Bus ab Denfert-Rochereau (6 €), außerdem mit RER B nach Orlyval (9 €). Der Orlybus verkehrt zwischen Denfert-Rochereau und Orly Sud und kostet 6 Euro.

ÄRZTE

Die Liste deutschsprachiger Ärzte ist über das Konsulat zu erfragen: Tel. 53 83 45 00, Fax 43 59 74 18; oder im Internet abrufbar unter: www.amb-allemagne.fr/pdf/Ambassade/ARZTE-Paris.pdf

APOTHEKEN

7 Tage/24 Stunden geöffnet: Pharmacie Européenne, 6, Place de Clichy, 9. Arr.; Metro: Place Clichy. Sonst in der Regel von 8–20 Uhr durchgehend geöffnet, entweder sonntags oder montags geschlossen.

AUTO

Autovermietstationen finden sich fast an jeder Straßenecke. Avis und Hertz bieten an den Flughäfen und in Paris je 25–30 Agenturen, www.avis.fr; Budget hat in Paris 7 Vertretungen, www.budget.fr; Europcar 15 Agenturen, www.europcar.fr

Die **Promillegrenze** liegt in Frankreich bei 0,5 Promille.

Die **Benzinpreise** in Frankreich unterscheiden sich nur in geringem Maße von den Preisen. hierzulande. Preiswerter lässt sich zumeist bei den großen Supermärkten tanken.

Parken ist in Paris sehr schwierig. Die Bezeichnung »stationnement génant« bedeutet: absolutes Parkverbot. Das Risiko, dass der Wagen abgeschleppt wird, ist hoch – und teuer. Parkhäuser, die allerdings viel Geld nehmen, gibt es überall in der Stadt.
Vorsicht ist auf dem »Boulevard Periphérique« geboten, der Ringautobahn um Paris. Das von rechts einfahrende Fahrzeug hat gegenüber dem auf der rechten Spur ankommenden Fahrzeug immer Vorfahrt.
ADAC in Frankreich: Parc des Tuileries, 69 760 Limonest, Tel: 04 72 17 12 22

BUCHTIPPS

Balzac, Honoré de: Die Menschliche Komödie. Darin besonders empfehlenswert: Père Goriot, Colonel Chabert, Cousine Bette, La Duchesse de Langelais.
Benjamin, Walter: Das Passagen-Werk, Gesammelte Schriften, Band V-1 und V-2. Beschreibt das Geistesleben der pulsierenden Kulturhauptstadt Anfang des 20. Jahrhunderts.
Breton, André: Nadja. Die Erzählung gilt heute als Meisterwerk surrealistischer Prosa. Sie beschreibt die Begegnung des Autors mit einer jungen, geheimnisvollen Frau im Paris der 30er-Jahre.
Hazan, Eric: Die Erfindung von Paris. Kein Schritt ist vergebens. Spannend-unterhaltsamer Streifzug durch die Kultur- und Sozialgeschichte der Stadt Paris.
Hemingway, Ernest: Paris, ein Fest fürs Leben. Wunderbar atmosphärische Erinnerungen an Hemingways Zeit in Paris.
Maupassant, Guy de: Les Dimanches d'un bourgeois de Paris. Novelle. Ein satirischer Blick auf die französische Gesellschaft der Zeit um 1880.
MERIAN Paris, Jahreszeiten Verlag, Hamburg: Opulent bebildertes, monothematisches Magazin, das mit hoher journalistischer Kompetenz, exklusiven Tipps und detailiertem Kartenmaterial eine optimale Vorbereitung für die Reise bietet; einzigartige Reportagen und Bildstrecken, umfangreicher Reise-Service (2006/7,50 €). Auch zu beziehen über unseren MERIAN Shop www.merian.de
Vila-Matas, Enrique: Paris hat kein Ende. Der spanische Autor schildert mit viel Witz seine Zeit als Schriftstellerlehrling in Paris.

DIEBSTAHL

Bei Verlust der Kreditkarte:
Visa, Tel. 0 800 90 20 33
Diners, Tel. 0 800 22 20 73
Mastercard, Eurocard, Tel. 0 800 90 23 90
American Express, Tel. 01 47 77 72 00

DIPLOMATISCHE VERTRETUNGEN

Deutsche Botschaft: 13–15, Avenue Franklin-Roosevelt, 8. Arr.; Tel. 53 83 45 00; www.amb-allemagne.fr/; Mo–Fr 9–12 Uhr
Deutsches Konsulat: 28, Rue Marbeau, 16. Arr.; Tel. 53 83 46 70; Mo–Fr 9–12 Uhr
Österreichische Botschaft: 6, Rue Fabert, 7. Arr.; Tel. 40 63 30 63
Österreichisches Konsulat: 17, Avenue de Villars, 7. Arr.; Tel. 40 63 30 90; www.aussenministerium.at/paris; Mo–Fr 9–12 Uhr
Schweizer Botschaft/Konsulat: 142, Rue de Grenelle, 7. Arr.; Tel. 49 55 67 00; www.eda.admin.ch/paris; Mo–Fr 9–12 Uhr

FAHRRADVERLEIH

Paris hat ein Radwegnetz von 371 Kilometern. Vorsicht ist geboten, da Autofahrer wenig Rücksicht nehmen, die Radwege oft mit Bus, Zweirad und Taxi geteilt werden müssen und Fußgänger oft unberechenbar sind.

Paris Vélo-Rent a Bike 2, Rue du Fer à Moulin, 5. Arr.; Tel. 43 37 59 22; Mail: info@paris-velo-rent-a-bike.fr; Metro: Censier Daubenton; Mo–Sa 10–19 (Okt.–März 18 Uhr) So 10–14 und 17–19 Uhr.

Allovelo 20, Rue Hauteville, 10. Arr.; Tel. 40 35 36 36, Mail: contact@allovelo.com, www.allovelo.com

Paris Bike Tour: Geführte Stadtrundfahrten mit dem Rad. Räder werden ins Hotel gebracht. Tel. 53 39 13 14; www.parisbike-tour.net

Velib: 1451 Radparkplätze auf die Stadt verteilt und insgesamt 20600 Räder zum Verleih. Die erste halbe Stunde ist kostenlos, dann pro halbe Stunde 1 € Radmiete. Wochenpass 5 €. Man bezahlt direkt mit Kreditkarte an jedem Radstand. Automatisch werden 150 € Kaution vorgebucht, die aber nicht abgebucht werden, wenn das Rad zurückgegeben wird. www.velib.paris.fr

FERNSEHEN

In Paris gibt es sechs Fernsehkanäle, davon zwei staatliche: Antenne 2 bietet z. T. gute Dokumentarfilme, FR 3 hat sich auf das Kulturprogramm spezialisiert. In den Hotels ist Kabel- oder Satellitenfernsehen vorhanden.

FREMDENVERKEHRSAMT

Auskünfte über Frankreich von zu Hause (Deutschland, Schweiz, Österreich) aus:

Maison de la France (Deutschland)
Zeppelinallee 37, 60325 Frankfurt
0900 1 57 00 25 (49 cts/Min.)

Maison de la France (Schweiz)
Rennweg 42, Postfach 7226,
CH-8023 Zürich
0900 90 06 99 (CHF 1.20/Anr. + CHF 0.3/Min.)

Maison de la France (Österreich)
Lugeck 1-2/Stg 1/Top 7, 1010 Wien
0900 25 00 15 (max. 0,68 €/Min.)

FUNDBÜRO

Objets Trouvés: 36, Rue des Morillons; 15. Arr.; Metro: Convention
Mo, Mi, Fr 8.30–17 und Di, Do 8.30–20 Uhr

GELD

Banken sind in der Regel Mo–Fr oder Di–Sa von 9–17 (manchmal 18) Uhr geöffnet. Devisen wechselt man meist besser in Wechselstuben, u. a. auf den großen Boulevards, erkennbar am Schild »Change«.

GOTTESDIENSTE

Deutsche Evangelische Christuskirche, 25, Rue Blanche, 9. Arr.; www.evangelischekircheparis.org; Metro: Metro: Trinité, Blanche, Liège

Deutsche Katholische Gemeinde, St. Albertus Magnus, 38 Rue Spontini 16. Arr.; Metro: Porte Dauphine; www.katholischegemeindeparis.eu

INLINESKATES

Pari-Roller: Dieser Verein organisiert die legendären, seit 1994 existierenden »Friday Night Fever«, dreistündige, 30 Kilometer

lange Riesentouren durch die Stadt (mit Polizeieskorte). Start ist jeden Freitag 22 Uhr, Place Raoul Dautry, vor dem Montparnasse-Bahnhof; Metro: Montparnasse. Die Strecke wechselt jede Woche und ist Donnerstagabend im Internet abrufbar (www.pari-roller.com) oder in der Freitagsausgabe von »Le Parisien«. Es geht sehr flott voran, deshalb nur für Könner geeignet!
Rollers and Coquillages: Gemütlichere Rollerausflüge durch Paris gibt es am Sonntag, Treffpunkt 14.30 Uhr, Place de la Bastille vor dem Laden von »Nomades«, 37, Boulevard Bourdon, 4. Arr.; Metro: Bastille; www.rollers-coquillages.org

INTERNET

Fast alle Cafés und Hotels haben »Wifi«-Zugang, oft muss man um den »Schlüssel« bitten, meist ist der Service jedoch kostenlos. Außerdem gibt es überall Internetcafés.

JOGGEN

Wer Joggingschuhe eingepackt hat, kann sich den Joggern in den Tuilerien, im Jardin du Luxembourg oder im Bois de Boulogne anschließen. Wer Stadtentdeckung und Joggen verbinden möchte, kann einen Coach engagieren. Infos: www.getinshape.fr oder Mail info@getinshape.fr (ab 60 €/Stunde). Passionierte Läufer können am Pariser Marathon im April teilnehmen (→ S.123).

NOTRUFNUMMERN

Feuerwehr (»Pompiers«): 18
Polizei: 17
Notarzt SAMU (Herzattacken, schwere Unfälle): 15
Notarzt SOS Médecins (leichte Fälle): 47 07 77 77
Notruf bei Verbrennungen (Hôpital Cochin): Tel. 58 41 41 41
Notruf bei Vergiftungen/Hôpital Fernand Vidal: Tel. 40 05 48 48
Zahnmedizinischer Notdienst: 43 37 51 00

NEBENKOSTEN

1 Tasse Kaffee	2,50
1 Cola	2,50
1 Glas Wein	2,50
1 Croissant	1,00
1 Baguette	1,00
1 belegtes Sandwich	5,00
1 Schachtel Zigaretten	5,60
1 Liter Benzin	1,40
1 Stunde Parken	2,50
1 Einzelfahrt mit dem Bus	1,50
Kinokarte	9,00

ÖFFENTLICHE VERKEHRSMITTEL

Batobus: Pendelboot auf der Seine mit 8 Anlegestellen: Eiffelturm, Champs-Élysées, Musée d'Orsay, Louvre, Saint-Germain-des-Prés, Notre-Dame, Hôtel de Ville und Jardin des Plantes. Ende März–Anfang Januar: März, April u. Okt. 10–19 Uhr; Mai, Juni, Juli, Aug. u. Sept. bis 21 Uhr, Nov., Dez. u. Jan. 10.30–16.30 Uhr. Die Boote fahren im 15- bis 25-Minuten-Takt.
Tarife: Tageskarte, unbegrenzte Anzahl von Fahrten und Zwischenstopps: 14 €; 2-Tage-Karte gültig nur an 2 aufeinanderfolgenden Tagen: 14 €; Kinder unter 12 Jahren halber Preis. www.batobus.com

Bus: Es gibt 60 Buslinien. Ganz neu gegründet wurde die Linie 64, sie verbindet Place d'Italie mit Gambetta.
www.ratp.com. Das Angebot an **Nachtbusverbindungen** ist seit 2006 beachtlich ausgedehnt worden. Die Haltestellen sind mit einem »N« (»Noctiliens«) gekennzeichnet.
U-Bahn: Die rund 300 Stationen der Pariser Metro (M°) sind am Eingang mit einem großen gelben »M« gekennzeichnet. Insgesamt gibt es 16 Linien, nummeriert von 1 bis 14, sowie Linie »3 bis« (3a) und »7 bis« (7a). Diese Linien haben jeweils eine eigene Farbe, die Sie auf den Hinweisschildern der Stationen und auf allen Plänen der RATP wiederfinden. Die durchschnittliche Fahrzeit von einer Station zur nächsten beträgt ca. zwei Minuten, fünf Minuten sollte man für das Umsteigen rechnen. Die Metro verkehrt tgl. (inkl. feiertags) von 6–0.30 Uhr; Fr, Sa bis 2.15 Uhr. An Sonn- und Feiertagen fährt die Metro in größeren Zeitabständen.
Die vollautomatische, sehr schnelle Linie 14 Météor (Saint-Lazare-Olympiades) fährt immer im selben Takt.
Die Tarife ändern sich regelmäßig. Seit dem 1. Juli 2007 gilt das Metroticket T+. Die T+-Tickets kosten 1,50 € für eine Einzelfahrt und 11,10 € als Zehnerblock. Die T-Tickets erlauben ein Umsteigen von Bus zu Bus oder von Metro zu Metro innerhalb eines Zeitraums von 1,5 Stunden. Nicht möglich ist, mit demselben Ticket von Metro auf Bus oder umgekehrt umzusteigen. In den Bussen werden die Tickets nicht mehr verkauft. Wochenkarten (»carte hebdomadaire«), gültig von Mo–So kosten 16,30€ für zwei Zonen und sind derzeit die preiswerteste Möglichkeit! Kinder (4–12 Jahre) zahlen den halben Preis, für Kleinkinder bis 4 Jahre ist die Fahrt frei. Für Touristen gibt es den Tagesfahrschein, (»Mobilis«) für 5,50 €. Die Karte »Paris Visite« kostet 13,95 € für 2 Tage; 18,60 € für 3 Tage und 27,20 € für 5 Tage. Sie ist gültig in Bus, Metro, RER und Tram im Stadtbereich (Zone 1–3).
Straßenbahn: Die Tramway T 3 wurde 2006 eröffnet und ist die erste Straßenbahnlinie im Stadtbereich. Sie verläuft im Süden von Pont du Garigliano (Uniklinik Hôpital Européen Georges Pompidou) über Porte de Versailles (Messegelände), Porte de Vanves (Flohmarkt), Porte d'Orléans, Montsouris (Park), Cité Universitaire, Porte de Choisy bis Porte d'Ivry (Chinatown).
Paris L'Open Tour: Die gelben Doppeldeckerbusse bieten eine Tageskarte für 26 € (ermäßigt 13 €) oder eine Zweitageskarte für 29 (13) € an. In Verbindung mit einer »Paris Visite«-Karte kostet die Tageskarte 22 €. Der Bus verkehrt an vier verschiedenen Strecken mit insgesamt 50 Haltestellen.

ÖFFNUNGSZEITEN

Im Allgemeinen haben die Geschäfte in Paris von Mo–Sa von 9–19 Uhr geöffnet. Lebensmittelläden machen meist schon früher auf. Sonntags sind die meisten Geschäfte geschlossen, Ausnahmen bilden die Bäckereien und Metzgereien und einige Lebensmittelgeschäfte.
Vor allem kleinere Läden schließen zur Mittagszeit (13–15 Uhr).
In zahlreichen arabischen und afrikanischen Geschäften kann man rund um die Uhr einkaufen.

POST

Hauptpostamt: 52, Rue du Louvre; 1. Arr.; Metro: Les Halles; rund um die Uhr geöffnet. **Briefmarken** sind in den Bar-Tabacs und auf allen Postämtern erhältlich.

RAUCHEN

Seit 1. Januar 2007 gilt ein generelles Rauchverbot in allen öffentlich zugänglichen Gebäuden (inklusive Büros). Ab 1. Januar 2008 soll per Gesetz das Rauchen auch in Restaurants und Bars verboten werden.

REISEZEIT

Nebensaison: 1. Nov.–31. März,
Hauptsaison: 1. April– 31. Okt.
Doch in Paris finden ständig Großveranstaltungen statt und der Besucherstrom hat Konsequenzen auf das Hotelangebot und die Preise: Ostern, Mai, der 14. Juli, September, Oktober, Weihnachten, Neujahr sind für die großen Messen und internationalen Salons, Modenschauen etc. sehr gefragt. Hotelzimmer müssen grundsätzlich möglichst früh reserviert werden.

SCHIFFSFAHRTEN

Bateaux-Mouches: bei dem Pont de l'Alma; Metro: Alma-Marceau; Port de la Conférence, www.bateaux-mouches.fr
Bateaux Parisiens Tour Eiffel: Port de la Bourdonnais, beim Eiffelturm oder Quai de Montebello bei Notre-Dame auf Rive Gauche; www.bateauxparisiens.com
Bateaux Vedettes du Pont Neuf: am Square du Vert Galant, Metro: Pont Neuf, Louvre; www.vedettesdupontneuf.fr
Paris Canal: Fahrten auf dem Canal Saint-Martin; Parc de la Villette bis Musée d'Orsay (2,5 Std.); www.pariscanal.com

SCHWIMMBÄDER

Das Tragen von Bademützen ist in fast allen Pariser Schwimmbädern Pflicht.
Piscine Suzanne Berlioux: Hallenbad mit 50-Meter-Becken, 10, Place de la Rotonde; im Forum des Halles Niveau -3; Metro: Les Halles, Tel. 42 36 98 44; ganzjährig: Mo, Di: 11.30–22; Mi: 10–22; Do, Fr: 11.30–22; Sa, So: 9–19 Uhr, während der Pariser Schulferien: Mo–Fr: 10–22; Sa, So 9–19 Uhr.
Piscine de Pontoise Hallenbad, original im Stil der 30er-Jahre erhalten; 5. Arr., 19, Rue de Pontoise; Metro: Maubert-Mutualité; Mo, Di 7–8.30, 12.15–13.30 u. 16.30–23.45 Uhr; Mi 7–8.30, 12.15–23.45 Uhr; Do 7–8.30, 12.15–13.30, 16.30–19.15, 21–23.45 Uhr; Fr 7–8.45, 12–13.30, 16.30–23.45 Uhr; Sa 10–19, So 8–19 Uhr; Eintritt 9 €.
Piscine Pailleron: Denkmalgeschützt und komplett renoviert. Wunderschöner Art-déco-Bau. 19. Arr.; 32, Rue Edouard Pailleron; Metro: Bolivar; Mo 7–8.30, 11.30–22.30, Di 11.30–22.30, Mi 7–22.30, Do 11.30–22.30, Fr: 7–8.30, 11.30–0, Sa 9–0, So 9–18 Uhr; Schulferien: Mo–Do: 8–22.30, Fr, Sa 9–0, So 9–18 Uhr

SEGWAYFAHREN

Besonders Touristen aus den USA lieben die vierstündige Sightseeingtour mit dem Segway. Man rollt abgasfrei, geräuschlos und bequem –stehend– auf diesem Zweirad durch die Stadt. Es gibt eine Tour tagsüber und eine bei Nacht. 70 € pro Person.

Mittelwert	JAN	FEB	MÄR	APR	MAI	JUN	JUL	AUG	SEP	OKT	NOV	DEZ
Tagestemperatur	6	7	12	16	20	20	25	24	21	16	10	7
Nachttemperatur	1	1	4	6	10	13	15	14	12	7	5	2
Sonnenstunden	2	3	5	7	7	7	7	7	6	4	2	2
Regentage pro Monat	17	14	12	13	12	12	12	13	13	13	15	16

Quelle: Deutscher Wetterdienst, Offenbach

Infos (nur englischsprachig) unter: www.citysegwaytours. com

SENIOREN

Viele Einrichtungen haben reduzierte Tarife für Senioren (gelegentlich wird ein Altersnachweis gefordert). Für Métro und Bahn benötigt man einen speziellen Berechtigungsausweis, der nur in Verbindung mit einem Lichtbild ausgestellt werden kann.

STADTZEITUNGEN

Jeden Mittwoch erscheinen die Programmhefte »Officiel du Spectacle« und »Pariscope«. Nur französischsprachig.

STROM

In ganz Paris findet man Wechselstrom mit 220 Volt. Es gibt nur noch wenige Anlagen mit 110 Volt.

TAXI

15 300 Taxis stehen theoretisch Tag und Nacht zur Verfügung. Das auf dem Dach des Fahrzeuges angebrachte Leuchtschild mit der Angabe »Taxi Parisien« leuchtet ganz, wenn der Wagen frei ist, ist die Taxe besetzt, leuchtet nur das kleine Birnchen unterm Taxischild. Man kann freie, vorüberfahrende Taxis an der Straße stoppen, ansonsten gibt es Taxistände überall in der Stadt. Vorsicht: abends chronischer Taximangel, Samstagnacht ist die Lage oft aussichtslos.

Alpha Taxis: Tel. 45 85 85 85;
Taxi Bleu, Tel. 0 891 70 10 10;
Taxi G7, Tel. 47 39 47 39.

Die 134 »Bornes Taxi« gekennzeichneten Taxistationen in der Stadt kann man nun mit der Einheitsnummer 45 30 30 30 anrufen.

TELEFON

Die meisten öffentlichen Telefone sind Kartentelefone. Telefonkarten (Télécarte) sind auf den Postämtern und in Bar-Tabacs erhältlich.
Vorwahl nach Frankreich: 0033
Vorwahl von Paris: 01
Vorwahlen ins Ausland:
Deutschland 0049
Österreich 0043
Schweiz 0041

THEATERKARTEN

Es ist dringend angeraten, bereits vor der Reise Karten zu bestellen:
Paris Spectacle Kartenservice: Peter Müller, Offenbacherstr. 6; 64646 Heppenheim;

Tel: 0 62 53/7 46 18, www.paris-spectacle.de In Paris kann man in den Vorverkaufsstellen der Medienkaufhauskette FNAC (Montparnasse, Bastille, Saint-Germain, Les Halles; www.fnac spectacles.com) Theaterkarten erwerben.

TIERE

Kleine Tiere (weniger als 45 cm hoch) werden an der Leine oder im Korb in öffentlichen Verkehrsmitteln toleriert. Hundebesitzer sind – bei bis zu 450 € Strafe! – dazu angehalten, Tierkot wegzuräumen und zu entsorgen. Bei der Hotelreservierung sollte nicht vergessen werden, zu fragen, wie groß ein Hund sein darf und welcher Preis berechnet wird. Der Betrag variiert je nach Hotel, normalerweise muss man mit 5–15 € pro Hund rechnen. Behindertenhunde sind per Gesetz in allen Hotels erlaubt, es kann jedoch ein Aufpreis verlangt werden. In Museen und Sehenswürdigkeiten sind nur Blindenhunde erlaubt.

TOURISTENINFORMATIONEN

Hauptoffice: 1. Arr.; Bureau d'accueil Pyramides; 25, Rue des Pyramides; RER A: Auber; Metro: Pyramides; 1. Juni–1. Okt. tgl. 9–19 Uhr; 1. Nov.–31. Mai; Mo–Sa 10–19 Uhr; So u. feiertags 11–19 Uhr, (1. Mai geschl.)

Office im Carrousel du Louvre: 1. Arr.; 99, Rue de Rivoli; Metro: Palais Royal-Musée du Louvre; tgl.10–18 Uhr.

Bureau d'accueil Clémenceau: 8. Arr.; Ecke Champs-Élysées und Avenue de Marigny; Metro: Champs-Élysées-Clémenceau, 6. April–20. Oktober 9–19 Uhr. (14. Juli geschlossen)

Office Gare du Nord: 10. Arr.; 18, Rue de Dunkerque; RER B und D: Gare du Nord; Metro: Gare du Nord; tgl. (außer 25.12., 1.1. und 1.5.) 8–18 Uhr

TRINKGELD

In Frankreich verstehen sich alle Preise inklusive Steuern und Service und beinhalten somit die Bedienung (ca. 15 Prozent des Gesamtpreises). Doch wenn der Service besonders gut war, wird der Bedienung ein Trinkgeld gegeben, um seine Zufriedenheit zum Ausdruck zu bringen. Der Betrag ist jedem selbst überlassen, doch sollten es mindestens fünf Prozent des Rechnungsbetrags sein.

TRINKWASSER

Pariser Leitungswasser genießt einen exzellenten Ruf und kann ohne größere Bedenken getrunken werden.

ZOLL

Für Reisende aus EU-Ländern gelten folgende Höchstmengen als steuerfreier Eigenbedarf:

Tabakwaren: 800 Zigaretten, 400 Zigarillos (Zigarren mit einem Stückgewicht von höchstens 3 g), 200 Zigarren, 1000 g Tabak (Rauchtabak)

Alkohol: 10 Liter Spirituosen, 20 Liter sogenannter Zwischenerzeugnisse (beispielsweise Campari, Port, Madeira, Sherry), 90 Liter Wein (davon höchstens 60 Liter Schaumwein wie »Crémant«, Champagner o. ä.), 110 Liter Bier.

Weitere Auskünfte unter www.zoll.de, www.bmf.gv.at/zoll und www.zoll.ch

Métro- und RER-Plan
a
b
c
1
2
3
4
5
6
RER C
C1 Pontoise
Les Grésillons
13 Gabriel Péri
(Asnières-Gennevilliers)
Garibaldi
St-Ouen
Porte de
St-Ouen
Mairie de Clichy
Seine
Guy Môquet
Porte de Clichy
Brochant
RER A A1 St-Germain-en-Laye
RER A A3 Cergy
A5 Poissy
3 Pont de
Levallois-Bécon
Anatole France
Louise Michel
Porte de Champerret
La Fourche
Pigalle
Blanche
Place de Clichy
Rome
Notre-Dame
de-Lorette
Pereire
Levallois
Wagram
Malesherbes
Liège
Trinité
d'Estienne
d'Orves
1 La Défense
Grande Arche
Villiers
E1 Haussmann
14 St-Lazare
Monceau
Europe
Saint-Lazare
Chaussée
La Fayette
Pont de Neuilly
Courcelles
Havre
Caumartin
Richelieu
Drouot
Esplanade
de La Défense
Ternes
Saint-Augustin
Les Sablons
Auber
Opéra
Neuilly-Porte Maillot
Argentine
6 Ch. de Gaulle - Etoile
St-Philippe
du-Roule
Miromesnil
2 Porte Dauphine
Victor
Hugo
Madeleine
George V
Franklin-D.
Roosevelt
Pyramides
Avenue Foch
Kléber
Champs-
Élysées
Clemenceau
Concorde
Boissière
Rue de
la Pompe
Alma-
Marceau
Tuileries
Avenue Henri Martin
Iéna
Palais Royal
Musée du Louvre
Trocadéro
Pont
de l'Alma
Invalides
La Muette
Assemblée
Nationale
Musée
d'Orsay
Pont-Neuf
Passy
La Tour
Maubourg
Boulainvilliers
Champ de Mars
Tour Eiffel
Varenne
Solférino
Ranelagh
Bir-Hakeim
St-François
Xavier
Rue du
Bac
St-Germain
des Prés
Jasmin
Ave. du
Pdt. Kennedy
10 Boulogne
Pont de St-Cloud
Porte
d'Auteuil
Michel Ange
Auteuil
La Motte
Picquet
Grenelle
École
Militaire
Vaneau
Sèvres
Babylone
Mabillon
Odéon
Dupleix
Rennes
Saint-
Sulpice
Église
d'Auteuil
Javel
Ave.
É. Zola
Ségur
Duroc
Boulogne
Jean Jaurès
Saint-
Placide
Notre-Dame
des-Champs
Michel Ange
Molitor
Chardon
Lagache
Mirabeau
Javel
A. Citroën
Charles
Michels
Cambronne
Sèvres
Lecourbe
Falguière
Montparnasse
Bienvenüe
Commerce
Pasteur
Exelmans
Félix Faure
Volontaires
Gare
Montparnasse
Vavin
Porte de
St-Cloud
Boucicaut
Edgar
Quinet
Raspail
Vaugirard
Gaîté
Marcel
Sembat
Lourmel
Bd Victor
Convention
Denfert
Rochereau
Billancourt
8 Balard
Pernety
Porte de
Versailles
9 Pont de Sèvres
Plaisance
Mouton-Duvernet
Issy
Val de Seine
Corentin
Celton
Porte de Vanves
Alésia
Malakoff
Plateau de Vanves
4 Porte d'Orléans
12 Mairie d'Issy
Issy
Malakoff
Rue Étienne Dolet
Meudon
Val-Fleury
13 Châtillon-Montrouge
Chaville-Vélizy
C5 Versailles - Rive Gauche
RER C C7 St-Quentin-en-Yvelines
B2 Robinson
B4 St-Rémy-
lès-Chevreuse,
Orly
Die Bahnhöfe Liège und Rennes sind nach 20 Uhr
und an Sonn- und Feiertagen geschlossen

d
e
f
1
2
3
4
5
6
RER D
13 St-Denis Université
Basilique de St-Denis
RER B
Le Bourget
B3 Aéroport C. de Gaulle
B5 Mitry-Claye
La Courneuve Aubervilliers
La Plaine Stade de France
Stade de France St-Denis
Carrefour Pleyel
Mairie de St-Ouen
7 La Courneuve 8 Mai 1945
Fort d'Aubervilliers
Aubervilliers-Pantin 4 Chemins
5 Bobigny Pablo Picasso
Pantin
12 Porte de la Chapelle
4 Porte de Clignancourt
Simplon
Marcadet Poissonniers
Marx Dormoy
Jules Joffrin
Château Rouge
Porte de la Villette
Corentin Cariou
Bobigny-Pantin R. Queneau
Église de Pantin
RER E
Chelles-Gournay
Tournan
Crimée
Hoche
Riquet
Porte de Pantin
Abbesses
Anvers
La Chapelle
Stalingrad
Ourcq
Laumière
Barbès Rochechouart
Gare du Nord
Magenta
Jaurès
Bolivar
Botzaris
Danube
7b Pré St-Gervais
Cadet
Poissonnière
7b Louis Blanc
Buttes Chaumont
Télégraphe
11 Mairie des Lilas
Gare de l'Est
Château Landon
Colonel Fabien
Jourdain
Place des Fêtes
3b Porte des Lilas
Grands Boulevards
Château d'Eau
Jacques Bonsergent
Pyrénées
Saint-Fargeau
Belleville
Bonne Nouvelle
Couronnes
Pelleport
Strasbourg St-Denis
Goncourt
Bourse
République
Ménilmontant
3b Gambetta
Sentier
Temple
Parmentier
3 Gallieni
Réaumur-Sébastopol
Arts et Métiers
Porte de Bagnolet
Filles du Calvaire
Rue St-Maur
Père - Lachaise
9 Mairie de Montreuil
Etienne Marcel
Oberkampf
Philippe Auguste
Louvre Rivoli
Les Halles
Châtelet Les Halles
Rambuteau
Saint-Ambroise
Croix de Chavaux
St-Sébastien Froissart
Voltaire
Robespierre
Richard Lenoir
Alexandre Dumas
Chemin Vert
Charonne
Porte de Montreuil
Hôtel de Ville
Bréguet Sabin
Maraîchers
St-Paul
Rue des Boulets
Avron
Pont Marie
Bastille
Buzenval
Ledru-Rollin
RER A
A2 Boissy-St-Léger
A4 Marne-la-Vallée Parc Disneyland
Cité
Sully Morland
St-Michel Notre-Dame
2/6 Nation
Porte de Vincennes
Faidherbe Chaligny
St-Mandé
Vincennes
Maubert Mutualité
Quai de la Rapée
Reuilly-Diderot
Picpus
Cluny La Sorbonne
Bérault
1 Château de Vincennes
Cardinal Lemoine
Bel-Air
Montgallet
Luxembourg
Jussieu
Gare de Lyon
Daumesnil
Place Monge
10 Gare d'Austerlitz
Port-Royal
Saint-Marcel
Seine
Bercy
Dugommier
Michel Bizot
Censier Daubenton
Porte Dorée
Campo Formio
Porte de Charenton
St-Jacques
Quai de la Gare
Les Gobelins
Chevaleret
Cour St-Emilion
Liberté
Glacière
14 Olympiades
Corvisart
Charenton - Écoles
Nationale
Bibliothèque François Mitterrand
5 Place d'Italie
École Vétérinaire de Maisons-Alfort
Porte d'Ivry
Tolbiac
Maisons-Alfort Stade
Pierre Curie
Cité Universitaire
Maison Blanche
Porte de Choisy
Maisons-Alfort Alfortville
Maisons-Alfort Les Juilliottes
Porte d'Italie
7 Mairie d'Ivry
Ivry sur-Seine
Le Kremlin Bicêtre
Créteil-L'Echat
Villejuif Léo Lagrange
Vitry sur-Seine
Créteil-Université
Laplace
Arcueil-Cachan
Bagneux
Bourg-la-Reine
Villejuif Paul Vaillant-Couturier
RER C
C2 Massy-Palaiseau
C4 Dourdan
C6 St-Martin-d'Etampes
C8 Versailles-Chantiers
Les Ardoines
Le Vert de Maisons
RER D
D2 Melun
D4 Malesherbes
8 Créteil-Préfecture
7 Villejuif - Louis Aragon
© MERIAN-Kartographie

GLOSSAR

Art déco
1901 wurde die heute noch immer sehr aktive »Société des Artistes Décorateurs« (LA SAD) gegründet. Mitglieder dieses französischen Werkbundes gestalteten 1925 den französischen Pavillon bei der internationalen Ausstellung »Exposition Internationale des Arts Décoratifs«. Aus diesem Titel leitete sich später der Begriff »Art Déco« ab, eine Stilrichtung der Kunst und des Kunstgewerbes von 1920–1940.

Art Nouveau
Französische Bezeichung für Jugendstil. Epoche um die Jahrhundertwende vom 19. zum 20. Jahrhundert. → Fin de siècle.

Aufklärung
Geistiger Emanzipationsprozess des 17. und 18. Jahrhunderts. Mit Mitteln der Vernunft, versuchte man sich von Bevormundung und alten Herrschaftsstrukturen zu befreien. Jean-Jacques Rousseau, Voltaire, Denis Diderot und Montesquieu sind wichtige Vertreter des »Siècle des lumières» in Frankreich. Die Französische Revolution markiert schließlich den Endpunkt dieser Epoche.

Balustrade
Niedrige Säulenreihe, die als Brüstung oder Geländer an Treppen oder Balkonen dient.

Barock
Epoche zwischen Renaissance und Klassizismus von ca. 1575–1770. In Frankreich unterteilt nach den Regierungszeiten der Könige → Régence, → Louis-Quatorze-Stil

Basilika
In der griechischen Antike Bezeichnung für Markt-, Gerichts- und Versammlungsraum, ein durch Säulen oder Pfeiler in drei oder fünf Schiffe unterteiltes Gebäude auf rechteckigem Grundriss, das vom Christentum als Bauform für Kirchen übernommen wurde.

Belle Époque
Mit der Belle Époque meint man in Frankreich die Periode zwischen 1890 und 1914. Eine politisch und wirtschaftlich eher stabile Epoche, die man nach dem Ersten Weltkrieg idealisierend Belle Époque nannte.

Bourgeoisie
Bis Anfang des 19. Jahrhunderts neben dem Adel und dem Klerus der dritte Stand der Gesellschaft. Erst mit der Französischen Revolution gelangte das Bürgertum zu Einfluss. Die sogenannte Grande Bourgeoisie, das Großbürgertum, löste nach der Französischen Revolution den Adel als gesellschaftliche Führungselite ab.

Directoire
Später Klassizismus, Übergang Louis-Seize-Stil zu Empire. Von einfachen Formen und sparsamen Verzierungen geprägt.

Empire
Stilrichtung in der Zeit des Klassizismus, während der Amtszeit von Kaiser Napoleon I. (1804–1815). Orientiert sich an antiken Vorbildern und ist geprägt von Strenge und Symmetrie, von Feierlichkeit und Repräsentation.

Fin de siècle
Bezeichnet die Zeit zwischen 1890 und 1914. Die Jahrhundertwende war von Dekadenz und einer gewissen Endzeitstimmung geprägt.

Gotik
Kunstepoche von ca. 1150 bis Mitte des 16. Jahrhunderts. In der Architektur sind in die Höhe strebende Bauten, hohe Wände und

Pfeiler, Spitzbögen, Kreuzrippengewölbe und Rosettenfenster charakteristisch. Notre-Dame und die Sainte-Chapelle sind Meisterwerke der Hochgotik.

Gothique flamboyant
Bezeichnung in der französischen Kunstgeschichte für spätgotische Kunst und Architektur des 15. Jahrhunderts. Das Hôtel de Cluny und Teile der Kirche Saint-Étienne-du-Mont sind in diesem »Flammenstil«.

Grand Siècle
Das Jahrhundert unter Ludwig XIII. (1610–1643) auch »le Juste«, der Gerechte, genannt und Ludwig XIV. »le Grand«, der Große (1643–1715). In Frankreich sehr geläufiger Begriff, der oft auch den Barockstil beschreibt.

Grands Boulevards
Nach Schleifung der Stadtbefestigung von Ludwig XIII. wurde an ihrer Stelle zwischen 1668 und 1705 der »Nouveau Cours« angelegt. Diese (großen) Grands Boulevards entwickelten sich zu der beliebten Promenade der Pariser schlechthin. Zu den Grands Boulevards gehören, rein historisch betrachtet, Boulevard des Capucines, Boulevard des Italiens, Boulevard de Poissonnière, Boulevard Bonne Nouvelle, Boulevard St. Martin und Boulevard Beaumarchais.

Hôtel (Particulier)
Kurz ausgedrückt versteht man unter einem Hôtel Particulier ein großes Stadtpalais für eine Familie. Die Größe des Hauses spiegelt den sozialen Rang der Besitzer wider. Ein typisches Hôtel zwischen dem 16. und 18. Jahrhundert ist mit der Straße durch ein großes Tor verbunden, verfügt außerdem über einen geräumigen Innenhof und meistens auch über einen Garten.

Historismus
Stilepoche Ende des 19. Jahrhunderts, die ältere Stilrichtungen aufgreift und diese nachahmt. Ein Beispiel dafür ist die Opéra Garnier.

Klassizismus
Die Zeit der Aufklärung forderte auch eine klarere, verstandesmäßig ausgerichtete Kunst. Der Begriff Klassizismus geht auf seine Orientierung an der Kunst der klassischen Antike zurück und bezeichnet die Epoche von 1770–1830. Hauptvertreter in der Malerei: Jacques Louis David (»Schwur der Horatier«, Louvre) und Jean Auguste Dominique Ingres (»Das türkische Bad«, Louvre).

Les Trois Glorieuses
Bezeichnet die Julirevolution 1830, als nach der Restaurierung der Monarchie die Opposition gegen Karl X. immer stärker wurde. Im März 1830, dem Wahljahr, forderte das Parlament die Entlassung mehrerer Minister, worauf Karl X. am 25. Juli mit »Ordonnanzen« reagierte. Das Parlament wurde aufgelöst, die Pressefreiheit aufgehoben und das Wahlgesetz verändert. Die Empörung des Volkes über diesen Verfassungsbruch fand bei dem dreitägigen Barrikadenkampf der »Trois Glorieuses« vom 26.–28. Juli 1830 ihren Höhepunkt.

Lettner
Ein Lettner (»Jubé«) ist die architektonische Barriere zwischen Chor und Mittelschiff, die Klerus und Laien voneinander trennt.

Louis-Quatorze-Stil
Französischer Barock im Grand Siècle unter Ludwig XIV. (1643–1750). Bekanntestes Bauwerk dieser Zeit ist das Schloss von Versailles.

Louis-Quinze-Stil
Französisches Rokoko. Fällt in die Regierungszeit Ludwig XV. (1715–1774), wird aber in der

Kunstgeschichte für die Periode von 1730–1755 angesetzt. → Rokoko.

Louis-Seize-Stil

Unter Ludwig XVI. (1774–1792) Übergang von Rokoko zu Klassizismus, auch Frühklassizismus genannt.

Louis-Treize-Stil

Unter Ludwig XIII. (1610–1643). Entspricht der Spätrenaissance und dem Frühbarock.

Parterre

In der Gartenkunst wird mit Parterre die gesamte Gartenfront mit Flachbeeten vor einem Schloss bezeichnet. In der Architektur wurde dieses Wort für das Erdgeschoss über einem Keller übernommen, im Französischen nennt man das Erdgeschoss auch »rez-de-chaussée«.

Pied-à-terre

Wörtlich übersetzt: ein Fuß auf der Erde. Bezeichnet einen Zweitwohnsitz.

Pilaster

Wandpfeiler.

Régence

Übergang vom Barock zum Rokoko. Zeit der Regentschaft Philipps II., Herzog von Orléans als Vertretung des noch sehr jungen Ludwig XV. (1715–23). Löste den Louis-Quatorze-Stil ab.

Refektorium

Speisesaal eines Klosters.

Renaissance

Stilrichtung, die die Spätgotik des Mittelalters ablöste. Der Lettner in Saint-Étienne du Mont stammt zum Beispiel aus dieser Epoche.

Rokoko

Weiterentwicklung des Barock, deshalb häufig als Spätbarock bezeichnet. Meint die Zeit des Übergangs vom Barock zum Klassizismus (1735–ca. 1790). Der Begriff Rokoko geht zurück auf das stilprägende Element der »Rocaille« (Muschelwerk). Anstelle der kraftvollen Ornamentik des Barock treten leichte, geschwungene Linien und überbordende Dekoration. Jede Symmetrie wird aufgegeben. Hauptvertreter der Rokokomalerei waren François Boucher und Honoré Fragonard.

Romanik

Erste große europäische Kunstepoche seit dem Untergang Roms. Typisch sind festungsartige Mauern, kleine Fenster, Würfelkapitelle und Rundbögen. Saint-Pierre de Montmartre ist ein Beispiel für romanische Bauweise.

Romantik

Epoche der Kunst, Literatur und Musik des 18. Jahrhunderts. In Frankreich waren Héctor Berlioz, Eugène Delacroix, Théodore Géicault und Honoré de Balzac wichtige Vertreter.

Schimäre

Geschöpf der griechischen Mythologie aus Mensch und Tier

Second-Empire-Stil

Stil des Zweiten Kaiserreichs zur Zeit Napoleons III. Es handelt sich um eine Art Zitatensammlung aller Stile, auch als Historismus bezeichnet. Die Opéra Garnier gilt als Paradebeispiel für den Second-Empire-Stil.

Vieux Papiers

Handschriften und antiquarische Bücher

Weltausstellung

Die erste »Exposition Mondiale« fand 1851 in London statt. Paris war bislang neunmal Veranstaltungsort dieser internationalen Ausstellung. Der Eiffelturm (1889), Grand Palais und Petit Palais (1900) und Palais de Chaillot (1937) sind deren architektonische Zeugnisse.

SPRACHFÜHRER

Wichtige Wörter

Ja – *oui*
Nein – *non*
Bitte – *s'il vous plaît*
Dank – *merci*
Wie bitte? – *comment?*
Ich verstehe Sie nicht –*Je ne vous comprends pas*
Entschuldigung – *Pardon Madame/Monsieur Excusez-moi*
Können Sie mir helfen? *Pourriez-vous m'aider?*
Guten Morgen/ Guten Tag – *Bonjour Madame/Monsieur*
Hallo – *salut*
Ich heiße – *je m'appelle*
Ich komme aus ... – *je viens de*
Wie geht es Ihnen? – *Comment allez-vous?*
Sprechen Sie Deutsch? – *Parlez-vous allemand?*
Auf Wiedersehen – *au revoir*
heute – *aujourd'hui*
morgen – *demain*
gestern – *hier*
Gute Nacht! – *Bonne nuit!*

Zahlen

Eins – *un*
Zwei – *deux*
Drei – *trois*
Vier – *quatre*
Fünf – *cinq*
Sechs – *six*
Sieben – *sept*
Acht – *huit*
Neun – *neuf*
Zehn – *dix*
Zwanzig – *vingt*
Einundzwanzig – *vingt et un*
Zweiundzwanzig – *vingt-deux*
Dreißig – *trente*
Vierzig – *quarante*
Fünfzig – *cinquante*
Hundert – *cent*
Tausend – *mille*

Unterwegs

Ist es weit? – *Est-ce loin?*
Wo befindet sich ... – *Où se trouve ...?*
Bushaltestelle – *l'arrêt de bus*
die Bank (Geld) – *la banque*
Flughafen – *aéroport*
Tankstelle – *station service*
nach rechts – *à droite*
nach links – *à gauche*
geradeaus – *tout droit*
ein Ticket bitte – *un billet, s'il vous plaît*
einfache Fahrt – *aller simple*
Hin und Rückfahrt – *un aller-retour*

Hotel

Einzelzimmer – *une chambre pour une personne*
Doppelzimmer – *chambre pour deux*
getrennte Betten – *deux lits séparés*
Doppelbett – *grand lit*
Bad – *salle de bains*
Dusche – *salle douche*
Ich suche ein Zimmer – *je cherche une chambre*
für eine Nacht – *pour une nuit*
...eine Woche – **...une** *semaine*
ich habe ein Zimmer reserviert – *j'ai reservé une chambre*
Wie viel kostet das Zimmer? – *Combien coûte la chambre?*
Frühstück inbegriffen – *petit déjeuner compris/inclu*

Einkaufen

Haben Sie? – *avez-vous?*
Wie viel kostet das? – *combien cela coûte?*
100 Gramm – *cent grammes*
1 Kilo – *un kilo*
1 Pfund – *une livre*
ich bezahle bar – *je paye en liquide*
ich bezahle mit Kreditkarte – *je paye avec la carte*

Restaurant

Wir haben einen Tisch reserviert – *nous avons reservé une table*
die Speisekarte, bitte – *la carte, s'il vous plaît*
die Rechnung bitte – *l'addition, s'il vous plaît*
ich nehme – *je prends*
Vorspeise – *entrée*
Hauptgericht – *plat principal*
Nachspeise – *dessert*

PARIS KULINARISCH

A

agneau – *Lamm*

aïl – *Knoblauch*

aïoli – *Knoblauch-Mayonnaise*

assiette – *Teller*

B

beignet – *gebackene Krapfen*

beurre – *Butter*

bien cuit – *durchgebraten*

bière – *Bier*

bière à la pression – *Bier vom Fass*

boisson – *Getränk*

bouillabaisse – *Fischsuppe*

bouteille – *Flasche*

braisé – *geschmort*

brioche – *Hefegebäck*

C

café au lait – *Milchkaffee*

calisson – *Mandelkuchen*

carafe d'eau – *Karaffe Wasser*

carte du jour – *Tageskarte*

carte des vins – *Weinkarte*

cassoulet - *Eintopf mit Bohnen, Schweinefleisch und Speck*

cèpes – *Steinpilz*

châteaubriand – *Filetstück*

chaud – *heiß*

chèvre – *Ziegenkâse*

cidre – *Apfelwein*

côte – *Kotelett*

couteau – *Messer*

crevettes – *Garnelen*

crudités – *Rohkostsalat*

E

eau – *Wasser*

eau plate – *stilles Wasser*

eau gazeuse – *Sprudelwasser*

eau potable – *Trinkwasser*

entrecôte – *Zwischenrippenstück*

escalope – *Schnitzel*

F

faux-filet – *Lendenstück*

foie gras – *Stopfleber*

fourchette – *Gabel*

flûte – *dünnes Baguette*

frit/frite – *gebacken*

fromage – *Käse*

fruits de mer – *Meeresfrüchte*

G

gateau – *Kuchen*

gibier – *Wild*

glace – *Eis*

glaçon – *Eiswürfel*

gratin dauphinois – *überbackene Sahnekartoffeln*

graisse d'oie – *Gänseschmalz*

grillade – *gegrilltes Fleisch*

H

homard – *Hummer*

huîtres – *Austern*

J

jambon – *Schinken*

jus – *Saft*

L

lapin – *Kaninchen*

légumes – *Gemüse*

M

matière grasse – *Fettgehat*

moules – *Muscheln*

moutarde – *Senf*

O

oeuf – *Ei*

ouvre-bouteilles – *Flaschenöffner*

P

pain – *Brot*

pâtes – *Teigwaren*

petit déjeuner – *Frühstück*

plat du jour – *Tagesgericht*

pomme – *Apfel*

pommes de terre – *Kartoffeln*

poivre – *Pfeffer*

porc – *Schweinefleisch*

pot au feu – *Eintopf mit Fleisch und Gemüse*

poulet – *Brathühnchen*

S

saumon – *Lachs*

sel – *Salz*

soupe – *Suppe*

sucre – *Zucker*

T

tapenade – *Olivenmus*

tarte Tatin – *gestürzter Apfelkuchen*

thon – *Thunfisch*

tiède – *lauwarm*

tout compris – *alles inbegriffen*

tranche – *Scheibe, Schnitte*

V

veau – *Kalb*

vinaigre – *Essig*

vin rouge – *Rotwein*

volaille – *Geflügel*

Y

yaourt – *Joghurt*

Hier finden Sie alphabetisch aufgeführt alle in diesem Band beschriebenen Orte und Ziele, Hotels und Restaurants. Bei einzelnen Nennungen stehen jeweils dazugehörige Rubriken in Klammern, bei manchen die Nummer einer Tourenkarte, wenn diese dort hinführt, z. B. (Tour 1). Außerdem enthält das Register wichtige Stichworte aus den SPEZIALS sowie dem Kapitel »Der gute Tipp von MERIAN«. Wird ein Begriff mehrfach aufgeführt, verweist die fett gedruckte Zahl auf die Hauptnennung, eine kursive Zahl auf ein Foto.

A

Accessoires 97
Alain 108
Alice à Paris 100
Alcoves & Agapes (H) 79
Alléno, Yannick 42
Ambroisie, L' (R) 85
Ami Jean, L' (R) 81
A.P.C. 102
Appart, L' (R) 89
Aparthotel 75
Appartement, L' 105, 217
Appartement-Atelier Le Corbusier 141
Apollo (R) 95
Arc de Triomphe *56*, *122*, 126, 127, **133**, 172
Architektur, Moderne 214
Arènes de Lutèce 135, **157**
Argonaute, L' 198
Astrance, L' (R) 85
Atelier de Joël Robuchon (R) *74*, 74
Au Pied de Cochon (R) 87
Auktionshaus, s. Drouot

B

Bains, Les 113
Balzac, Le 216
Balzar, Le (R) 87
Bar 111
Bar de l'Hotel Montalembert 112
Bar im Four Seasons George V. **112**, 113
Bar Hemingway 66
Bar im Le Murano Urban Resort 112, *113*
Bar Le Passage (R) 92
Bar Signature 74
Barnes, Djuna 36
Baron, Le 114
Baron Rouge, Le (R) 52
Beautysalons 105
Bed & Breakfast 79
Belleville 135
Bercy 132, 135
Bercy-Village 135
BHV 99
Bibliothèque Nationale François Mitterrand 135, 172, **212**, *212*, 215, 219
Biennale des Cinémas Arabes à Paris 125
Bioboa, Le (R) 95
Bio-Restaurant 95
Bistro 81
Blonde by Franck Vidoff 109
Börse 59, 88
Bofinger (R) 87
Bon Marché, Le 74, 97, **99**, 103, 137, 138
Bonpoint 101
Boudoir, Le (R) 89
Boudoir Annick Goutal, Le 105
Bouquinist(e) *208*, 209
Boutiquehotel 71, **75**, 78
Brasserie **86**, 121
Brasserie Printemps 93
Bristol, Le (H), 72
Brunch **89**, 121
Buchhandlung 97, 140, 203, 204
Bulle Kenzo, La 105
Businesshotel **66**
Bus Palladium 115
Butte aux Cailles (Tour 1)

C

Cab, Le *114/115*, 115
Café Charbon 111
Café Commerce, Le 88
Café de Flore 33, **61**, *62*, 74, 77
Café de la Mairie 170
Café de la Musique 199
Café de la Perle **64**
Café Jardin de Varenne 201
Café Les Deux Magots 33, **61**, 77
Café Lipp 37, 61, 77
Café Marly (R) 94
Café Maure 145
Calligrane 100
Caméléon, Le (R) 83
Canal Saint-Martin 135, Tour 4
Catacombes 186
Cave a thé 50
Caveau de la Huchette 116, *117*
Centre de Beauté Darphin 106
Centre Georges Pompidou 175, **176**, *176/177*, 219,
Cents Ciels, Les 109
Cérisaie, La (R) 83
Châlet des Îles (R) 83
Champs Élysées 97, 106, 126, *126/127*, 133, 134, (Tour 3)
Chanel 96, **102**, *178*
Chapelle Expiatoire 136
Chapelle Miraculeuse 137
Chateaubriand, Le (R) 83
Chez Michel (R) 83
Chez Wong (R) 92
Chieng Mai (R) 92
Cimetière du Père-Lachaise **59**, *60*, 121

Cité de l'Architecture et du Patrimoine177
Cité de la Musique 119, 199, 214, *214/215*
Cité Nationale de l'Histoire de l'Immigration 179
Cité des Sciences et de l'Industrie 179, 198, *199*
Cité Universitaire 209
Closeries des Lilas, La (R) *86/87*, **88**, 187
Clubbing 113, 121
Coiffeur 108
Colette *48*, **48**, 114
Collège de Bernardins 137, **154**
Comme des Garçons 103
Comptoir, Le (R) *46*, **46**
Conciergerie 137, 158, 168
Corbusier, Le 141, *145*, 178, 209
Coupole, La (R) 88
Coupole-Dancing, La 115
Couleurs du Quai Voltaire 101
Crèperie 47
Crillon, Le (H) 72, *72*, *73*
Cristal Room *90/91*, 90. **188**

D

Défense, La *206*, *210*, **210**
Design 219
Designhotel 63, 71, **77**, 78, 112
Dessous 99
Diskothek **115**
Divan du Monde 121
Dokhan's 111
Drouot 93, **220**
Drouot-Montaigne 220, *221*
Duc de Saint Simon(H), 75
Ducasse, Alain 45, 85, 92, 139
Diptyque 100

E

Eatme (R) 93
Écaille de la Fontaine, L' (R) 91
Éclaireur Homme, L' 103
Éditions de Parfums Frédéric Malle 103
Eiffelturm *11*, *20*, 88, 94, 95, 108, **138**, 168, 172, 200, *228*
Emporio Armani Caffè (R) 90
Entrepôt, L' (R) 89
Epi Dupin, L' (R) 83
Espace Payot, L' 106
Esplé, for eyes pleasure 106
Étoile, L' 116

F

Ferme, La (R) 89
Fête du Beaujolais Nouveau 128
Fête du Cinéma 124
Fête des Jardins 127
Fête de la Musique 123, 124, 138
Fête de la Science 127
Fête de Vendanges de Montmartre 127
Festival du Cinéma en plein air *217*
Festival Jazz à Saint-Germain des Prés 123
Festival Solidays 125
Feuerwerk *58*, 58, 127
FIAC/ FIAC off 128
Fifi Chachnil *98*, 99
Flèche d'Or, La 121
Fondation Cartier-Bresson 175
Fontaine Gaillon, La (R) 90
Fontainebleau, Le (R) 42
Fotografie 101, 128, 140, 141, 144, 175
Fouquet's, Le (R) 86
Fouquet's Barrière, Le (H) 87
Frigos, Les 212

G

Gagnaire, Pierre *84*, 85, 91
Galerie 88 (R) 95
Galerie Emmanuel Perrotin 101
Galerie de l'Évolution 157
Galerie des Gobelins 184
Galerie des Jouets 185
Galerie des Moulages 177
Galerie de Paléontologie 157
Galerie du Panthéon Bouddhique 189
Galerie Vivienne 140
Galeries Lafayette *69*, 97, 99, 103, 136, 215
Gare de Lyon 140
Gavalda Anna, 31, *32*, **33**
Gaya (R) 91
Gay-Lesbian-Pride 125
Général Hotel, Le 112
Géode, La 218
George V., Le (H) 72
Georges, Le (R) 94, 112
Geschenke 100
Gewürze 100
Gitane, La (R) *82*, 83
Glowing Room by Terry 106
Golosi (R) 93
Good Morning Paris (H) 79
Goumanyat et son Royaume 100
Grab des Unbekannten Soldaten 133, 134
Grandhotel **71**
Grand Marché aux Puces 53
Grand Palais 128, *130*, 168, *178*, **179**
Grand Rex, Le 216
Grand Steeple Chase 123
Grand Véfour (R) *84/85*, 85, 152
Grande Arche 134, 172, *173*, *206*, 211
Grande Halle 199
Grande Mosquée de Paris 109, 144
Gras Savoye 123

H

Hamam 109, 144
Haussmann, Eugène 134, 148, 149, 151, 152, 212, 215, **234**
Heinrich IV. 142, 158, 160, 173, 184, 185, *227*, **230**
Hemingway, Ernest 31, 61, 88, 160

Hollington 103
Hôtel de l'Abbaye (H) 75
Hôtel Amour (H) *43*, **43**
Hôtel Bel Ami 77
Hôtel du Brancas 101
Hôtel de la Bretonnerie 78
Hôtel Chopin (H) 78
Hôtel Concorde La Fayette (H) 65
Hôtel Costes (H) **63**, 87
Hôtel Duo (H), 78
Hôtel des Grandes Écoles (H) 78
Hôtel Istria (H) 78
Hôtel Jeanne d'Arc (H) 79
Hôtel de Noailles (H) 77
Hôtel du Panthéon (H) 79
Hôtel du Petit Moulin (H) *76*, 76
Hôtel de Saint-Germain (H) 79
Hôtel Sezz (H) 78
Hôtel de Sully **140**, 144
Hôtel de Ville *224*
Hôtes Qualité Paris (H) 79
I
Ice-Bar 44
Immeuble Molitor 141
India & Spa 108
Institut du Monde Arabe, IMA 125, 168, **180**, 215,
Institut Guerlain *104*, 107
Internationaler Marathon in Paris 123
Isami 92
J
Jakob + MacFarlane 219
Jamin Puech 97
Jardin du Luxembourg *28/29*, 102, **141**
Jardin des Pâtes, Le (R) 95
Jardin de Plantes 144, **157**
Jazz 42, **116**, 120, 121, *125*, 126
Jazz Club Lionel Hamilton 117
Jeu de Paume **144**, 173
Journées du Patrimoine 127
Jules Verne, Le (R) 139
Juli, 14, **56**, *122*, 126
K
Kaufhäuser 99
Kindermode 100
Kino 111, 121, 126, 211, **216**
Kirchenmusik 118
Konzerte 118, 135, 199
Kube Rooms & Bars (H), *44*, 44
Künstlerbedarf 101
Kunstgalerie 101
L
Lagerfeld, Karl *96*, 102, 113
Lancaster, Le (H) 73
Lebouc (R) 88
Librairie Gourmande 97
Librairie de la Mode 98
Liquid Food (R) 95
Little Palace Hotel (H) 77
Livemusik 121
Liza (R) 93
Lood (R) 95
Louvre *26/27*, 128, 152, 173, *174*, 175, **180**, *180*, *182/183*
Ludwig IX. 171, **225**, 226, *226*
Ludwig XIII. 136, 142, 151, 158, 161
Ludwig XIV. 151, 169, 173, 184, 198, **232**
Ludwig XV. 72, 156, 191, **231**
Ludwig XVI. 136, 191, **231**, 232
Lutetia, Le (H) 74
M
Maison Balzac 184
Maison du Chocolat 98
Maison des Trois Thés **50**
Maison Tropicale 176
Mansouria (R) 93
Manufacture des Gobelins 184
Marais 79, 102, 103,112, **142**, 144, 188
Marché Aligre *51*, **51**
Marché Bio Raspail **52**
Marché des Enfants Rouges 144
Marché Porte de Vanves *53*, **53**
Mariage Frères - Bourg Tibourg 103
Massato 109
Mathis Bar 64
Medici-Brunnen 141
Ménagerie 157
Mère de Famille, La 100
Meurice, Le (H) *40*, **41**
Mitterrand, François 26, 118, 168, 180, 211
Mode 102
Mode für Männer 103
Mois de la Photo 128
Moloko, Le 116
Montaigne Market 102
Montmartre *81*, 144, **148**, *149*, (Tour 5),
Montparnasse 78, 88, 149, 175, **186**
Mouffe, La 154
Musée d'Art et d'Histoire du Judaïsme 188
Musée de l'Art Moderne de la Ville de Paris 175
Musée des Arts Décoratifs de la Mode et de la Publicité 185
Musée des Arts et Métiers 185
Musée Baccarat 90, **188**
Musée des Beaux Arts de la Ville de Paris 188, 202
Musée Carnavalet 159, 175, **188**,
Musée Cognacq-Jay 175, 188
Musée de la Contrefaçon 189
Musée de la Défense 211
Musée Guimet 189
Musée Jacquemart-André 191
Musée de la Marine *190*, 191
Musée Marmottan-Monet 192
Musée de Montmartre (Tour 5)
Museé du Monuments Français 177

Musée National Eugène Delacroix 192
Musée National du Moyen Age 193
Musée du Quai Branly 94, 168, **200**, 215, *237*
Musée de l'Orangerie 173, 175, **194**
Musée d'Orsay 74, 75, 89, 144, 175, **195**, *197*
Musée Picasso 196
Musée Rodin 75, **201**, *203*
Musée Victor Hugo 142
Musée de la Vie Romantique 201

N

Napoléon III. 83, 134, 147, 156, 160, 173, 229, **234**
Nationalfeiertag 56, 126
New Morning 117
Notre-Dame 12, 86, 95, 118, 142, **145**, *147*, 160, 168, 170, *172*, 193, 211
Nouvelle Athènes, La 106
Nouvel, Jean 168, 180, 200, **215**, 219
Nuit Blanches 128
Nuit des Musées, La 124

O

Ombres, Les (R) 94
Open de France 55
Opéra Bastille 118, 119, 151
Opéra Comique 120
Opéra Garnier 77, 119, *119*, **146**, 151

P

Pagode, La 218
Palais Royal 140, **151**
Palais de Tokyo 95, **202**, *202/203*
Palacehotel 71, **72**, 112
Palais de la Découverte 179, 202
Palais du Luxembourg *28/29*
Panoramabar Concorde La Fayette, *65*, **65**
Panthéon 78, 79, 149, **156**, *156*
Papilles, Les (R) 86
Parc de Belleville 135
Parc de Bercy 135
Parc des Buttes-Chaumont 152
Parc Georges Brassens 153
Parc Hyatt (H) *70*, 71
Parc Monceau 153
Parc de la Villette 199, 214
Passage du Grand Cerf 153
Passage des Panoramas
Passage Serpentine 101
Patrick Roger 99
Pavillon de la Reine 75
Paris Cinéma 126
Paris Photo 128
Pariser Kulturnacht 128
Paris Jazz Festival 126
Paris, Paris, Le 114
Paris Techno Parade 127
Passage du Caire 153
Pavillon de l'Arsenal 203
Perrault, Dominique 172, 212, 219
Pershing Hall *110*, 112, *113*
Petit Palais 168, 175, 179, **204**
Pink Paradise 114, *114*
Piano-Bar 66, 72, 88, 112, 113
Pinacothèque de Paris 204
Placide, Le 77
Place Dauphine 158
Place Vendôme 159, *159*, 169
Place du Tertre 148
Place des Vosges 142, *143*
Plaza Athenée (H) 45, 85
Pont Alexandre III. 121, 168, 179, 235
Pont l'Archevêché 161
Pont des Arts *161*
Pont Neuf **160**, *161*, 168, 209
Pont Royal, Le (H) 74
Pont de Sully 161, 168, 203
Portes Ouvertes 123, 127, Tour 2
Portzamparc, Christian de 199, 212, **214**
Potager du Marais, Le (R) 95
Printemps, Le 93, 97, **99**, *101*, 105, 136
Prix de l'Arc de Triomphe 128
Prix de Diane Hermès de Chantilly 125
Prouvé, Jean 43, 75, 176

Q

Quartier Latin 30/31, 77, 86, 87, 92, 144, **154**

R

Radio France 119
Raphael, Le (H) 73
Relais Christine (H) 76
Relais Plaza, Le (H), *45*, **45**
Repas-Solidaire (R) 93
Restaurant d'Orsay 89
Revolution, Französische 118, 151, 154, 156, 160, 211, **233**
Ribouldingue, Le (R) 86
Ritz, Le (H) 66, 73, 159, 160
Roland-Garros-Stadion *55*, **55**
Romain Colors 109
Rose Bakery 89

S

Sabbia Rosa 99
Sacré-Cœur 127, **150**, **160**, *172*
Saint-Étienne du Mont 155
Saint-Eustache 160
Saint-Pierre de Montmartre 148, **150**, 169
Saint-Roch 169
Saint-Sulpice *170*, 170
Sainte-Chapelle 137, 171, *171*
Sainte Geneviève 156
Sainte-Medard 154
Salle Gaveau 120
Salle Pleyel 120
Salon Antiquités et Brocante – Place de la Bastille 124
Salon autour de Christophe Robin 107
Salon du chocolat 128, *129*
S'Bar im Hotel de Sers 113

Schokolade 98, 128, *129*
Seine 126, 135, **161**, 184
Séphora ligne Studio 107
Shine 102
Showcase 121, 168
Spa des Cinq Mondes 108
Spa Nuxe 108
Spoon, Food and Wine, Le (R) 92
Starck, Philippe 77, 90, 189, 199, **219**
Statue de Liberté 172
Stock Zadig & Voltaire 102
Sultane de Saba, La *107*, 108
T
Table du Babette, La (R) 93
Table du Lancaster, La (R) 73
Tag der Offenen Tür s. Portes Ouvertes
Task essentiel 108
Tee 50, **103**
Tenniseum 55
Terrass' Hotel (H) 76
The Five (H) 77
Théâtre du Châtelet 120
Théâtre Musical de Paris 120
Théâtre de la Ville 120
Théâtre de la Villette 199
Thermes de Cluny 193
Tokyo Eat, Le (R) *94*, 95
Tour de France 127 *126/127*
Tour Eiffel, s. Eiffelturm
Tour Montparnasse 172
Toustem, Le (R) 86
Train Bleu, Le (R) 140
Triumphbogen, s. Arc de Triomphe
Trocadéro 58, 78, 111
Tuilerien 172
V
Vaudeville, Le (R) 88
Vegetarisch 95
Viaduc Café (R) 121
Villette, La 119, 136, **199**
Victoire Suprême du Cœur, La (R) 95
Vuitton, Louis 97, 99
W
Waterbar 49
Wein 52, 87, 91, 92, 128
Z
Zadig & Voltaire 102
Zénith, Le 199

Bildnachweis:
Titelbild: LOOK/Rainer Martini

Action Press (1) S. 126–127
Alamy (2) tbkmedia.de S. 51; Directphoto S. 202–203
Bildagentur Huber (1) S. 139
Denys Clement (1) S. 46–47
Corbis (6) Gianni Dagli Orti, S. 7 li.; Duomo S. 54–55; VIP Production/Eric Robert S. 117; Harald Jahn S. 214, S. 215; Sygma/Henry Bureau S. 229
F1online (3) AGE/P. Narayan S. 2–3; AGE/Tono Labra S. 4, S. 205
Focus (4) Magnum/Henri Cartier-Bresson S. 37; Tobias Everke S. 53; Peter Rigaud S. 72; Bernd Linhart S. 147
Fotofinder (2) Look/Martin Kreutzer S. 38-39 Bildagentur-Online/Tom Craig S. 170
Getty (11) Jean-Christophe S. 2–3, S. 58; Kontributor/Eric Ryan S. 24–25, S. 178; RDA Hulto Archive S. 62 li.; Chris Moore S. 96; Bruno de Hogues S. 122; Thai Power Seeff S. 142–143, AFP/Frederick Florin S. 221; Fred Dufour S. 237
Gerald Hänel (11) S. 7 re., S. 10–11, S. 19, S. 28–29, S. 68, S. 82, S. 130–131, S. 149, S. 156, Altarfalz innen S. 213
Interfoto (6) S. 224, S. 226, S. 227, S. 228, S. 231, S. 232–233
Laif (27) S. 4–5, Paul Hahn S. 5, S. 155, S. 216–217; Jean-Michel Clajot S. 6; REA S. 6–7, S. 132, S. 14–15, S. 12; Hemispheres/Bertrand Rieger S. 20–21, S.198–199; Bertrand Gardel S. 22–23; Felix Alain S. 30–31; John Frumm S. 206–207; Laif PLus/Emile Luider, S. 26-27; Arnaud Chicurel S. 174; Gamma S. 56, S. 67, S. 118–119, S. 208, S. 217 re.; Frank Siemers S. 80; Heiko Meyer S. 136–137, S. 152–153; RAPHO S. 144–145; Max Galli S. 158–159, S. 187, S. 210
Lonelyplanetimages (1) Rodney Hyett S. 222–223
Mauritius (3) Age Fotostock S. 16–17, S. 60–61; Photononstop/Hervé Gyssels S. 62–63
Christophe MC Pherson Piedagnel (2) S. 110, S. 113 unten
Heiko Meyer (5) S. 7 li., S. 161, Altarfalz außen S. 180, S. 241
MnM-Photo/Patrick Dante (1) S. 190
Mario Pignata/Symbiose (1), S. 40
Isolde Ohlbaum (1) S. 32
Hanna Wagner (3), S. 148, S. 176–177, S. 194–195
Ernst Wrba (1) S. 238–239

Umschlag hinten: Heiko Meyer

Illustration: Andrea Tanksley, München S. 172/173

Liebe Leserinnen und Leser,

wir freuen uns, dass Sie sich für einen Titel aus unserer Reihe MERIAN *Reiseführer* entschieden haben. Damit werden Sie sich an Ihrem Reiseziel wie ein Kenner fühlen können.

Alle Angaben in diesem Reiseführer sind gewissenhaft geprüft. Der Verlag übernimmt jedoch für evtl. Fehler keine Haftung. Preise, Öffnungszeiten usw. sind schnelllebig. Änderungen, die nach Drucklegung entstehen können, sind daher nie auszuschließen.

Schließlich interessiert uns noch Ihre persönliche Meinung. Bitte schreiben Sie uns, wenn Sie Berichtigungen und Ergänzungen haben - und natürlich auch, wenn Ihnen etwas ganz besonders gefällt.

TRAVEL HOUSE MEDIA
Redaktion MERIAN *Reiseführer*
Berg-am-Laim-Str. 47
D-81673 München
merian-reisefuehrer@travel-house-media.de

Bei Interesse an Karten aus MERIAN Reiseführern schreiben Sie bitte an:
iPUBLISH, geomatics
Berg-am-Laim-Str. 47
D-81673 München
geomatics@ipublish.de

TRAVEL HOUSE MEDIA

Ein Unternehmen der
GANSKE VERLAGSGRUPPE

PROGRAMMGESCHÄFTSLEITUNG
Dr. Stefan Rieß

REDAKTIONSLEITUNG
Birgit Chlupacek

REDAKTION
Maryna Zimdars

LEKTORAT
Ursula Kohaupt

SCHLUSSREDAKTION
Gisela Wunderskirchner

ART DIREKTION/REIHENGESTALTUNG
Helinä Markkanen

SATZ/GESTALTUNG
Sabine Dohme

BILDREDAKTION
Anna Logermann
Alexandra Dimitrijevic (Beratung)
Constanze Lindner, Stephanie Bolz (Assistenz)

UMSCHLAGGESTALTUNG
Heuer & Sachse, Hamburg

KARTEN
MERIAN-Kartographie

PRODUKTION
Renate Hutt

DRUCKVORSTUFE
Repro Ludwig, Zell am See

DRUCK UND BINDUNG
Printer Trento, Italien

GEDRUCKT AUF
EuroBulk von der Papier Union

1. Auflage 2008, ISBN 978-3-8342-0176-8

DER VERGANGENHEIT AUF DER SPUR

Zu Beginn der Tour kann man zunächst die Conciergerie (→ S. 137) und Sainte Chapelle besichtigen (→ S. 171) oder aber gleich zu **Notre-Dame** (→ S. 145) gehen. Nördlich der Kathedrale ist das historische Straßengeflecht annähernd erhalten. Vor Notre-Dame biegt man links in die Rue d'Arcole und gelangt in Richtung Seine in die Rue des Ursins. Das Eckhaus Nr. 1–3 ist im Besitz des Aga Khan. Durch die Rue des Chantres geht es auf dem Quai aux Fleurs zum Square Jean-XXIII., der Parkanlage an der Ost- und Südfassade von Notre-Dame. Vom Pont de l'Archevêché hat man einen wunderbaren Blick auf Notre-Dame.

Quai de la Tournelle ➤ Rue Clovis

Auf dem Quai de la Tournelle geht es links zur Rue du Poissy. Dort in Nr. 24 befindet sich das neu restaurierte Gebäude mit dem ehemaligen Refektorium **Collège des Bernardins** (→ Spezial S.154). Rechts liegt die sehr alte Straße Saint-Victor mit ihren schmalen Häusern.

AUF EINEN BLICK

Charakteristik: Historischer Rundgang durch das mittelalterliche Paris.
Ausgangspunkt & Endpunkt: Metro, La Cité
Dauer: 1–2 Std., am besten morgens
Einkehrmöglichkeiten: »Le Vieux Bistro«, 12, Rue du Cloître Notre-Dame, 12–14, 19.30–22.30 Uhr

Bei der Rue des Écoles links ein paar Schritte bis zur Rue Cardinal Lemoine gehen, die Jean Lemoine gewidmet ist, der 1302 ein College gegründet hatte. Die steile Straße wurde unter Baron Haussmann angelegt. Von hier aus lohnt sich ein Abstecher zu den **Arènes de Lutèce** (→ Spezial S.157), dazu links in die Rue Monge abbiegen, bei Nr. 49 ist der Zugang zur Arena. Rechts geht es in die Rue Clovis. Hinter den Häusern, leider unzugänglich, befinden sich Reste der von 1200 bis 1215 erbauten Stadtmauer – gut sichtbar bei Nr. 3. Dahinter erstreckt sich, links an der Rue Clovis das Elite-Gymnasium Henri IV auf dem ehemaligen Klos,tergelände der Abtei Sainte-Geneviève. Rechts liegt Saint-Étienne-du-Mont (→ Spezial S. 156), geradeaus das **Panthéon**.

Rue Montagne-Ste. Geneviève ➤ Musée Cluny

Rechts an der Kirche vorbei gelangt man über die steile Rue de la Montagne Ste. Geneviève an einen bildhübschen Platz. Weiter in die Rue Laplace (links), in die Rue Valette (rechts) und die Rue Lanneau (links), mit schönen Fassaden aus dem 16. Jahrhundert. Im Mittelalter waren diese Straßen von Collèges gesäumt. Rechts in die Rue Jean de Beauvais einbiegen, die Rue des Écoles überqueren und weiter über ein paar Treppen in den ganz alten Teil der Straße. Unten links in die Rue Sommerard zum **Musée Cluny** (→ S. 193). Von außen kann man

die hochgotische Fassade des ehemaligen Stadtpalais der Äbte von Cluny und daneben die Reste der gallorömischen Therme bewundern.

Rue Boutebrie ➤ Rue St. Jacques

Nach ein paar Metern auf dem Boulevard Saint-Michel geht es rechts auf den Boulevard Saint-Germain und links in die Rue Boutebrie. Im Mittelalter arbeiteten hier Buchbinder und Kunstschreiber. In der Rue de la Parcheminerie überraschen die historische Kulisse und die Ruhe. Geradeaus kommt man auf der Rue des Prêtres zu **Saint-Severin**, einer wunderschönen Kirche aus dem elften Jahrhundert. Aus Platzgründen konnte die Kirche nur zu den Seiten hin erweitert werden, was ihr merkwürdige Proportionen verleiht. Auf der Südseite, dort wo heute die kleine Grünanlage liegt, befand sich der Friedhof. Um Platz zu gewinnen, wurden die Knochenreste von alten Gräbern in sogenannten »Galeries des Charniers«, Gebeinhäusern, gestapelt. Das Beinhaus von St. Severin ist das einzige aus dem Mittelalter erhaltene in Paris. Es kann aber nicht besichtigt werden. Über die Rue St. Severin geht es zur »Via Superior«, der heutigen Rue St. Jacques, der bereits in der Zeit der Römer bestehenden Nord-Süd-Achse. Der heutige Name kommt von den Jakobspilgern, die hier in Richtung Süden zogen. Man überquert diese viel befahrene Straße und gelangt gegenüber zu **Saint-Julien-le-Pauvre**. Die kleine, extrem malerisch gelegene Kirche wurde gleichzeitig wie Notre-Dame zwischen 1165 und 1220 errichtet. Bis ins 16. Jahrhundert diente sie der Universität als Versammlungsort und ab 1655 als Krankenhauskapelle für das Hôtel Dieu. Seit 1889 ist sie dem griechisch-katholischen Glauben geweiht. Vom Vorplatz der Kirche hat man einen wunderbaren Blick auf Notre-Dame. Am Quai de Montebello liegt seit 1921 die legendäre Buchhandlung Shakespeare & Co. Hemingway, Thornton Wilder und Henry Miller zählten zu den Stammkunden.

Paris ISBN 978-3-8342-0176-8. 1. Auflage

CHARMANTER DORFSPAZIERGANG

Der Name des pittoresken Viertels Butte aux Cailles geht auf Pierre Caille zurück, der im 16. Jahrhundert an einem Hang in dieser Gemeinde namens Gentilly Wein anbaute. Bis ins 17. Jahrhundert war der waldige Hügel, 63 Meter über dem Meeresspiegel, nahezu unberührt. Mit dem Abbau von Kalksandstein wuchs die Gemeinde, doch die 1784/85 errichtete Akzisemauer, »mur des fermiers généraux« schnitt die Siedlung von Paris ab. 1859 wurde die Mauer abgerissen und Butte aux Cailles 1860 eingemeindet, doch der dörfliche Charakter ist bis heute erhalten.
Berühmt wurde »La Butte« durch die Landung des Physikers Pilâtre de Rozier. Am 21. Oktober 1783 setzte er nach einem neun Kilometer langen Flug von Passy in seinem Heißluftballon, der Montgolfière zwischen der heutigen Rue Bobillot und Vandrezanne auf.

AUF EINEN BLICK

Charakteristik: Erkundungsgang durch schmale Gassen, mit Blick in versteckte Hinterhöfe und viel »Villagecharme« .
Ausgangspunkt: Metro, Place d'Italie
Endpunkt: Metro, Tolbiac
Dauer: 1–1,5 Std.
Einkehrmöglichkeiten: Restaurant »Le Temps des Cerises«, 18, Rue de la Butte-aux-Cailles, Tel. 45 89 69 48; Mo–Fr 12-14, Mo–Sa 19.30–23.45 Uhr

Place d'Italie ➤ Rue Daviel

Von der Metrostation aus biegt man in die Rue Bobillot und dann in die erste Straße rechts (Rue Polin Mérey) ein, eine ruhige Straße mit kleinen Häuschen hinter meist üppig bewachsenen hübschen Vorgärten. Von dort gelangt man in die winzige Rue Jonas (rechts) und links in die Rue des Cinq Diamants. Über den gepflasterten Steilweg Passage Barrault (rechts) kommt man nach Klein-Russland (Zugang Nr. 22). Leider kann man diese kleine Wohnanlage nicht mehr ohne Zugangscode betreten. Ein Taxiunternehmer hatte die Gebäude für seine russischen Fahrer Anfang des 20. Jahrhunderts direkt auf seiner Garage bauen lassen. Lediglich zu den Portes Ouvertes (www.lezarts-bievre.com) öffnet **Klein-Russland** noch seine Pforten.
Rechts in der Rue Daviel Nr. 10 liegt **Klein-Elsass,** »La Petite Alsace«. Was heute einen wildromantischen Eindruck macht, wurde 1913 als Sozialwohnungsprojekt für kinderreiche Familien errichtet. Auf der Straßenseite gegenüber erstreckt sich die »Villa Daviel«, eine mit Backsteinhäusern und Vorgärten gesäumte Einbahnstraße, die reinste Postkartenidylle. Längst höchst begehrte und teure Wohnlage!

Rue Barrault ➤ Place Paul Verlaine

Zurück in der Rue Barrault führt der Weg nach wenigen Schritten links in die Rue Michal zu der 1912 geweihten

neoromanischen Kirche **St. Anne-de-la-Butte-aux-Cailles**. Weiter geht es links in die Rue Martin Bernard und wieder links in die Rue Buot bis zur Place de la Commune-de-Paris, einst Schauplatz beim Kommuneaufstand am 24. März 1871. Hier schlugen die sogenannten »Fédérés de la Butte aux Cailles« die Truppen der Regierung mehrmals zurück.
Von dort biegt man rechts in die bildhübsche Straße Butte-aux-Cailles ein, dem Herzen dieses verträumt wirkenden Viertels. Dort reihen sich Cafés und Restaurants aneinander, die zu einem Kaffee oder einem Menü einladen. An der Place Paul Verlaine Nr. 5 befindet sich die **Piscine de la Butte-aux-Cailles,** eine von dem belgischen Architekten Louis Bonnier 1924 erbaute öffentliche Badeanstalt. Hier sprudelt das Wasser mit 28° C aus der sehr tief liegenden Quelle. Der lauschige Dorfplatz lädt unter Platanen zum Ausruhen und Betrachten des »Villagecharmes« ein.

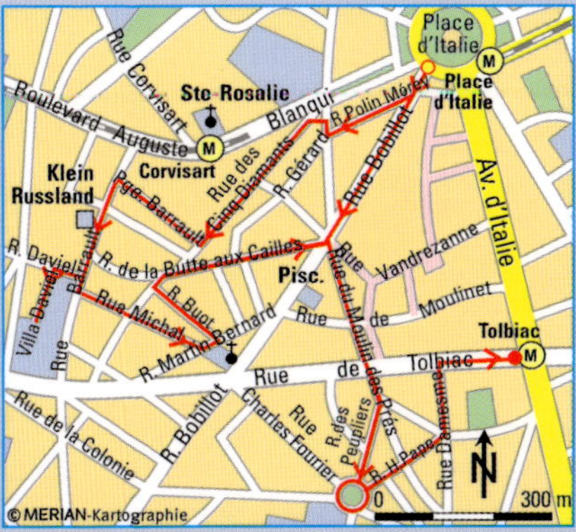

Paris ISBN 978-3-8342-0176-8. 1. Auflage

AUTORENTIPP Am schönsten ist die Tour morgens oder an einem Nachmittag unter der Woche bzw. am Samstag.

Rechts befindet sich die Rue Vandrezanne, auch eine dieser ehemaligen Vorortstraßen, die man heute so charmant findet.

Rue du Moulin-des-Prés ➤ Rue de Tolbiac

Man biegt in die Rue du Moulin des Prés, wo einst eine Mühle, »Moulin« auf der grünen Wiese (»prés«), stand, wie der Name andeutet. Man überquert die Rue de Tolbiac, geht geradeaus weiter bis zur Gabelung, dort in die Rue des Peupliers, eine mit Pappeln gesäumte Straße. An der Place de l' Abbé G. Henocque und den dort abzweigenden Sträßchen kommt man vorbei an kleinen Wohnhäusern mit Vorgarten, die typisch für Arbeiterhäuser des frühen 20. Jahrhunderts sind. Zwischen der Rue des Peupliers, der Moulin des Prés und der Rue Henri Pape ist die Architektur einheitlich, wie es den Auflagen der Stadtverwaltung entsprach, als 1900 die »Compagnie du Métro de Paris« drei Dutzend Bauparzellen kaufte, um dort Wohnraum für die Arbeiter der Untergrundbahn zu schaffen. Über die Rue Henri Pape und über die Rue Damesme geht es bis zur Rue de Tolbiac, wo sich die Metrostation befindet.

LUXUS-SHOPPINGTOUR

Die Avenue Montaigne gehört zu schicksten, aber auch den teuersten Edelmeilen in Paris. Von Gucci, Prada, Armani, Louis Vuitton, Dior, Chanel, Loewe, Baby Dior bis zum hippen Conzept-Store Montaigne Market findet man dort alles. Irgendein Hollywoodstar ist dort immer unterwegs, und es ist einfach interessant, in der wunderschönen Avenue zu flanieren und das Treiben zu beobachten. Die Fassaden auf der linken Straßenseite sind am schönsten, doch die Luxusgeschäfte auf der rechten Seite sind die größten.
Links kommt man am **Théâtre des Champs-Élysées** (1913) vorbei, wo einst Karajan am liebsten mit seinen Berliner Philharmonikern auftrat. Auguste Perret und Henry Van de Velde haben diesen sehenswerten Stahlbetonbau entworfen. Hier wurde Strawinskys »Sacre du Printemps« uraufgeführt, und 1925 machte Josephine Baker mit ihrer Show »Revue Nègre« Furore. Gleich daneben liegt das »Plaza Athénée« und gegenüber die »Bar des Théatres« (Nr. 6), die nicht nur bei Künstlern sehr beliebt ist. Die ebenfalls luxuriöse Rue François 1er kreuzt die Avenue de Montaigne auf halber Höhe. Über Rond Point des Champs-Élysées sollte man links auf das prächtige »Hôtel particulier« achten, das der Flugzeugbauer Marcel Dassault bewohnt hat. Beim Überqueren der Champs-Élysées sieht man links den Triumphbogen.

AUF EINEN BLICK

Charakteristik: Spaziergang entlang der Luxusmeilen von Paris.
Ausgangspunkt: Metro, Alma Marceau
Endpunkt: Metro, Palais Royal
Dauer: 1-1,5 Std. (ohne Shopping)
Einkehrmöglichkeiten: »Mini Palais« im Grand Palais, Ecke Avenue Winston Churchill/Pont Alexandre III.

Avenue de Matignon ➤ Rue du Faubourg St. Honoré

Auf der anderen Seite liegt die Avenue de Matignon, wo rechts im Park (Ecke Avenue Gabriel) Briefmarkensammler fast täglich eine Tauschbörse organisieren. (Briefmarkensammler-Markt am Square Gabriel: Do, Sa, So u. feiertags 9–18 Uhr).
An sehr vornehmen Wohnhäusern entlang gelangt man in die Avenue Gabriel und biegt links in die Avenue de Marigny, wo im gleichnamigen Theater gern die Superstars auftreten. Rechts sieht man die Mauer des Präsidentenpalastes, links das prachtvolle Stadtschloss, **Palais de Marigny**, heute Gästehaus des französischen Staates. An der Place Beauvau Nr. 96 ist in einem der schönsten Pariser Stadtschlösser, **Palais Beauvau**, das Innenministerium untergebracht. Rechts in der Rue du Faubourg St. Honoré befindet sich hinter der Mauer das **Palais de l'Élysée**, wo der Staatspräsident seinen Sitz hat. Erbaut wurde der Palast zwischen 1718 und 1722 im Auf-

trag des Grafen von Evreux, Henri-Louis de la Tour d'Auvergne. Nach dessen Tod 1753 kaufte die legendäre Marquise de Pompadour, Mätresse von Ludwig XV. den Palast und ließ ihn stilvoll ausstatten und den Garten mit Säulengängen, Lauben und einem Labyrinth erweitern. Nach dem Tod der Pompadour erbte die Krone 1764 die Residenz. Nach ihrer Scheidung von Napoleon lebte Joséphine de Beauharnais vorübergehend dort. 1814 unterzeichnete hier Napoleon I. seine Abdankung. Die riesige Anlage kann in Anwesenheit des Staatspräsidenten am Tag der offenen Tür (»Journées du Patrimoine«) besichtigt werden.

Östlich liegen in ehemaligen Adelspalästen die Britische Botschaft und der »Club Interallié«. Auf der linken Seite reiht sich eine Boutique an die andere. In der Nr. 24 sollte man unbedingt ins stilvolle Stammgeschäft von Hermès gehen.

Rue Royal ➤ Palais Royal

An der Kreuzung Rue Royal steht links die Kirche **St. Marie Madeleine**, rechts befindet sich die **Place de la Concorde**. Auf der anderen Straßenseite, in der Rue Saint-Honoré, gibt es Hype-Läden in Hülle und Fülle. Abstecher lohnen sich: Links in die Rue Cambon zu Chanel (→ S. 102), zur Place de Vendôme (→ S. 159) oder zum Marché St. Honoré. Für Shoppingmüde bietet der Platz Restaurants und Cafés. An der Rue St. Roch liegt die Kirche **St. Roch** (→ S. 169). Unweit davon rechts das VIP-Hotel »Costes« (→ Der gute Tipp von MERIAN S. 63) und östlich davon der Kultladen Colette (→ S. 48). Geradeaus gelangt man zur Metrostation Palais-Royal.

Paris ISBN 978-3-8342-0176-8. 1. Auflage

KULTURHISTORISCHE ZEITREISE

Die Gare de l'Est wurde 1849 von der Eisenbahngesellschaft »Compagnie du chemin de fer de Paris à Strasbourg« eröffnet und erhielt ihren heutigen Namen 1854 mit der Streckennetzerweiterung nach Osten. Hier laufen mehrere Metrolinien zusammen. Wenn man den Bahnhof verlässt, fällt der Blick auf die hell leuchtende, frisch renovierte Fassade. Seit 2007 zählt der Gare de l'Est zu den schönsten Bahnhöfen von Paris. Gleich links sieht man vom »Parvis« (Vorplatz) auf Le **Convent des Récollets**, ein einstiges Kloster, das interessant renoviert wurde und nun Sitz der Architekteninnung ist. Das dortige »Café A« bietet einen zauberhaften Garten hinter Mauern, eine unerwartete Ruheoase in diesem geschäftigen Viertel.
Rechts gelangt man in die schmale Kopfsteingepflasterte Passage du Désir, deren Name an ein Freudenhaus erinnern soll.

AUF EINEN BLICK

Charakteristik: Abwechslungsreicher Stadtspaziergang zu kulturhistorisch bedeutenden Orten und Gebäuden
Ausgangspunkt: Gare de l' Est
Endpunkt: Metro, Hôtel de Ville
Dauer: 1–2 Std.
Einkehrmöglichkeiten: »Café A«, im Couvent des Récollets, 148, Rue du Faubourg Saint-Martin; Metro, Gare de l' Est; Tel. 40 34 06 57, tgl. bis 22 Uhr

Faubourg Saint-Martin ➤ Faubourg Saint-Denis

An der Ecke Faubourg Saint-Martin/Passage Désir befindet sich im Erdgeschoss des Firmensitzes einer internationalen Werbeagentur eine 2003 eröffnete Ausstellungsfläche mit oft sehr lohnenswerten (Foto-)Ausstellungen.
Unter der Woche werden im Faubourg Saint-Martin wie in den umliegenden Straßen bei den unzähligen, meist aus Asien stammenden Textilgroßhändlern rege Geschäfte gemacht. Man setzt hier nicht aufs Repräsentieren, sondern auf Business.
Vorbei an der Rue du Château d'Eau geht es weiter bis zur **Passage Brady**. Mit einem Glasdach versehen und 216 Meter lang, führt sie bis zur Rue du Faubourg Saint-Denis. Am Samstag treffen sich hier Tamilen und Pakistani zum Einkaufen und Essen. Es gibt viele, sehr einfache indische Restaurants, Läden mit Klimbim, Gewürzen und Reis in allen Qualitäten und Quantitäten. Sehr exotisch und ein bisschen baufällig.

Passage de l'Industrie ➤ Boulevard Saint-Denis

Vom Faubourg Saint-Denis aus geht es links in die nicht überdachte **Passage de l'Industrie**, wo Friseurbedarf en gros verkauft wird und, wie auch auf dem Boulevard Sébastopol, Expertinnen für afrikanische und antillische Zöpfchenfrisuren zu finden sind. Der Boulevard Sébastopol wurde unter Haussmann als

Sichtachse von der Gare de l'Est angelegt. Rechts führt die Rue de Metz zurück zur Rue du Faubourg Saint-Denis. Im frühen Mittelalter war dies die Nord-Süd-Achse auf der auch der Hof zur Kathedrale Saint-Denis zog. Links liegt die L-förmige **Passage du Prado**, mit schönem Art-déco-Dach und -Fassade. Durch die Passage gelangt man zum Boulevard Saint-Martin.

Porte Saint-Martin ➤ Rue de Rivoli

Am Boulevard Saint-Martin hält man sich links bis zur **Porte Saint-Martin**, dem im 17. Jahrhundert unter Ludwig XIV. errichteten Siegestor, das, ebenso wie die benachbarte **Porte Saint-Denis,** weitgehend im Originalzustand erhalten ist. Hier befand sich die Stadtgrenze der einstigen Stadtmauer von Karl V. (→ S. 230).
Weiter geht es in der Rue St. Martin auf der anderen Seite des Boulevards. Die Fassaden wechseln zwischen dem Stil Haussmanns, Art déco und Art Nouveau. In der Nr. 325 hat Jean-Paul Gaultier seinen Firmensitz. In dem Häuserblock gegenüber befindet sich das Conservatoire des Arts et Métiers mit der Kiche Saint- Martin-des-Champs, heute ein Technikmuseum. Bei der Nr. 252 liegt **Saint-Nicolas-des-Champs.** Über dem Altar überrascht in der eher düsteren Kirche das leuchtende Gemälde von Simon Vouet. Links, nach der Rue de Turbigo, biegt man in die mittelalterlich wirkende Rue Chapon. Auf der Rue Beaubourg gelangt man zum Centre Pompidou (→ S. 176). Von dort erblickt man die Türme von Notre-Dame. Dann führt die Tour geradeaus weiter bis zur Rue de Rivoli und zur Metrostation Hôtel de Ville.

Paris ISBN 978-3-8342-0176-8. 1. Auflage

PITTORESKE KANALTOUR

Der Canal Saint-Martin im Norden von Paris schafft, zusammen mit dem Canal Saint-Denis, eine Verbindung zur Seine, die den Schiffern zwölf Kilometer Flussstrecke erspart. Heute wird der Kanal kaum noch von Schiffern genutzt, ist jedoch bei erhohlungssuchenden Parisern umso beliebter geworden.
Die Tour startet nordöstlich an der Place de la République (Metroausgang: Place de la République-Rue du Faubourg du Temple). Hier biegt man in die Rue du Faubourg du Temple und an der zweiten Straße links in den Quai de Valmy. Am Square Frédérick-Lemaître, zwischen Quai de Valmy und Quai de Jemmapes taucht der Canal Saint-Martin aus seinem Tunnel wieder auf. Hier weht irgendwie ein nostalgisches Lüftchen nach Casque d'Or und Arletty und dem längst vergangenen Paris »du petit peuple«, des einfachen Volks. Sehenswürdigkeiten im engen Sinn gibt es hier keine. Es ist einfach nur angenehm und interessant, zwischen den Schleusen die Ufer zu wechseln.

AUF EINEN BLICK

Charakteristik: Spaziergang auf den Spuren Pariser Filmemacher entlag des abwechslungsreichen Kanals Saint-Martin.
Ausgangspunkt: Metro, Republique
Endpunkt: Metro, Stalingrad
Dauer: 1–1,5 Std.
Einkehrmöglichkeiten: »La Marine«, 55, Quai de Valmy; Tel. 42 39 69 81; Mo–Sa 8–1.30 Uhr Café & Bar; Restaurant 12–14, 20–23.30 Uhr
»Hôtel du Nord«, 102, Quai de Jemmapes; Tel. 40 40 78 78; Restaurant 12–15, 20–0 Uhr

Quai de Jemmapes ➤ Avenue Richerrand

Am Quai de Jemmapes erhebt sich hinter der Avenue Richerrand das **Hôpital Saint-Louis**. Gegründet wurde es in der Folge der schweren Pestepidemie 1562, die 68 000 Todesopfer gefordert hatte. In Paris gab es damals ein einziges Spital, das Hôtel-Dieu bei Notre-Dame, was angesichts dieser Massenerkrankung absolut unzureichend war, um die schnelle Ausbreitung zu vermeiden. Die Gegend außerhalb der Stadtmauer beim ehemaligen »Weg nach Pantin«, heute Rue de la Grange aux Belles, erschien ideal, um Pestkranke zu isolieren. Die Gebäude mit den hohen Dächern und Ziegelfassaden entstanden unter Heinrich IV. und erinnern an die Häuser an der Place des Vosges. Die ersten Kranken wurden 1618 bei einer Epidemie aufgenommen. Je sechs Patienten teilten sich ein Bett. Heute ist Saint-Louis Uniklinik mit Schwerpunkt Hautkrankheiten und Onkologie. Die Gartenanlage bei den historischen Gebäuden wird gern von den Anwohnern als Park und Spielplatz genutzt.

Quai de Valmy ➤ Place Stalingrad

Zurück zum Quai de Jemmapes im Wechsel mit Quai de Valmy.

Rechts (Nr. 102) liegt das **Hôtel du Nord**. Filmfans erinnern sich an das gleichnamige Filmdrama (1938) von Marcel Carné mit Arletty in der Hauptrolle. Jeder Franzose kennt die legendäre Filmreplik von Arletty auf einer Brücke über den Canal Saint-Martin, als ihr Begleiter von der schönen Atmosphäre spricht: »Atmosphère, atmosphère est-ce que j'ai une gueule d'atmosphère?« (Atmosphäre, Atmosphäre, seh' ich denn wie eine Atmosphäre aus?).

In dem preisgekrönten Film »Die fabelhafte Welt der Amélie« aus dem Jahr 2001 diente der Kanal wiederum als Filmkulisse.

Am Quai de Valmy liegt die Grünanlage Square des Récollets, die sich bis zum Faubourg St. Martin erstreckt. Bis zur Rotonde auf der Place Stalingrad geht man am Quai de Valmy weiter. Hier beginnt das weitläufige Bassin de La Villette. Links liegt der Quai de la Seine, rechts der Quai de la Loire. Falls man den Spaziergang bis nach **La Villette** (→ Spezial S. 198) ausdehnen möchte, dann kann man einfach geradeaus am Wasser weitergehen. Die Rotonde auf der Place de la Bataille-de-Stalingrad stammt noch von Claude-Nicolas Ledoux und seiner im ausgehenden 18. Jahrhundert errichteten, 24 Kilometer langen Zollmauer der Generalpächter mit insgesamt 57 Zollhäusern. Hier wurden damals die Einfuhrzölle für Waren aus Flandern und Deutschland erhoben.

AUTORENTIPP Am besten am frühen Morgen, wenn noch kein Massenbetrieb am Kanal ist. Infos über Kulturprogramme am Kanal bietet der aktive Verein: Association Canal, www.canal-paris10.org.

Wer Lust auf Shopping hat, dem sei »Antoine et Lili« empfohlen, ein kunterbunter Concept-Store für Mode und Accessoires mit Café (91, Quai de Valmy) sowie die Modeboutique »Stella Cadente« (93, Quai de Valmy).

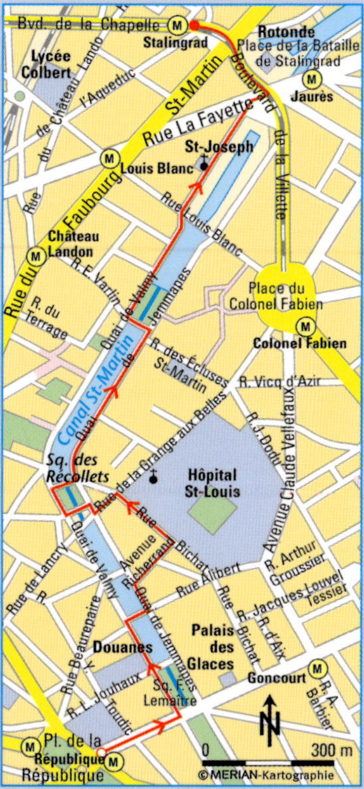

Paris ISBN 978-3-8342-0176-8. 1. Auflage

RUND UM DIE BUTTE MONTMARTRE

Pigalle, das Amüsierviertel und legendäre einstige Künstlerviertel liegt an der Ostseite der Place Pigalle. Es gewinnt sehr viel mehr an Attraktivität, seitdem es immer weniger Billig-Rotlichtbezirk ist und langsam zum Hype-Spot der Insider mutiert, die bereits von »NoPi« und »SoPi« North und South Pigalle sprechen. Von der Place Pigalle aus geht der Rundgang vorbei am **Moulin Rouge**. Wie der Moulin de la Galette, das von Renoir verewigte etwas höher gelegene Gartenlokal, war der Moulin Rouge in der Belle Époque ein Ballhaus. Toulouse-Lautrec war hier Stammgast. Seine Bilder und Zeichnungen spiegeln die Atmosphäre dieses Ortes wider.
Am Platz Pigalle Nr. 6 starb übrigens im Jahr 1917 der Maler Edgar Degas.

AUF EINEN BLICK

Charakteristik: Historischer Spaziergang durch die legendären Künstlerviertel des 20. Jahrhunderts.
Ausgangspunkt: Metro, Place Pigalle
Endpunkt: Metro, Abbesses
Dauer: 1,5–2 Std.
Einkehrmöglichkeiten:
»Le Templier de Montmartre«, 9, Rue des Abbesses, tgl. ganztags
»Le Sancerre«, 35, Rue des Abbesses, So–Do 7–2, Fr–Sa 7-4 Uhr
»L'Été en pente Douce«, 23, Rue Muller (an den Treppen östl. der Butte) bietet eine der schönsten Terrassen

Rue des Abbesses ➤ Rue des Trois Frères ➤ Place Émile Goudeau

Über die Rue Houdon geht es hinauf zur Rue des Abbesses. Bei der Nr. 21 sieht man die Kirche **Saint-Jean l'Evangéliste**, die erste, aus Stahlbeton gebaute und mit rotem Klinker bedeckte Kirche von Paris (1904). Rechts liegt die malerische Place des Abbesses, die an einen idyllischen Dorfplatz erinnert. Dort in der Grünanlage, Square Jehan Rictus, befindet sich seit ein paar Jahren »Le mur des je t'aime«, die **Ich-liebe-dich-Mauer**. Ein zehn auf vier Meter großes Fresko mit »Je t'aime« in 311 verschiedenen Sprachen. Nach ein paar Schritten in der Rue des Abbesses geht es rechts in der blitzblank renovierten Passage des Abbesses vier Dutzend Stufen hinauf. Oben links in die Rue des Trois Frères einbiegen, dann rechts bei der Place Émile Goudeau in die Rue Ravignan. An dem lauschigen Plätzchen Émile Goudeau stand einst das »Bateau-Lavoir«, ein schlichter Bau, mit einem einzigen Wasserhahn und illustren Bewohnern wie Picasso, Max Jacob, Apollinaire, Juan Gris oder Van Dongen. Das Original ist 1970 abgebrannt. Gegen 1900 prägte diese Avantgarde die moderne Malerei und Dichtung.

Rue d'Orchampt ➤ Avenue Junot ➤ Allée des Brouillards

Man lässt die Rue d'Orchampt links liegen und geht geradeaus durch die winzige Rue des Mire zur Rue Lépic, dort

links bei der Place Marcel Aymé, vorbei an der Skulptur »Le Passe-Muraille« von Jean Marais, die dem Schriftsteller

AUTORENTIPP Die Tour führt über viele Treppen und Steigungen. Man sollte bequeme Schuhe tragen.

Marcel Aymé und seiner gleichnamigen Novelle, »Der Mann, der durch die Wand gehen konnte« (1949), gewidmet ist. Links liegt die Avenue Junot, die schickste Avenue des Viertels und eine der teuersten Straßen von Paris. Das Gebäude Nr. 15 ist ein Entwurf des Architekten Adolf Loos und war ehemals im Besitz des Dadaisten Tristan Tsara. Links grenzt an die Rue de Girardon die angenehme Parkanlage Suzanne Buisson. Geradeaus gelangt man zur Allée des Brouillards, der schönsten und romantischsten Straße am Montmartre, wie viele finden.

Rue de l'Abrevoir ➤ Sacré-Cœur

Durch die Rue de l'Abrevoir über die Rue des Saules geht es zur Rue Cortot. In Nr. 12 befindet sich das älteste Stadthaus von Montmartre, das Hôtel de Rosimond, wo heute das **Musée de Montmartre** untergebracht ist (Tel. 49 25 89 37, Mo–So 11–18 Uhr, Eintritt 7 €). Suzanne Valodon, Maurice Utrillo, Raoul Dufy oder Auguste Renoir bewohnten Ende des 19. Jahrhunderts dieses Landhaus aus dem frühen 17. Jahrhundert. Das unbedingt sehenswerte Museum verschafft einen guten Überblick über die Geschichte der einst freien Gemeinde (»Commune libre«) von Montmartre und ist erstaunlicherweise nie überlaufen.

An der Ecke (Rue du Mont-Cenis) erinnert eine Tafel daran, dass in Nr. 6 einst der Komponist Eric Satie lebte. Rechts durch die Rue du Mont-Cenis geht es zur **Place du Tertre**. Wenn man Gelegenheit hat, den Platz ohne Touristen zu sehen, ist es sehr idyllisch. Die dortigen Cafés sollte man aber meiden. Um die Ecke liegt Sacré-Cœur, von wo aus man einen wunderbaren Panoramablick genießt.

Anschließend steigt man über die Treppen von Montmartre hinunter. Links am Fuß der »Butte« befindet sich der **Stoffmarkt Marché St. Pierre**, der sich seit Jahrzehnten nicht verändert hat. Hierher kommen alle aus ganz Paris, die Interesse am Nähen haben. Das wahrscheinlich renommierteste Haus des Stoffmarktes ist »La Maison Dreyfus«. Über die Rue Tardieu und die Rue Yvonne Le Tac geht es zurück zum Endpunkt dieser Tour, zur Metrostation Abbesses.

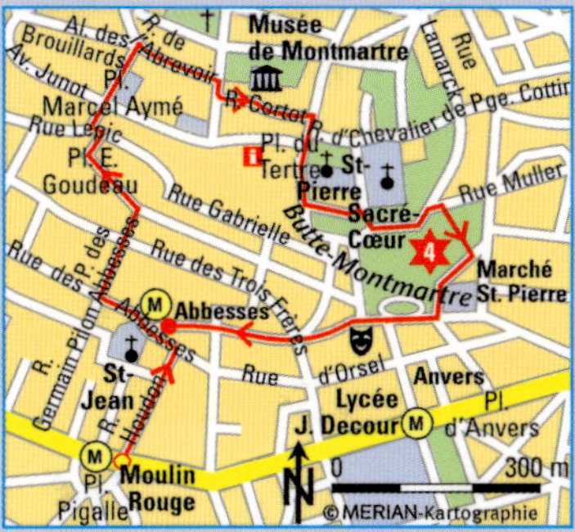

Paris ISBN 978-3-8342-0176-8. 1. Auflage